## 权威·前沿·原创

皮书系列为
"十二五""十三五""十四五"时期国家重点出版物出版专项规划项目

BLUE BOOK

智库成果出版与传播平台

河南省社会科学院哲学社会科学创新工程试点项目

河南蓝皮书
BLUE BOOK OF HENAN

# 河南社会发展报告
（2024）

ANNUAL REPORT ON SOCIAL DEVELOPMENT OF HENAN (2024)

增进民生福祉

主　编／李同新　陈东辉
副主编／张　侃　潘艳艳

社会科学文献出版社
SOCIAL SCIENCES ACADEMIC PRESS (CHINA)

## 图书在版编目(CIP)数据

河南社会发展报告.2024：增进民生福祉／李同新，陈东辉主编；张侃，潘艳艳副主编. -- 北京：社会科学文献出版社，2023.12
（河南蓝皮书）
ISBN 978-7-5228-2844-2

Ⅰ.①河… Ⅱ.①李… ②陈… ③张… ④潘… Ⅲ.①社会发展-研究报告-河南-2024 Ⅳ.①D676.1

中国国家版本馆CIP数据核字（2023）第219433号

河南蓝皮书
## 河南社会发展报告（2024）
——增进民生福祉

主　　编／李同新　陈东辉
副 主 编／张　侃　潘艳艳

出 版 人／冀祥德
组稿编辑／任文武
责任编辑／方　丽　张丽丽
文稿编辑／孙玉铖
责任印制／王京美

出　　版／社会科学文献出版社·城市和绿色发展分社（010）59367143
　　　　　地址：北京市北三环中路甲29号院华龙大厦　邮编：100029
　　　　　网址：www.ssap.com.cn
发　　行／社会科学文献出版社（010）59367028
印　　装／天津千鹤文化传播有限公司

规　　格／开　本：787mm×1092mm　1/16
　　　　　印　张：22.25　字　数：334千字
版　　次／2023年12月第1版　2023年12月第1次印刷
书　　号／ISBN 978-7-5228-2844-2
定　　价／128.00元

读者服务电话：4008918866

版权所有 翻印必究

# 河南蓝皮书系列（2024）
# 编委会

主　任　王承哲

副主任　李同新　王玲杰

委　员　(按姓氏笔画排序)
　　　　万银锋　王宏源　王建国　王承哲　王玲杰
　　　　邓小云　包世琦　冯玺玲　刘朝阳　闫德亮
　　　　李　娟　李立新　李同新　杨东风　杨兰桥
　　　　完世伟　宋　峰　张富禄　陈东辉　陈明星
　　　　陈建魁　赵西三　郜永军　唐金培　曹　明
　　　　潘世杰

# 主编简介

**李同新** 河南省社会科学院党委副书记。长期从事社会科学研究和管理工作，组织的学术活动研究综述数十次被省委、省政府领导批示肯定，多项决策建议被采纳应用。编撰著作多部，发表研究成果30多万字，个人学术成果多次获省级以上奖励。

**陈东辉** 河南省社会科学院人口与社会发展研究所所长、研究员，享受河南省政府特殊津贴、河南省学术技术带头人、河南省宣传思想文化系统"四个一批"人才，兼任中国社会学会常务理事、河南省科学社会主义学会副会长；发表论文80多篇，多篇论文被中国人民大学《复印报刊资料》全文转载或被《求是》《新华文摘》摘编；独著和参与完成学术著作10多部；独立和参与完成的成果获省部级优秀成果奖10多项；主持国家社科基金项目2项、省部级课题13项；多次参与省委、省政府重要文件起草工作，省委、省政府组织的省情调研活动以及中纪委、中组部的调研活动；20多项成果获省部级以上领导批示。

# 摘　要

本书由河南省社会科学院主持编撰，系统概括了近年来尤其是2023年河南社会建设所取得的主要成绩，全面梳理了当前河南社会发展的形势和特点，剖析了河南社会发展面临的热点、难点及焦点问题，并对2024年河南社会发展提出了对策建议。

《河南社会发展报告（2024）》依据党的二十大精神和河南省第十一次党代会精神，以增进民生福祉为主线，对河南全省的民生建设、人口发展、社会治理、网络舆情、乡村发展、社会保障等重大理论与实践问题进行了全面深入系统的解读。

全书由总报告、发展篇、治理篇、调查篇、专题篇五个部分组成。总报告由河南省社会科学院"河南社会发展报告课题组"撰写，代表本书对河南社会发展形势分析与研判的基本观点。2023年是全面贯彻落实党的二十大精神的开局之年，是实施"十四五"规划承上启下的关键之年，也是落实河南省第十一次党代会部署的攻坚之年。2023年以来，河南坚持以习近平新时代中国特色社会主义思想为指导，深入落实党中央、国务院决策部署和省委、省政府工作要求，锚定"两个确保"目标，全力推进高水平社会建设，使全省经济社会运行稳定恢复、社会事业高质量发展持续推进、民生福祉和人民生活品质不断增进与提高，在全面建设社会主义现代化河南新征程上迈出了重要一步。但同时，河南社会发展仍面临一系列难题与挑战，经济下行压力较大，全省整体收入水平偏低，人口老龄化、少子化程度不断加深，就业形势总体严峻，基础教育高位均衡发展亟待破题。2024年，河南

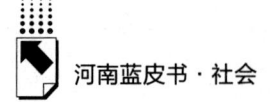

应主动适应社会形势的发展变化，不断增强危机意识和机遇意识，大力推进经济复苏，全力推动社会治理数字化转型，不断促进人口长期均衡发展，持续抓好抓实就业促进工作，加快构建完善高质量教育体系，为推动社会经济高质量发展谋篇布局，奋力推进中国式现代化建设的河南实践，为谱写"中原更加出彩"绚丽篇章交出党和人民满意的时代答卷。

发展篇、治理篇、调查篇、专题篇邀请省内外专家学者分别从不同视角对现代化河南建设进程中的重大事项进行深入剖析，客观反映了近年来尤其是2023年河南社会发展的基本状况、面临的问题与挑战，展望了2024年河南社会发展的态势趋向，提出了增进民生福祉、促进社会事业高质量发展、深入推进现代化河南建设的对策建议。

**关键词：** 社会发展　民生福祉　现代化河南

# 目 录

## Ⅰ 总报告

B.1 增进民生福祉 提高人民生活品质
——2023~2024年河南社会发展报告
................................................ 河南社会发展报告课题组 / 001

## Ⅱ 发展篇

B.2 河南脱贫地区内生发展动力的培育路径研究 .............. 崔学华 / 031
B.3 2023年河南人口高质量发展研究报告 ..................... 冯庆林 / 042
B.4 2023年河南智慧养老产业发展报告 ....................... 闫 慈 / 052
B.5 2023年河南农村互助养老发展报告 ....................... 郝莹莹 / 062
B.6 2023年河南社会组织参与乡村振兴研究报告 ............... 王思琪 / 073

## Ⅲ 治理篇

B.7 2023年河南省城乡社区治理现代化建设研究 ............... 潘艳艳 / 086

B.8 河南推进党建引领基层社会治理的实践探索研究……… 李三辉 / 101

B.9 2023年河南省新就业形态劳动者权益保障研究
……………………………… 韩晓明　陈向英　张晓欣 / 112

B.10 2023年河南省社会组织发展现状及对策研究……… 邓　欢 / 125

B.11 河南省城市老年人参与社区治理研究…………… 叶亚平 / 137

## Ⅳ 调查篇

B.12 网络公共事件舆情特点及舆论引导路径
　　——基于2014~2023年河南网络公共事件的分析
……………………………………………………… 殷　辂 / 152

B.13 2023年河南省网络舆情分析报告……………………… 张　侃 / 162

B.14 河南省心智障碍者就业服务的实践探索研究
　　——以郑州市为例 …………………… 郑州大学课题组 / 172

B.15 新乡市红旗区创新基层社会治理的实践探索
……………………………………… 河南省社会科学院课题组 / 191

B.16 河南省党建引领"村改居"社区治理研究
　　——以郑州市高新区堂李村为例
……………………………… 徐京波　徐玮海　徐文博 / 202

B.17 多元共治视角下社区志愿者队伍建设研究
　　——以郑州市高新区紫锦社区为例 ……… 孙亚梅　吴珊珊 / 213

## Ⅴ 专题篇

B.18 移动互联网时代河南省中年留守女性生活世界调查
……………………………… 范会芳　张宝格　王旭冉 / 229

目录

**B.19** 河南省老年农民工养老风险及其养老困境研究
………………………………………… 谢娅婷 李亚文 王 晨 / 252

**B.20** 家庭本位视角下河南乡村治理能力提升路径研究
………………………………………… 刘 风 李小雨 白 晨 / 267

**B.21** 乡村振兴背景下河南农村困境儿童的社会保护研究
——以杨桥社工站实践项目为例 ………… 殷玉如 雷 蕾 / 287

**B.22** 乡村人才振兴背景下的河南农村教育问题研究 ……… 王静宜 / 303

Abstract …………………………………………………………… / 316
Contents …………………………………………………………… / 318

皮书数据库阅读**使用指南**

# 总报告

# B.1
# 增进民生福祉　提高人民生活品质
## ——2023~2024年河南社会发展报告

河南社会发展报告课题组[*]

**摘　要：** 2023年是全面贯彻落实党的二十大精神的开局之年，是实施"十四五"规划承上启下的关键之年，也是落实河南省第十一次党代会部署的攻坚之年。2023年以来，河南坚持以习近平新时代中国特色社会主义思想为指导，深入落实党中央、国务院决策部署和省委、省政府工作要求，锚定"两个确保"目标，全力推进高水平社会建设，使全省经济社会运行稳定恢复、社会事业高质量发展持续推进、民生福祉和人民生活品质不断增进与提高，在全面建设社会主义现代化河南新征程上迈出了重要一步。但同时，河南社会发展仍面临一系列难题与挑战，经济下行压力较大，全省整体

---

[*] 课题组负责人：陈东辉。执笔人：陈东辉，河南省社会科学院人口与社会发展研究所所长、研究员，研究方向为政治社会学；张侃，河南省社会科学院人口与社会发展研究所副研究员，研究方向为组织社会学；李三辉，河南省社会科学院人口与社会发展研究所助理研究员，研究方向为乡村治理；潘艳艳，河南省社会科学院人口与社会发展研究所助理研究员，研究方向为城市社区治理。

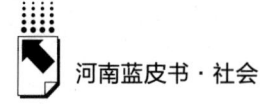

收入水平偏低，人口老龄化、少子化程度不断加深，就业形势总体严峻，基础教育高位均衡发展亟待破题。2024年，河南应主动适应社会形势的发展变化，不断增强危机意识和机遇意识，大力推进经济复苏，全力推动社会治理数字化转型，不断促进人口长期均衡发展，持续抓好抓实就业促进工作，加快构建完善高质量教育体系，为推动社会经济高质量发展谋篇布局，提振信心、踔厉奋发、改革创新，奋力推进中国式现代化建设的河南实践，为谱写"中原更加出彩"绚丽篇章交出党和人民满意的时代答卷。

**关键词：** 社会建设　民生福祉　人民生活品质

# 一　2023年河南社会发展形势及特点分析

2023年是全面贯彻落实党的二十大精神的开局之年，是实施"十四五"规划承上启下的关键之年，也是落实河南省第十一次党代会部署的攻坚之年。2023年以来，全省上下坚持以习近平新时代中国特色社会主义思想为指导，深入落实党中央、国务院决策部署和省委、省政府工作要求，锚定"两个确保"目标，全力推进高水平社会建设，使全省经济社会运行稳定恢复、社会事业高质量发展持续推进、民生福祉和人民生活品质不断增进与提高，在全面建设社会主义现代化河南新征程上迈出了重要一步。

## （一）经济运行稳定恢复向好，发展新动能不断增强

2023年，河南坚持稳中求进工作总基调，完整、准确、全面贯彻新发展理念，着力推动经济社会高质量发展，全省经济社会运行稳定，经济发展持续恢复，呈现总体回升向好态势。据统计，2023年上半年全省地区生产总值（GDP）为31326亿元，按不变价格计算，同比增长3.8%。[1] 随着全

---

[1]《上半年全省经济运行情况》，河南省统计局网站，2023年7月22日，https://tjj.henan.gov.cn/2023/07-22/2782901.html。

力以赴拼经济促发展的一系列政策举措落实落地，河南经济增速回升的势头将继续保持。在农业发展方面，农业生产总体稳定，全省小麦种植面积继续稳定在8500万亩以上，夏粮生产虽然受到极端异常天气影响，但总产量达到710.0亿斤；经济作物生产形势较好，上半年蔬菜瓜果等均保持稳定增长，其中瓜果产量、蔬菜及食用菌产量分别增长1.4%、2.7%；畜牧业保持平稳增长，上半年全省生猪出栏量、猪牛羊禽肉产量同比分别增长0.6%、0.9%。① 在工业发展方面，工业生产进一步加快、重点产业快速增长，1~7月，全省规模以上工业增加值增长3.3%；从行业发展情况看，40个行业大类中有50%的行业保持增长态势，57.5%的行业生产持续改善；② 从产业情况看，制造业支撑力突出，上半年全省规模以上制造业增加值增长4.0%，拉动规模以上工业增长3.1个百分点，其中装备制造业增加值增长12.0%。在服务业发展方面，上半年全省服务业增加值同比增长4.5%。其中，文化娱乐旅游持续发展，1~5月全省规模以上文化体育和娱乐业营业收入增长15.2%；交通物流恢复较快，上半年全省旅客运输量、旅客周转量、公路货物运输量、货物周转量分别增长117.5%、147.1%、13.5%、7.3%。③

值得注意的是，2023年，河南省经济结构优化升级持续推进，发展新动能不断增强。在产业结构升级方面，1~7月，高技术制造业增加值占规模以上工业增加值的比重为12.7%，限额以上单位通过公共网络实现的商品零售额占限额以上零售总额的比重为7.6%，比上年同期分别提高了1.5个百分点、1.7个百分点。在新兴产业增长方面，1~7月，全省高技术制造业、工业战略性新兴产业增加值同比分别增长10.3%、10.1%；规模以上新一代信

---

① 《2023年一季度全省经济运行情况》，河南省统计局网站，2023年4月26日，https://tjj.henan.gov.cn/2023/04-26/2733115.html；《上半年全省经济运行情况》，河南省统计局网站，2023年7月22日，https://tjj.henan.gov.cn/2023/07-22/2782901.html。
② 《2023年1~7月全省经济运行情况》，河南省统计局网站，2023年8月19日，https://tjj.henan.gov.cn/2023/08-19/2799617.html。
③ 《上半年全省经济运行情况》，河南省统计局网站，2023年7月22日，https://tjj.henan.gov.cn/2023/07-22/2782901.html。

息技术产业、节能环保产业、高端装备制造业、生物产业增加值同比分别增长18.6%、14.2%、9.2%、7.7%。① 同时，全省坚持"项目为王"理念，持续滚动开展"三个一批"项目建设活动，有效投资保持较快增长，重大项目投资支撑作用增强。上半年全省社会领域投资增长9.0%，其中卫生、教育投资分别增长23.5%、17.1%。② 1~7月，全省亿元及以上项目完成投资同比增长9.9%，10亿元及以上项目完成投资同比增长27.9%；全省科学研究和技术服务业投资增长40.0%，高技术制造业投资同比增长22.3%，全省地方一般公共预算支出中的科学技术支出同比增长26.5%。③

### （二）消费市场恢复态势持续，居民消费价格指数总体稳定

2023年以来，河南先后出台了促进消费"12条"、促进文旅消费"8条"等一系列恢复和扩大消费的政策措施，有计划地举办了新年新春消费季、中原国际车展、豫鉴美食、夏日消费季等促消费活动，促进了全省消费市场的持续恢复。上半年，全省社会消费品零售总额同比增长5.8%，其中限额以上单位消费品零售额同比增长5.1%。1~7月，全省社会消费品零售总额为14458.60亿元，增长5.2%，其中限额以上单位消费品零售额增长4.8%。按照城乡划分，城镇消费恢复优于乡村，上半年全省城镇限额以上单位消费品零售额增长5.6%，高于乡村8.4个百分点；7月，全省城镇限额以上单位消费品零售额增长3.3%，比上月加快2.2个百分点，高于乡村6.2个百分点。从消费类型看，上半年全省限额以上单位餐饮收入增长6.4%，商品零售额增长5.0%；限额以上单位汽车类、石油及制品类商品零售额分别增长10.1%、18.1%。④ 7月，限额以上单

---

① 《2023年1-7月全省经济运行情况》，河南省统计局网站，2023年8月19日，https：//tjj.henan.gov.cn/2023/08-19/2799617.html。
② 《上半年全省经济运行情况》，河南省统计局网站，2023年7月22日，https：//tjj.henan.gov.cn/2023/07-22/2782901.html。
③ 《2023年1-7月全省经济运行情况》，河南省统计局网站，2023年8月19日，https：//tjj.henan.gov.cn/2023/08-19/2799617.html。
④ 《上半年全省经济运行情况》，河南省统计局网站，2023年7月22日，https：//tjj.henan.gov.cn/2023/07-22/2782901.html。

位汽车类、石油及制品类商品零售额分别增长3.4%、21.9%，比6月分别加快2.9个百分点、1.3个百分点。由此可以发现，民众的消费持续恢复增长，汽车等出行类、住宿餐饮等生活类、文旅等休闲类消费反弹强劲，全省消费市场呈现持续回暖态势。

事实上，居民消费市场走势除了受政策激励影响，与居民收入水平、消费价格水平也有直接的关系。2023年第一季度，河南居民人均可支配收入为7804元，同比名义增长（下同）5.2%。其中，城镇居民人均可支配收入为10833元，农村居民人均可支配收入为5037元，分别增长4.0%、5.8%，而城乡居民可支配收入比为2.15，比上年同期缩小0.04。[1]这意味着城乡居民的收入差距在缩小。不过，上半年全省居民消费价格指数同比上涨0.3%，前7个月全省居民消费价格指数同比上涨0.2%，而7月全省居民消费价格指数环比、同比分别下降0.1%、0.8%。[2]但从消费品结构上看，上半年食品烟酒、生活用品及服务、教育文化娱乐、医疗保健等分别上涨1.5%、0.2%、1.3%、0.9%，衣着、居住、交通通信等分别下降0.5%、0.5%、2.1%。[3]7月，食品、非食品价格分别下降2.4%、0.4%；消费品价格下降1.6%，服务价格上涨0.7%。[4]这说明，居民消费品的市场价格存在小幅波动，但居民消费价格指数在总体上保持平稳状态。

**（三）就业形势总体保持平稳，高校毕业生等重点人群就业任务艰巨**

就业是最大的民生工程、根基工程，是社会稳定的基础。2023年，河

---

[1]《2023年一季度全省经济运行情况》，河南省统计局网站，2023年4月26日，https：//tjj.henan.gov.cn/2023/04-26/2733115.html。

[2]《上半年全省经济运行情况》，河南省统计局网站，2023年7月22日，https：//tjj.henan.gov.cn/2023/07-22/2782901.html；《2023年1-7月全省经济运行情况》，河南省统计局网站，2023年8月19日，https：//tjj.henan.gov.cn/2023/08-19/2799617.html。

[3]《上半年全省经济运行情况》，河南省统计局网站，2023年7月22日，https：//tjj.henan.gov.cn/2023/07-22/2782901.html。

[4]《2023年1-7月全省经济运行情况》，河南省统计局网站，2023年8月19日，https：//tjj.henan.gov.cn/2023/08-19/2799617.html。

南坚持把稳就业促就业摆在突出位置，深入实施就业优先战略，多措并举稳定和扩大就业岗位，确保全年实现城镇新增就业110万人以上，城镇调查失业率控制在5.5%左右。[1] 据统计，1~5月，全省城镇新增就业56.58万人，失业人员再就业15.12万人，就业困难人员实现就业5.82万人，新增返乡入乡创业10.26万人。[2] 从任务完成量上看，新增就业人口数量已超时序进度，全年就业大局态势稳定。不过，也应当看到，受经济下行压力等多重因素影响，河南就业总量压力、就业工作难度依然很大，就业结构性矛盾仍旧突出，就业市场的供需匹配失衡，稳定和扩大就业的任务依然繁重。为此，河南出台了12条优化调整稳就业政策措施，坚持市场导向与政府促进并重、需求引领与优化供给并举，在助推企业稳岗扩岗、分类施策促进重点群体就业、强化政策落实等方面，做好稳就业保就业工作。

长期以来，高校毕业生是国家宝贵的人才资源，也是重要的就业群体、稳就业的重中之重。作为人口大省，河南在校大学生人数众多，2023届普通高校毕业生达87万人，[3] 再创历年新高，约占全国毕业生总数1158万人的1/13，同其他省份相比，河南高校毕业生就业工作任务更为繁重。从总体上看，当前高校毕业生等青年就业形势呈现了"两高一低"的特点：总量规模创新高、青年调查失业率保持高位、毕业生就业率偏低。为此，2023年以来，河南省委、省政府把高校毕业生等青年就业工作作为重中之重来抓，高规格召开高校毕业生就业创业工作会议，着力强化政策供给，出台了一系列稳定和扩大毕业生就业的举措，精准高效做好就业服务保障。一是加强领导，健全机制。河南省委、省政府高度重视高校毕业生就业工作，省委书记楼阳生多次做出批示，省长王凯把促进大学生就业作为主题教育调研课

---

[1] 《河南2023年就业目标：城镇新增就业110万人以上》，"大河财立方"百家号，2023年1月3日，https://baijiahao.baidu.com/s?id=1753971990714285381&wfr=spider&for=pc。
[2] 《2023年1-5月全省经济运行情况》，河南省统计局网站，2023年6月21日，https://tjj.henan.gov.cn/2023/06-21/2765050.html。
[3] 《河南出台13条举措 支持高校毕业生等青年就业创业》，河南省人民政府网站，2023年5月10日，https://www.henan.gov.cn/2023/05-10/2740621.html。

题深入研究。省教育厅分"启航""引航""助航""远航"四个阶段，深入实施"百万岗位护航计划"，全力推动高校毕业生就业。从工作机制上看，省委组织部、省教育厅、省人社厅等部门协同配合，形成了党委统一领导、部门各负其责、行业企业积极参与、高校主动作为的毕业生就业创业工作格局。二是强化政策引导。2023年5月，河南印发了《2023年河南省支持高校毕业生等青年就业创业若干政策措施》，明确了支持高校毕业生等青年就业创业的13条举措，同时，细化了高校毕业生"323"计划的行动措施。随后，省教育厅、省人社厅又分别发布了《河南省2023届高校毕业生就业"百日冲刺"行动工作方案》《关于开展2023年高校毕业生等青年就业服务专项行动的通知》，着力从强化政策落实、推进公共就业服务、推动"职"在河南系列招聘、提升就业技能等方面，做好高校毕业生就业促进工作。三是做好全方位供需对接服务。用心做好招聘服务，接续开展"职引未来"大中城市联合招聘、"'职'在河南"高校毕业生就业专场招聘等专项招聘活动，做好"离校未就业毕业生双选会""创新创业载体及在孵企业联合招聘会""暑期专场双选会"等招聘活动，向毕业生精准推送岗位信息。同时，基于青年特点，通过数字赋能改进求职招聘服务形式，坚持线上、线下相结合，组织开展求职招聘系列活动。深入推动高校领导访企拓岗行动，持续开展"万企进校园"活动，促进高校毕业生和市场需求人岗匹配。可以预见的是，随着经济社会发展的稳定恢复、促就业政策的落实落地，只要河南坚持用足用好靶向就业政策，加大全方位就业支持和服务，积极拓宽就业创业渠道，重点人群就业工作成效就会不断显现，全省趋稳向好的就业形势就会不断延续。

**（四）教育事业发展改革持续深入，高质量教育体系建设不断推进**

教育是国之大计，是事关千家万户的民生大事。为进一步做优基础教育、做实职业教育、做强高等教育，河南在2023年推出了一系列改革举措。2023年2月，河南召开了2023年全省教育工作会议，从基础教育优质均衡与完善公共教育服务、构建现代职业教育体系、推动高等教育创新提质、巩固落实"双减"行动、健全现代教育治理体系等方面，[1] 统筹谋划了教育工作着力点。在基础教育方面，计划扩充10万个公办学位、实施幼儿园领航共建"1235"工程，以提升幼儿园教育质量水平；继续全面落实免试就近入学和"公民同招"政策，深化义务教育集团化办学改革；持续打好"双减"巩固落实战。在职业教育方面，深入实施职业学校达标建设工程，力争2023年底职业学校达标率超过80%；持续优化专业结构，打造200个省级示范性专业点；大力推进职业教育集团实体化运作。在高等教育方面，着力以郑州大学、河南大学为试点，探索高校管理体制机制改革，支持和推动河南农业大学创建中国特色世界一流农业大学，加快推进全省"双一流"建设工作。[2] 同时，为进一步做好义务教育发展工作，河南省教育厅在2023年8月印发了《河南省义务教育课程实施办法（试行）》，对进一步健全课程管理体系、提升课程教学品质、促进义务教育高质量发展提供了政策支持。此外，围绕特殊教育高质量发展，河南实施了《河南省"十四五"特殊教育发展提升行动计划实施方案》，力争到2025年，适龄残疾儿童义务教育入学率达到97%以上，非义务教育阶段残疾儿童入学机会明显增加，切实增强残疾儿童青少年家庭福祉。

具体来说，2023年河南推进教育事业改革发展主要有以下两个方面的特点。一是接续推进了城乡基础教育均衡发展。着眼于民众"上好学"的现实期盼，河南以"普惠发展"为中心原则推进学前教育，大力发展公办幼儿园，推动了全省学前教育更加普及、普惠、优质。聚焦解决义务教育的城乡不均衡、教学点小弱散等现实问题，河南突出"优质均衡"的义务教育发展目标，深入开展县域义务教育优质均衡创建工作，全年计划开工建设150所乡村寄宿制小学，持续深化义务教育集团化办学改革和义务教育优质

---

[1] 《2023年全省教育工作会议召开》，河南省教育厅网站，2023年2月25日，http://jyt.henan.gov.cn/2023/02-25/2696053.html。

[2] 《全省教育工作会议召开！透过这些关键词，看河南教育工作2023怎么干》，"大河网"百家号，2023年2月9日，https://baijiahao.baidu.com/s?id=1757345337232879510&wfr=spider&for=pc。

均衡监测，以优化教育布局破解"城镇挤、乡村弱"难题，不断推进城乡义务教育优质均衡发展。在城乡义务教育经费保障方面，截至2023年8月，河南已累计安排175.64亿元用于支持城乡义务教育均衡发展。其中，117.13亿元用于免除在校学生学费、补助学校公用经费；19.36亿元用于为学生提供教科书和正版学生字典；13.14亿元用于补助家庭经济困难学生；26.01亿元用于支持农村公办学校完善校舍安全保障长效机制。为推进"双减"政策实施，提升课后服务水平，从2023年春季学期起提高义务教育学校生均公用经费基准定额标准，小学、初中分别从原来的年生均650元、850元提高到720元、940元，寄宿生由原来的年生均200元提高到300元，进一步提高了义务教育保障能力。[1]

二是统筹推进了高校"三个调整优化"。在高校数量规模上，河南2023年新增了9所高校，其中公办学校4所、民办学校5所。[2] 在高校类型空白填补上，2023年2月、4月，河南省委书记楼阳生先后两次围绕新型研究型工科大学和艺术院校建设开展专题调研，推动了3所艺术类院校的发展取得实质性突破。6月，郑州美术学院挂牌成立，成为河南省第一所独立设置的艺术本科学校；8月，著名男高音歌唱家戴玉强受聘担任郑州大学河南音乐学院院长，[3] 著名京剧表演艺术家于魁智受聘担任河南大学河南戏剧艺术学院院长[4]。在高校结构布局上，河南拟以郑州大学体育学院为建校基础设立河南体育学院，依托河南大学河南戏剧艺术学院设置河南戏剧学院，筹建河南电子科技大学、郑州航空航天大学等新型研究型工科大学。[5] 不难发现，

---

[1]《河南省财政下达资金175.64亿元支持城乡义务教育均衡发展》，河南省人民政府网站，2023年8月28日，https：//www.henan.gov.cn/2023/08-28/2804350.html。

[2]《河南省2023年新设立9所高校，4所公办5所民办，附首批开设专业》，搜狐网，2023年5月5日，https：//www.sohu.com/a/673139247_121124216。

[3]《现场｜歌唱家戴玉强受聘担任郑州大学河南音乐学院院长》，河南省人民政府网站，2023年8月21日，https：//www.henan.gov.cn/2023/08-21/2799962.html。

[4]《河南大学河南戏剧艺术学院院长聘任仪式举行》，"环球网"百家号，2023年8月30日，https：//baijiahao.baidu.com/s?id=1775655904525380581&wfr=spider&for=pc。

[5]《河南填补高校类型空白，再落关键一子！》，搜狐网，2023年8月22日，https：//roll.sohu.com/a/713829280_503494。

河南围绕加快实现教育强省目标，聚焦高等教育龙头作用的发挥，持续推进了高校数量、类型、结构布局"三个调整优化"，推动了全省高等教育事业发展的创新提质。

**（五）基本民生建设接续推进，群众生活福祉不断增强**

2023年以来，河南坚持以人民为中心的发展思想，聚焦民生大事，紧抓事关群众切身利益的要事，持续为民办好事、做实事，使得群众的获得感、幸福感和安全感不断提高。2023年初，河南照例发布了十项重点民生实事，涉及教育、医疗、社会保障、养老、城乡建设等领域，力求从解决民众最现实的需求问题入手，让改革发展成果更多更公平惠及广大人民群众。为切实做好民生建设工作，河南省财政厅发布的《关于河南省2022年预算执行情况和2023年预算草案的报告》明确提出持续保障和改善民生。统筹安排资金16.5亿元，高质量推进"人人持证、技能河南"建设；安排资金143.5亿元，支持健全公共卫生体系；安排资金701.8亿元，推动健全多层次社会保障体系。[①] 据统计，2023年上半年，河南省一般公共预算支出5812.6亿元，增长1.4%，其中科技、就业补助、农村综合改革支出分别增长30.7%、22.3%、18.7%，民生支出占一般公共预算支出的比重保持在70%以上，民生重点支出得到有力保障。[②] 这意味着河南省普惠性、基础性、兜底性的民生建设投入得到了有效保障，为扎实推进基本民生建设奠定了坚实基础。

从实践上看，2023年上半年，十项重点民生实事整体进展顺利，部分年度目标任务已超额完成。在开展职业技能培训和评价取证方面，已完成职业技能培训252.2万人次，新增技能人才（取证）22.92万人，新增高技能人才（取证）86.7万人，分别完成年度目标任务的84.1%、111.5%、

---

[①]《报告摘编丨今年重点加强普惠性基础性兜底性民生保障》，"正观新闻"百家号，2023年1月15日，https://baijiahao.baidu.com/s?id=1755049301548759070&wfr=spider&for=pc。

[②]《河南省发布经济"半年报" 地区生产总值超3万亿》，人民网，2023年8月1日，http://henan.people.com.cn/n2/2023/0801/c351638-40515237.html。

108.4%。在农村学校办学条件改善方面，新开工建设乡镇寄宿制小学64所，完成年度目标任务的42.7%。在基层医疗卫生服务能力提升方面，已完成511个家庭医生团队（共2049人）线下培训、12.6万名基层卫生技术人员在线培训，分别完成年度目标任务的40.9%、84.1%。在特殊困难老年人家庭适老化改造方面，已改造9822户，完成年度目标任务的16.4%。在妇女儿童健康保障水平提高方面，宫颈癌、乳腺癌筛查已分别完成年度目标任务的99.4%、102%；免费产前筛查覆盖率、新生儿"两病"筛查率、新生儿听力筛查率均超额完成年度目标任务，分别高出19.65个、4.87个、3.8个百分点。在青少年心理健康服务进村（社区）方面，已组织2936场活动，完成年度目标任务的97.9%；开展个案心理咨询活动已完成年度目标任务的78.1%。在残疾儿童康复救助方面，3万余名残疾儿童得到康复服务，已超额完成年度目标任务，高出8.9个百分点。在推进城市更新方面，用户燃气安全装置加装、新开工改造老旧小区、"病害"窨井盖整治分别完成年度目标任务的53.8%、78.7%、70%。在农村基础设施建设完善方面，改建农村公路里程、村级寄递物流服务站覆盖率、配电台区升级改造量分别完成年度目标任务的99.8%、69.4%、91.7%。在"一卡通"管理方面，全省通过"一卡通"系统集中发放惠民惠农财政补贴234项，惠及群众2455.4万人，使用社保卡领取补贴的比例达到99.91%。[①] 总的来说，河南2023年的十项重点民生实事推进较为顺利，民生保障工作效果良好。

### （六）优化推进社会治理，现代化河南建设的治理基础不断夯实

社会治理是社会领域建设的重大任务，治理有效和平安有序，不仅是群众安居乐业、人民生活幸福美好的基本前提，也是现代化河南建设的基础支撑。2023年河南省政府工作报告明确提出，要加快推进社会民生事业全面进步，提升社会治理能力，从而以更高水平的平安河南建设、社会

---

[①]《关于2023年上半年省重点民生实事进展情况的通报》，河南省人民政府网站，2023年7月19日，https://www.henan.gov.cn/2023/07-19/2780951.html。

建设为推进现代化河南建设创造良好的社会环境。① 在加强城乡基层治理方面，河南坚持以党建引领基层治理，持续开展"五星"支部创建，以增强基层党组织的政治功能和组织功能，强化县乡村三级治理体系功能，深入推进抓党建促乡村振兴，提升治理效能。借助全国第二批市域社会治理现代化试点城市创建工作的契机，许昌市发布了《加强社会治理建设城乡融合共同富裕先行试验区工作方案》，绘就了强化党的治理引领力、健全"四治"融合基层治理体系、共同"奔富"的行动路线。在固本强基健全城乡社会治理数字化建设方面，2023年4月，河南省人民政府印发了《河南省加强数字政府建设实施方案（2023—2025年）》，提出以智能精准推进社会治理数字化，不断提升社会矛盾网上化解能力、强化社会治安防控智能化、推进智慧应急建设、深化"互联网+基层治理"行动，到2025年形成与高水平实现现代化河南相适应的数字治理新格局。同时，为了提升基层治理精准化水平，省民政厅、省委政法委等9部门联合印发了《关于深入推进智慧社区的实施意见》，旨在打造集信息化、智能化管理与服务于一体的智慧社区，力争到2025年基本建立智慧社区服务平台。② 在提升公共卫生服务能力方面，2023年7月，河南印发了《河南省公共卫生体系建设三年行动计划（2023—2025年）》，从应急指挥、监测预警、应急救治、预防控制等方面着力推进公共卫生体系建设，全面维护人民群众生命安全和身体健康。在生态文明建设方面，2023年7月，河南印发了《河南省推动生态环境质量稳定向好三年行动计划（2023—2025年）》，围绕交通、水体、能源、农业等领域实施"十大行动"，力争到2025年，全面完成"十四五"生态环境质量和主要污染物总量减排目标，重污染天气基本消除，地表水达到或好于Ⅲ类水体比例为75.6%，劣Ⅴ类水体和县级城市、县城建成区黑臭水体基本消除，受污染耕地安全

---

① 《2023年河南省政府工作报告全文发布》，"大河财立方"百家号，2023年1月28日，https：//baijiahao.baidu.com/s？id=1756220256071646431&wfr=spider&for=pc。
② 《到2025年，河南省基本建起智慧社区服务平台》，河南省人民政府网站，2023年9月15日，https：//www.henan.gov.cn/2023/09-15/2816131.html。

利用率达到95%，① 切实为人民守护好蓝天白云，不断改善城乡人居环境。在推进网络综合治理方面，2023年以来，河南着眼维护网络秩序与网络安全，深入开展了"净网2023"专项行动，着力打击了"网络水军""网络侵公""网络黑客""网络诈骗"等网络违法行为，② 清理了一批网上违法信息、关停了一批违法网站栏目、查处了一批网络违法案件，有力推动了网络综合治理体系的健全，营造了良好的网络生态环境。整体上看，着眼于社会主义现代化河南建设大局，河南在2023年围绕以人民为中心做好社会建设、完善城乡社会治理体系、推进平安河南建设等方面进行了实践探索，在加强和创新社会治理、推进社会治理现代化上迈出了新步伐，进一步夯实了现代化河南建设的治理基础。

## 二 2023年河南社会发展面临的难题与挑战

2023年，河南面临的国内外发展大环境依然严峻复杂，承受的经济下行压力仍然较大，不确定、难预料因素不断增多，多领域新旧社会矛盾交织叠加，这给河南省社会经济高质量发展带来诸多挑战与风险。

### （一）经济下行压力较大，消费复苏不及预期

2023年，在严峻复杂的内外部环境影响下，河南的社会经济承压较大，主要经济指标波动明显，经济回升基础有待稳固。2023年上半年，河南GDP为31326亿元，增量为568.8亿元，同比实际增速为3.8%，名义增速为1.85%。③ 从全国来看，2023年上半年，河南的经济增速在31个省（区、市）中排名第26，在中部六省中排名第4，高于湖南、江西（见表1）。分季

---

① 《行动计划来了！未来三年，河南这样守护蓝天白云》，"大河网"百家号，2023年7月21日，https：//baijiahao.baidu.com/s? id=1772015471066338027&wfr=spider&for=pc。
② 《河南省深入推进"净网2023"专项行动》，新华网，2023年9月15日，http：//www.ha.xinhua.org/20230915/17173ef464e74b29811353e36c7b668d/c.html。
③ 《上半年全省经济运行情况》，河南省统计局网站，2023年7月22日，https：//tjj.henan.gov.cn/2023/07-22/2782901.html。

度来看，第一季度河南GDP初步核算数为14969亿元，增量为740.2亿元，按不变价格计算，同比增长5.0%。① 第二季度河南经济出现了171.4亿元的负增长，上半年的增量为568.8亿元。从《河南省2023年国民经济和社会发展计划》提出的经济增长6%的预期目标来看，河南上半年的经济增长未达到既定目标，而且经济增长波动较大，下行压力较大，下半年面临更为艰巨的任务。近年来，河南省致力于转型升级和实施智能制造战略，但在这一转型过程中，矛盾与困难逐渐显露。一方面，企业技术革新、产业链重组等方面的投入和调整成本较高，压制了企业的盈利能力；另一方面，市场竞争激烈、产能过剩等问题制约了经济增长潜力的释放。此外，基础设施建设、人才引进等方面的问题也在一定程度上制约了河南省经济的稳定高质量快速发展。

表1 2023年上半年31个省（区、市）GDP及增速情况

单位：亿元，%

| 省（区、市） | 上半年GDP | 上半年同比增速 | 第一季度同比增速 | 上半年同比增速排名 |
| --- | --- | --- | --- | --- |
| 广 东 | 62910 | 5.0 | 4.0 | 20 |
| 江 苏 | 60465 | 6.6 | 4.7 | 9 |
| 山 东 | 44125 | 6.2 | 4.7 | 11 |
| 浙 江 | 38717 | 6.8 | 4.9 | 6 |
| 河 南 | 31326 | 3.8 | 5.0 | 26 |
| 四 川 | 27901 | 5.5 | 3.8 | 16 |
| 湖 北 | 26259 | 5.6 | 5.1 | 14 |
| 福 建 | 25548 | 3.8 | 1.7 | 27 |
| 湖 南 | 23999 | 3.6 | 4.1 | 29 |
| 安 徽 | 23073 | 6.1 | 4.8 | 12 |
| 上 海 | 21390 | 9.7 | 3.0 | 1 |
| 河 北 | 20779 | 6.1 | 5.1 | 13 |
| 北 京 | 20621 | 5.5 | 3.1 | 17 |

① 《2023年一季度全省GDP增长5.0%》，河南省统计局网站，2023年4月28日，https://tjj.henan.gov.cn/2023/04-28/2734352.html。

续表

| 省(区、市) | 上半年GDP | 上半年同比增速 | 第一季度同比增速 | 上半年同比增速排名 |
|---|---|---|---|---|
| 陕西 | 15503 | 3.7 | 5.3 | 28 |
| 江西 | 15399 | 2.4 | 1.2 | 31 |
| 重庆 | 14346 | 4.6 | 4.7 | 24 |
| 云南 | 14170 | 5.1 | 4.8 | 18 |
| 辽宁 | 13998 | 5.6 | 4.7 | 15 |
| 广西 | 12685 | 2.8 | 4.9 | 30 |
| 山西 | 11689 | 4.7 | 5.0 | 22 |
| 内蒙古 | 10971 | 7.3 | 5.6 | 5 |
| 贵州 | 10219 | 4.4 | 2.5 | 25 |
| 新疆 | 8542 | 5.1 | 4.9 | 19 |
| 天津 | 7843 | 4.8 | 5.5 | 21 |
| 黑龙江 | 6605 | 4.7 | 5.1 | 23 |
| 吉林 | 6147 | 7.7 | 8.2 | 4 |
| 甘肃 | 5539 | 6.8 | 6.7 | 7 |
| 海南 | 3459 | 8.6 | 6.8 | 2 |
| 宁夏 | 2476 | 6.5 | 7.5 | 10 |
| 青海 | 1798 | 6.8 | 5.1 | 8 |
| 西藏 | 1070 | 8.4 | 8.2 | 3 |

资料来源：各地统计局网站。

消费方面，全省消费市场呈现快速回暖的态势，但整体消费复苏不及预期。2023年1~5月，全省社会消费品零售总额为10411.82亿元，同比增长7.0%；1~7月，全省社会消费品零售总额为14458.60亿元，增长5.2%[1]。可见，2023年6月、7月，河南消费增速有所放缓，整体消费规模尚未恢复到疫情前水平；1~5月，河南社会消费品零售总额增速与2019年同期相比下降了3.4个百分点，增速在六个经济大省[2]中相对靠后，消费潜力有待进一步释放[3]。

---

[1] 《2023年1-7月全省经济运行情况》，河南省统计局网站，2023年8月19日，https://tjj.henan.gov.cn/2023/08-19/2799617.html。

[2] 指广东、江苏、浙江、山东、河南、四川六省，这六省的经济总量占全国的45%左右，市场主体数量占全国四成以上，贡献了40%以上的就业。

[3] 《全力以赴拼经济　顶压前行稳增长——2023年上半年河南经济形势分析暨全年展望》，《河南日报》2023年7月15日。

## （二）全省整体收入水平偏低，收入不均衡问题依然突出

近年来，河南经济发展迅速，经济总量稳居全国第5，但是省域内整体收入水平偏低的问题始终存在，收入不均衡问题依然突出。

一是河南省整体收入水平偏低，与全国平均水平差距较大。2022年河南居民人均可支配收入为28222元，同比增长5.3%，是全国平均水平的76.5%，在全国31个省（区、市）中排名第23；在中部六省中排名第6，名义增速在中部六省中排名第6（见图1）。2021年，河南省城镇非私营单位在岗职工平均工资为76261元，是全国平均水平110221元的69.2%，在全国31个省（区、市）中排名第31。[①]

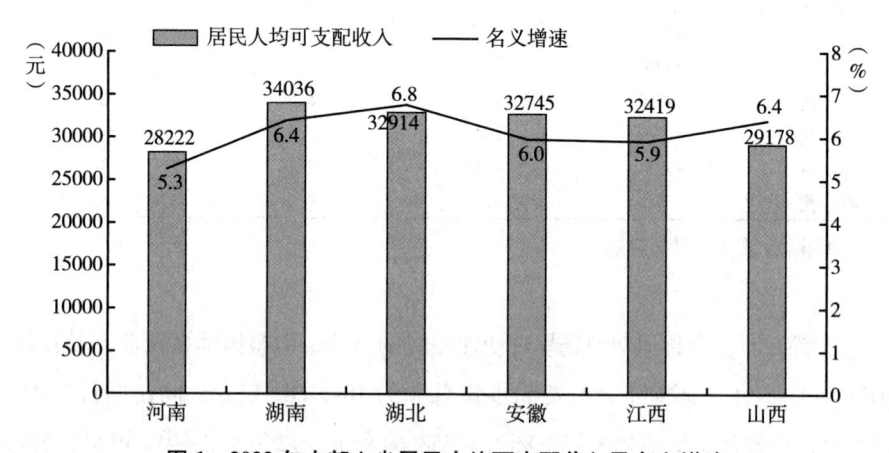

图1 2022年中部六省居民人均可支配收入及名义增速

资料来源：根据各省统计年鉴数据整理。

二是收入不均衡问题依然突出。城乡之间的收入差距仍较大。2022年，城镇居民人均可支配收入为38484元，增长3.7%；农村居民人均可支配收入为18697元，增长6.6%。根据2014年起采用新口径统计的城乡居民人均可支配收入数据，河南城乡居民人均可支配收入比从2014年的2.4缩小至2022年的2.1，但收入差距依然较大，2022年河南城镇居民人均可支配收

---

① 数据来源：2023年《河南统计年鉴》。

入比农村居民人均可支配收入多19787元，是农村居民人均可支配收入的2.1倍（见图2）。河南作为农业大省、农村人口大省和农村劳动力输出大省，农村居民人均可支配收入增长较快，在增速上高于城镇居民人均可支配收入，但是长期以来形成的城乡区域经济发展不均衡仍然客观存在，难以在短时间内弥合。另外，地市区域之间的收入差距仍然较大。2022年河南18个地市中，居民人均可支配收入在全省平均水平之上和之下的各占一半，差异较大。其中收入最高的郑州市为41049元，收入最低的周口市只有21983元，郑州市是周口市的1.9倍；排名第二的济源市居民人均可支配收入为33902元，只有郑州的82.6%。

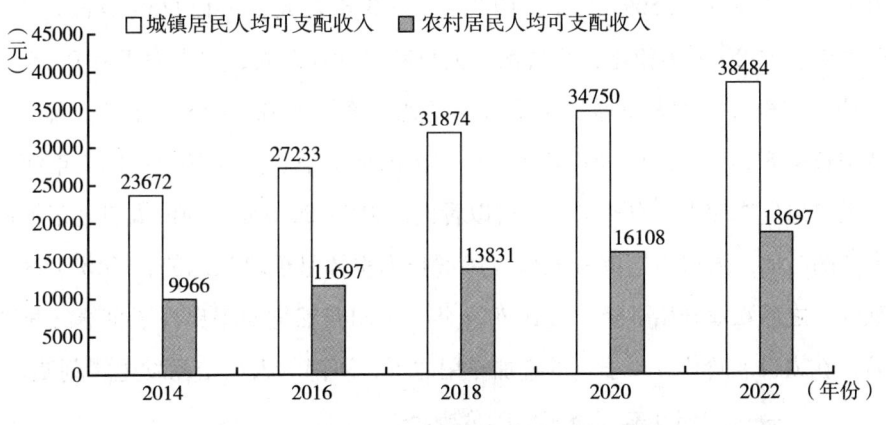

图2 部分年份河南城乡居民人均可支配收入

资料来源：根据部分年份《河南统计年鉴》数据整理。

## （三）人口老龄化、少子化程度不断加深，人口外流问题日益凸显

2022年，中国人口发展迎来历史性拐点，全国人口出生率为6.77‰，人口死亡率为7.37‰，人口自然增长率为-0.60‰，进入负增长区间。这是人口自然增长率自1961年以来首次出现负增长，远早于此前有关机构预计的"十四五"末期或2028年前后，人口负增长时代提前到来。在这样的大环境之下，作为人口大省的河南，人口发展也面临一系列严峻考验，人口老

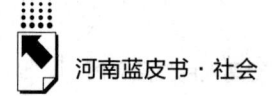

龄化、少子化的形势更加严峻，人口外流趋势日益明显。

一是老龄化程度不断加深。河南作为人口大省，老年人口的基数大、增长快，老龄化趋势明显，多个城市已步入深度老龄化阶段。截至2022年底，河南60岁及以上人口有1862万人，占常住人口的18.86%，比2021年末增加79万人，人口老龄化进一步加深。

二是人口出生率持续下降，人口自然增长率为负值，人口出现负增长，少儿人口持续减少。受育龄妇女持续减少、生育观念变化、婚育推迟、人口外流和人口老龄化等因素影响，2022年河南出生人口持续减少，死亡人口增加。2022年全省出生人口为73.3万人，出生率为7.42‰；死亡人口74.1万人，死亡率为7.50‰；自然增长人口-0.8万人，人口自然增长率为-0.08‰。与2021年相比，全省出生人口减少6.0万人，出生率下降0.58个千分点；全省死亡人口增加1.1万人，死亡率上升0.14个千分点。人口自然增长率61年来（自1961年以来）首次出现负增长。从2013~2022年河南的人口出生率和人口自然增长率可以看出，2013~2016年，河南人口处于加速增长的时期，人口出生率和人口自然增长率整体呈现增长态势，2016年达到顶峰，之后双双开始下降，直到2022年，人口自然增长率出现了负值（见图3）。在人口老龄化、少子化的叠加作用之下，河南的人口结构发生深刻变化，

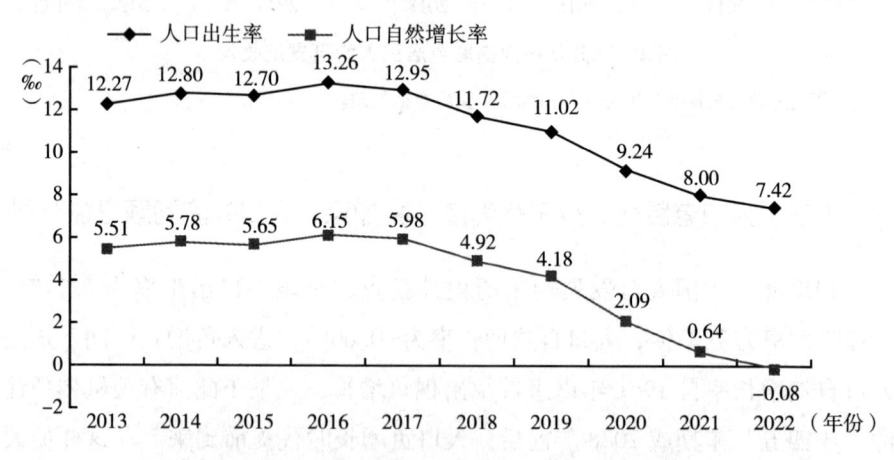

图3 2013~2022年河南省人口出生率和人口自然增长率

资料来源：根据历年《河南统计年鉴》数据整理。

老年人口不断增多，少儿人口持续减少。2022年末，全省0~15岁人口有2266万人，占全省人口的22.95%，与2021年末相比，0~15岁人口减少92万人。随着人口结构的变化，家庭也呈现小型化、少子化、空巢化趋势，传统的家庭养老功能进一步减弱，养老服务供需矛盾突出。

三是人口外流问题日益凸显。河南是人口大省，也是人口输出大省。2021年，河南户籍人口11533万人，常住人口9883万人，有1650万户籍在河南而居住、工作在其他省份的外流人口。从2012~2021年河南户籍人口和常住人口的差额趋势可以看出，河南的外流人口整体呈现增长的趋势（见图4）。长期以来，河南的人口外流问题一直存在，但是靠着人口的高增长，河南维持总人口的扩张和劳动力的增长。然而，随着人口老龄化、少子化的日益加剧，河南的人口增长出现了拐点，人口开始负增长，河南这个人口大省也开始面临人口资源不断减少的困境。河南人口外流已经造成了当地劳动力和人才的流失，农村普遍出现"空心化"现象，导致人口结构失衡。2021年，河南15~64岁的劳动力人口仅占总人口的63.76%，占比为全国最低。[①]

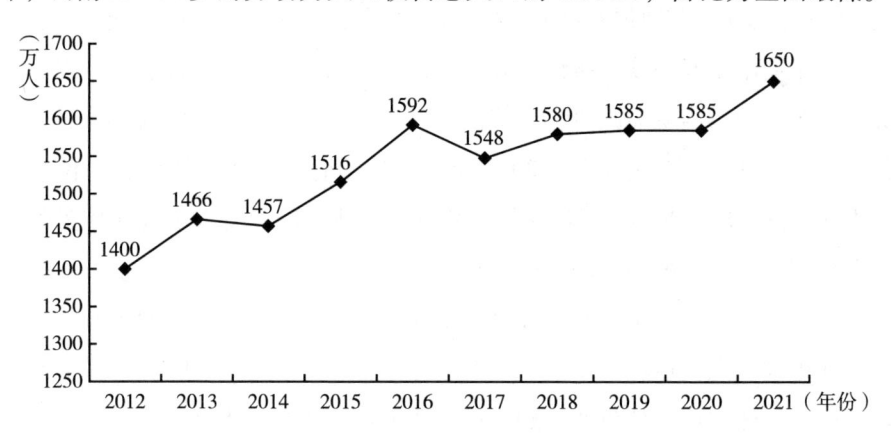

图4 2012~2021年河南省外流人口趋势

资料来源：历年《河南统计年鉴》。

---

[①]《2021年河南人口发展报告公布》，"顶端新闻"百家号，2022年5月24日，https://baijiahao.baidu.com/s?id=1733757921050692963&wfr=spider&for=pc。

河南高度依赖人力资源，人口对河南可持续、高质量发展发挥着至关重要的作用，河南急需进一步完善人口发展战略，优化人口布局。

### （四）就业形势总体严峻，经济恢复对就业的支撑有限

2023年，受经济复苏乏力和就业人员整体基数较大等因素的影响，河南的就业形势较为严峻。

一是就业人员整体基数较大，就业承压明显。2023年河南省高校毕业生87万人，中职中专技校毕业生、农村待转移劳动力、下岗失业等困难群体均在40万人左右，"两后生"和退役军人35万人，登记失业的16~24岁青年8.38万人，占登记失业总数的14.05%，2022届高校毕业生中约有1.7万人仍未就业。扣除不同群体之间的重复计算，全省岗位需求在230万个左右。据监测，受夏收、夏种、夏管等影响，2023年5月农村劳动力省外返乡373.9万人，其中229.9万人留在省内务工，留乡比重达到61.5%。一方面，说明河南经济发展吸纳就业能力增强，劳动力返乡创业趋势向好；另一方面，说明河南就业需求量很大，需要加大就地就近就业支持力度，厚植人力资源要素保障。

二是受限于经济恢复缓慢，就业岗位供给的数量和质量都有所下降。首先，企业岗位供给明显减少。经济恢复基础尚不牢固，不少企业预期偏弱，扩大招工的动力和意愿不强，2023年进高校招聘的企业和提供的岗位数量比上年下降10%~20%，岗位质量及待遇也有所下降，特别是以往作为吸纳毕业生就业主力军的中小微企业，由于受疫情影响恢复缓慢，提供的薪酬待遇和毕业生预期有一定差距。加之传统观念、家庭观念等因素叠加影响，高校毕业生求职意向更加"求稳"，半数以上毕业生首选到政府机关、事业单位、国企等体制内单位就业，到小微企业就业的积极性不高。其次，政策性岗位拓展难度增大。近三年，党政机关事业单位和国有企业经过持续较大规模招录，岗位增长潜力基本见底，很难再有大规模的增加。最后，毕业生创业活跃度相对偏低。河南省2022届高校毕业生创业率仅为0.36%，郑州大学、河南大学、华北水利水电大学毕业生创业率分别仅为0.07%、0.24%、0.13%。对河南省2017届35.47万名省内就业高校毕业生的持续跟踪调查

显示，进行工商注册的有3.05万人，占比为8.6%，创业比重相对较低。这说明在改进创业服务、优化营商环境等方面，河南还有很多工作要做。

三是高校毕业生就业结构性矛盾较为突出。首先，从院校学科布局看，河南省156所高校中仅郑州大学、河南大学入选"双一流"建设高校。2023年河南省87万名高校毕业生中研究生占比仅为3%，专科生占比为56%。高校结构、学历层次等在一定程度上与社会需求不匹配，加大了毕业生就业难度。其次，从专业分布看，河南省人文社科类、师范类专业占比较高，市场需求广阔的新工科类、新理科类等专业偏少，学科专业布局与市场需求不匹配，"找满意工作难"与"招合适的人难"并存。调查显示，51%的毕业生认为所学专业对口岗位少，与就业市场需求不匹配。再次，从求职意向看，高校毕业生的求职意向与企业招聘观念存在偏差。受传统观念、家庭观念等因素叠加影响，毕业生求职更加关注稳定性。六成以上毕业生的就业意向为政策性岗位，公务员、事业单位等岗位的竞争加剧，2023年河南省公务员招录9134人，报名人数高达57.09万人，招录比63∶1。用人单位存在"人才高消费"现象，把学历要求作为同行企业（单位）比拼实力的重要指标，进一步加大了毕业生就业难度，尤其是目前毕业生已经离校，后续跟踪服务困难加大，离校未就业毕业生就业难度将进一步加大。最后，从工作进度看，2023年制定了年底前高校毕业生实现就业80万人的目标，截至2023年7月底，还有28.17万人尚未实现就业。此外，还要统筹考虑人社部即将移交的省外就学豫籍毕业生约5万人、往年未就业毕业生1.6万人的就业问题。河南高校毕业生就业工作承压巨大。

**（五）"后普及教育"阶段河南义务教育"减负"面临困境，基础教育高位均衡发展亟待破题**

2020年，河南高等教育毛入学率首次突破50%，达到51.86%，标志着河南高等教育正式进入普及化阶段。也是在这一年，《国家中长期教育改革和发展规划纲要（2010—2020年）》胜利收官，该纲要制定的诸多发展性指标均已超额完成，中国教育正式进入"后普及教育"阶段①。进入"后普及教育"阶段的河南教育开始由"数量普及"向"质量普及"迈进、由"总体普及"向"全面普及"迈进，在此背景下，河南基础教育发展面临诸多全新挑战。2021年7月，中共中央办公厅、国务院办公厅印发了《关于进一步减轻义务教育阶段学生作业负担和校外培训负担的意见》，"双减"政策开始实施。"双减"政策的高效实施，一方面有效减轻了中小学生的课内外负担，保障了教育公平；另一方面在推进实施的过程中也出现了一系列问题，亟待有效破解，以推动基础教育在"后普及教育"阶段能够更好实现高位均衡发展。

一是难以打消的教育焦虑问题。2023年，河南高校毕业生达到创纪录的87万人，大学生就业形势十分严峻。就业竞争的加剧会向下传导到高考和中考，在学业竞争、就业竞争没有缓和反而持续加剧的情况下，单方面减负不会让孩子的竞争压力降低，最终只会使其学业成就和社会竞争力受到消极影响，成为学生及家长最为担心的问题。这也导致校内减负、校外加压现象的出现，很多家长仍通过各种渠道去上校外的辅导班或强化班，客观上反而增加了家庭的教育成本，加重了学生的学习负担。

二是"双减"政策的推行难以做到"纵向到底，横向到边"，无法全覆盖，这也让教育公平难以得到有效保障。只有加强"双减"政策的实施，才能保障"双减"效果的良好发挥。在实践中，"双减"政策没有严格落实，加剧了学生及家长的教育焦虑，减弱了"双减"政策的效果，同时倒逼一部分学生"抢跑"，这对真正落实"双减"政策的学校和学生是一种不公平。

三是硬性"普职分流"会过早加剧教育竞争，削弱了"双减"政策的效果。2021年，河南初中生能上普通高中的比重为54%，全国平均水平是57%，河南低于全国平均水平3个百分点。中考分流带来的竞争压力是巨大

---

① 杨东平：《后普及教育阶段：推进更为实质性的教育改革》，载熊丙奇主编《2021年中国教育观察》，社会科学文献出版社，2022。

的，因为学生及家长大多不愿意上中职，家长希望自己的孩子能够上普通高中，能考上大学。这不仅是受传统观念的影响，也是基于现实的考量。一项样本量约10万人的问卷调查显示，超过六成的家长和企业人员认为，中职教育的人才培养质量堪忧，无法满足企业的招聘需求[1]；中职毕业生的薪酬更低，一项关于中职毕业生的分析报告显示，2019年，接近70%的中职毕业生月薪不到3000元[2]，而2019届本科毕业生平均月薪为5440元，高职毕业生为4295元[3]。普职教育发展的不均衡和硬性分流，让教育竞争前移，一方面削弱了"双减"政策的效果，另一方面也阻碍了基础教育高位均衡发展。

## 三 2024年河南社会发展态势和政策建议

2023年是具有里程碑意义的一年，也是全面贯彻落实党的二十大精神的开局之年。随着经济社会全面恢复常态化运行，我国正步入复苏、重振的关键时期。河南是经济大省、人口大省，在现代化河南建设新征程中面临的发展任务比以往任何时期都更艰巨、更复杂。展望2024年，不论世界如何风云诡谲、暗潮涌动，河南省都应主动适应社会形势的发展变化，不断增强危机意识和机遇意识，为推动社会经济高质量发展谋篇布局，提振信心、踔厉奋发、改革创新，奋力推进中国式现代化建设的河南实践，为谱写"中原更加出彩"绚丽篇章交出党和人民满意的时代答卷。

### （一）经济保持回稳向好态势，加快实现经济复苏为当务之急

2023年以来，河南省深入贯彻落实党中央、国务院重要决策部署和省

---

[1] 王湘蓉等：《中国职业教育发展大型问卷调查报告》，《教育家》2021年第16期。
[2] 中等职业学校职业指导丛书编写组编《中国中等职业学校毕业生就业状况分析报告（2019年）》，北京理工大学出版社，2020。
[3] 王伯庆主编《2020年中国本科生就业报告》，社会科学文献出版社，2020；王伯庆主编《2020年中国高职生就业报告》，社会科学文献出版社，2020。

委、省政府工作要求，坚持以新发展理念统领全局，聚焦高质量发展的目标任务，全力以赴拼经济、促发展，着力推动经济平稳健康运行。从河南省统计局发布的各项数据来看，1~7月，全省主要经济指标明显回升，生产需求恢复向好，有效投资平稳增长，消费品市场持续复苏，经济结构持续优化，经济运行继续呈现稳中向好、稳中有进、稳中提质、稳中蓄势的良好态势。①尽管当前外部环境依旧复杂严峻，经济恢复基础并不牢固，也存在许多不确定因素，但河南省具备的区位优势明显、内需市场广阔、产业体系完备、人力资源丰富等发展优势没有变，经济长期向好的基本面也没有变，近三年全省经济在曲折前进的过程中表现出较强的韧性和潜力，实现经济全面复苏未来可期。

展望2024年，河南省有望保持回稳向好的发展态势。进一步提振发展信心、稳定社会预期，多管齐下综合施策，防范化解社会风险，不断增强经济发展的内生动能，是当前及今后一段时间全省经济工作的核心任务。一是促进消费扩容提质。要利用居民消费需求回升的有利时机，持续出台鼓励消费的政策措施，加大财政补贴力度，稳定住房、汽车、家电等大宗商品的消费；支持各地抢抓中秋节、国庆节、"双十一"、元旦等重要消费节点，加大百货、餐饮、文旅等消费优惠券发放力度，组织谋划大型展会和促销活动，促进群众消费潜能的集中释放；聚焦新兴业态，支持夜经济、直播电商、跨领域融合、数字消费等新型消费进一步发展，不断提高消费供给的质量和水平。二是推动投资持续稳定增长。牢固树立"项目为王"的鲜明导向，聚焦全省基础设施建设、先进制造业、新兴产业、数字经济、社会事业等重点领域，以"三个一批"项目建设为抓手，加快实施补短板、强弱项的重点项目，集成政策、集中资源，全力以赴推动项目落地，以投资结构优化带动产业结构优化升级，为全省经济增长蓄势赋能。三是加大力度帮助企业解忧纾困。深入推进政府"放管服"改革，扎实开

---

① 《2023年1-7月全省经济运行情况》，河南省统计局网站，2023年8月19日，https://tjj.henan.gov.cn/2023/08-19/2799617.html。

展"万人助万企"活动,对河南省重点产业链相关企业进行扶持,帮助企业摆脱经营过程中遇到的融资上市、人才培育、转型升级等发展困境;做好企业梯度培育服务,支持龙头企业做大做强,大力扶持专精特新企业快速发展,积极引导中小企业细分市场,不断提升各类企业的核心竞争力和持久发展力,推动企业在实现高质量发展中发挥更大作用。

## (二)数字化成为社会发展新动能,应全力推动社会治理数字化转型

近年来,以大数据、云计算、区块链、人工智能为代表的新一代数字技术在各个领域广泛应用,深刻改变了人们的生产生活方式和社会运行方式。我国迈入了数字化时代,数字经济成为全球经济增长的新动能,数据成为新的生产要素和战略资源,数字治理成为全球治理的新领域。[1] 党的十九大首次明确提出建设数字中国的战略目标,党的二十大进一步提出加快建设网络强国、数字中国。习近平总书记也多次强调,加快数字经济、数字社会、数字政府建设,推动各领域数字化优化升级,将数字技术广泛引用于政府管理服务,推动政府数字化、智能化运行,为推动国家治理体系和治理能力现代化提供支撑。[2] 深入开展数字化建设,利用数字技术推动社会治理机制重塑、体系重构,是顺应时代发展形势变化的必然要求,也是深化数字中国建设、提高社会治理现代化水平的必由之路。

近两年,河南省的数字化建设取得显著成效,数字经济势头强劲,数字政府建设深入推进,智慧城市试点建设方兴未艾,但同时面临着"信息割据""数字鸿沟"、算法黑箱、隐私泄露等发展困境。要进一步加快数字化建设步伐,推动社会治理数字化转型,构建形成科学、高效、协同、共享的数字化治理体系。

一是树立人本导向的数字化治理理念。应坚持以人民为中心的治理理

---

[1] 王益民:《精心推动数字中国建设》,《经济日报》2023年8月1日。
[2] 《无边光景时时新——习近平总书记指引数字社会建设述评》,《中国网信》2023年第5期。

念，充分尊重群众的需求和利益，不仅要利用大数据、人工智能等数字技术主动感知和收集群众的需求，通过搭建平台集成资源，提高公共服务供给的主动性和精准性，也要加强宣传教育培训，不断提升群众的数字素养和技能，激发群众参与社会治理的内生动力。二是制定完善的数字化治理制度规则。要建立数字化治理相关的制度体系，对治理主体、职责权限以及权力运行依法进行规范和约束，在数据平台建设、公共服务、数据共享、监督执法等方面明确标准，并完善网络空间管理、数据安全相关法律法规，在法治的轨道上推进数字化治理。三是健全数据融合共享的治理机制。依托省、市、区大数据平台，加强社会治理基础数据的采集、分析、管理、使用，全面推动数据的有序开放和共享对接；统筹社会治理的综合信息平台和业务系统建设，推动不同数字平台之间的数据联通和信息交互，促进多元主体在平台上实现互联互通、数据共享、协同合作；深挖数据信息的治理价值，拓宽数字技术的应用场景，围绕养老、医疗、教育等重点领域加强数据创新应用，不断提升数据资源开发利用水平和效能。四是强化数字化治理的基础支撑。加快推进以5G基站、大数据中心为重点的新型基础设施建设，持续推进传统基础设施的数字化改造，扩大智能物联感知设施与城市公共服务设施的融合应用，不断夯实社会治理的数字基座；加强数字化人才队伍建设，做好数字化人才培养的统筹规划，创新数字化人才的培养方式，努力培养一批掌握使用数字技术的基础型人才、具备高新技术研发能力的专业型人才以及利用技术赋能治理的管理型人才，为推动社会治理数字化转型提供智力支持。

### （三）人口发展进入新增长阶段，促进人口长期均衡发展任重道远

人口问题一直是社会经济发展过程中要面对的首要问题。众所周知，河南省是人口大省，常住人口总量长年居全国前列，也长期享受着劳动力资源丰富的人口红利。但近年来，受生育观念变化、晚婚晚育增多、育龄妇女减少、老龄化程度加深、人口流动频繁等多重因素的影响，河南省人口自然增长速度明显放缓，常住人口呈现连续下降的趋势。河南省人口老龄化、少子化的发展趋势已经不可逆转。尽管人口出生率从高到低、人口自然增长率从

正转负都是符合社会经济发展规律的正常现象，但若放任人口继续走低，必然会带来劳动力人口进一步减少、劳动生产率下降、社会抚养比上升、社会保障基金不足等严重后果，长此以往，社会经济将面临更多严峻挑战。

面对人口负增长拐点的到来，我国必须客观认识和足够重视，以更加积极主动的态度来应对，加快调整优化人口政策、推动体制机制深层次改革，多措并举、凝心聚力，推动人口长期均衡发展。

一是完善落实积极生育的支持措施。2021年实施的三孩政策在全社会释放了鼓励生育的重要信号，但政策实施效果关键在于配套政策的跟进完善。河南省要围绕生育全流程问题，加快制定涵盖婚俗改革、普惠托幼、生育保险以及女性就业保障的生育支持政策体系，推动税收减免、住房优惠、资金补助、带薪假期等支持措施落地落实，进一步降低家庭生育、养育成本，激发育龄人群的生育潜力，推动实现适度生育。二是构建优质均衡的公共服务体系。要围绕妇幼健康、托育、教育、养老等人口发展重要方面，优化配置医疗、卫生、教育等公共服务资源。深入开展妇幼健康促进行动，实施婚前、孕前、孕期、产后、儿童一体化管理服务，提升优生优育服务水平；健全养老托育服务体系及社会保障体系，保障"一老一小"重点人群合法权益，增进人口家庭福利。三是深入推进新型城镇化建设。加快推进以中小城镇、县城为主要载体的就地城镇化，推动产业结构转型升级，大力发展第三产业，逐步提高非农就业比重，扩大非农劳动力供给。以农业转移人口市民化为核心深化户籍制度改革，推动县域内城乡公共服务一体化，引导农村人口和城市回流人口向城镇、县城转移，不断增强城镇、县城对人口的吸纳力和综合承载力。

### （四）就业形势基本稳定，应持续抓好抓实就业促进工作

2023年以来，随着我国经济逐渐恢复并持续好转，生产需求保持基本平稳，就业环境相比前三年有了显著改善。河南省坚持就业优先政策，扎实推进稳就业保就业工作，先后出台了《2023年河南省支持高校毕业生等青年就业创业若干政策措施》《河南省人民政府办公厅关于优化调整稳就业政

策措施的通知》等重要的政策文件，提出了一系列稳就业措施，助力企业稳岗扩岗，促进重点群体就业，确保了全省就业形势的基本稳定。2023年1~5月，全省城镇新增就业56.58万人、失业人员再就业15.12万人、就业困难人员实现就业5.82万人、新增返乡入乡创业10.26万人，[1] 就业年度目标已完成过半。随着稳就业政策效应的逐步显现、消费市场的回暖向好，就业需求将进一步释放，河南省在稳就业、促增长、保民生方面有望取得新的突破。在取得成就的同时应该看到，受经济持续下行、经济恢复基础不牢、市场需求仍显不足、结构性矛盾和周期性问题叠加等因素的影响，河南省就业形势依旧严峻，稳就业扩就业仍然面临较大压力。

当前及今后一段时间，河南省应深入贯彻落实省委、省政府关于稳就业的决策部署，继续抓好就业促进工作，不断扩大就业容量、提高就业质量，以更充分更高质量的就业为全省经济稳定发展和社会秩序安定提供坚实保障。一是推动就业政策落地落实。全面落实已出台的稳就业保就业政策，推动就业政策与经济政策、民生政策协同耦合，做好政策落实进度和实施效果的核查评估工作；加大对民营企业、中小微企业的政策扶持，将就业见习补贴、一次性创业补贴纳入"直补快办"经办范围，进一步优化经办流程，加快补贴审核发放，助力企业和群众更好地享受政策红利。二是全力促进重点人群就业。实施"高校毕业生就业'323'计划""高校毕业生就业创业推进计划"等，组织开展各类企业专场招聘活动，不断增加对大学生的就业岗位供给；扩大政策性岗位招录规模，鼓励高校毕业生深入基层、参与乡村振兴、支援西部发展；支持高校毕业生通过自主创业、灵活就业实现多渠道就业。组织开展"豫见·省外"系列活动，为劳动力转移就业和返乡创业搭建平台、提供服务，引导农村劳动力有序输出和"回流"。加大对就业困难人群的帮扶力度，对符合低保、残疾、长期失业等条件的人员落实社会救助政策，统筹设置临时性、公益性岗位，兜底保障困难人员实现就业。三

---

[1]《全力以赴拼经济 顶压前行稳增长——2023年上半年河南经济形势分析暨全年展望》，《河南日报》2023年7月15日。

增进民生福祉　提高人民生活品质

是强化职业技能培训。深化"人人持证、技能河南"建设，将未就业高校毕业生、城镇失业人员、农民工等群体都纳入职业技能培训范畴，以市场需求为导向不断健全技能人才培养体系，全面提高技能培训质量。

### （五）加快建设高质量教育体系，不断提升教育现代化水平

教育是一项重要的民生工程，关乎个人成长成才，关乎国家长远发展，更关乎中华民族精神的传承延续。党的十八大以来，河南省始终高度重视教育工作，将教育事业发展放在更为优先的战略位置，按照党中央、国务院以及省委、省政府的决策要求和工作部署，不断深化教育体制机制改革，构建完善的人才培养体系，努力办好人民满意的教育，河南省教育事业实现了量质齐升的跨越式发展，为全省社会经济高质量发展提供了重要支撑。但不容忽视的是，尽管河南省拥有丰富的教育资源、各类学校在校生数量居全国之首，但整体教育实力不强，人才培养水平有待提升，教育质量与河南省的人口规模、经济规模不相匹配，与中部地区其他省份相比也存在明显差距。在全面推进现代化河南建设的关键时期，发展更公平、更高质量的教育，河南省仍然重任在肩。

习近平总书记在党的二十大报告中明确提出坚持以人民为中心发展教育，加快建设高质量教育体系，发展素质教育，促进教育公平[1]，为"十四五"及更长远时期我国教育事业发展指明了方向。河南省要立足省情，以建设教育强省为目标，在补短板、强弱项、提质量、促改革上持续发力，不断提升教育现代化水平，以高质量的教育赋能现代化河南建设。

一是促进基础教育优质均衡发展。要深入实施学前教育普惠性扩容工程、义务教育优质均衡发展示范区建设计划、普通高中多样化特色化发展计划，不断完善基础公共教育服务体系，推进城乡教育一体化发展，全面提升基础教育普及普惠水平。以落实"双减"政策为抓手，推进教材改革、教

---

[1] 《习近平：高举中国特色社会主义伟大旗帜　为全面建设社会主义现代化国家而团结奋斗——在中国共产党第二十次全国代表大会上的报告》，中国政府网，2022年10月25日，https://www.gov.cn/xinwen/2022-10/25/content_5721685.htm。

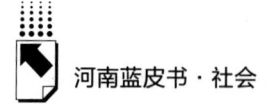

学方式改革，助力教学效能和师资力量的双重提升，持续巩固"双减"成果。二是推动高等教育创新提质。围绕服务重大发展战略和全省社会经济工作全局，科学配置高等教育资源，深入推进高校结构布局，学科学院、专业设置调整优化，强化特色和优势学科建设。深入推进"双一流"高校建设和创建工作，加大对郑州大学、河南大学"双一流"建设支持力度，支持河南理工大学、河南农业大学等高校集聚优势寻求突破。加强创新平台建设，推动产教融合、科教融汇，促进高水平科技成果落地和高水平创新型人才产出。三是构建完善的现代职业教育体系。实施职业教育建高地计划，聚焦现代化产业升级、乡村振兴、区域均衡发展等需求，优化职业教育层次定位和专业机构设置，加强校企联合、校地联合，探索定向培养、订单培养模式，全力培养高素质、复合型、创新型技能人才。四是深化教育综合改革。以素质教育为导向改革教育评价和考试招生制度，推动中小学教师"县管校聘"管理改革、校长职级制改革、义务教育集团化办学改革、高校书院制改革向纵深发展；利用数字技术支持育人方式、办学模式、管理体制、保障机制等方面的改革创新，推动技术与教育教学的深度融合，构建适应数字化发展的教育体系。

# 发展篇

## B.2 河南脱贫地区内生发展动力的培育路径研究

崔学华\*

**摘　要：** 当前，河南省脱贫地区和脱贫群众内生发展动力（内生动力）持续增强，为全面推进乡村振兴、实现共同富裕打下了坚实基础。下一步，河南省需要继续探索新路径，解决部分脱贫地区内生动力不足的问题：抓好思想观念转变，激发脱贫群众内生动力；抓好人才队伍建设，内外结合激发内生动力；加强各类资产监管，确保项目持续发挥效益；完善产业发展模式，确保提升联农带农能力，持续增强脱贫地区内生发展动力。

**关键词：** 脱贫地区　内生动力　河南

---

\* 崔学华，河南省社会科学院副研究员，研究方向为城乡社会治理。

党的二十大报告提出，要巩固拓展脱贫攻坚成果，增强脱贫地区和脱贫群众内生发展动力，这指明了乡村振兴下一步工作的方向。关于增强内生发展动力，习近平总书记多次引经据典强调内生动力的重要性，多次在讲话中强调要激发广大干群的积极性、主动性和创造性，激发脱贫内生动力。2021年全国脱贫攻坚总结表彰大会上，习近平总书记指出，"志之难也，不在胜人，在自胜"，强调脱贫群众必须摆脱思想意识上的贫困，广大干部要注重把人民群众对美好生活的向往转化成脱贫攻坚的强大动能，坚持扶贫和扶志扶智相结合，坚持既富口袋也富脑袋，引导贫困群众依靠勤劳双手和顽强意志摆脱贫困、走向富裕。引导贫困群众既要靠外力帮扶，也要靠内力苦干，不断超越自我，克服懒汉懦夫思想，不断增强内生动力，促进各地区各民族脱贫振兴、共同富裕。

## 一 河南脱贫地区内生发展动力持续增强

河南省务求实效，采取了一系列举措，把防止规模性返贫作为底线任务，着力增加脱贫群众收入，着力提高脱贫地区人财物要素水平，着力提升脱贫群众职业技能水平，推动脱贫地区内生发展动力持续增强。

### （一）持续发展特色产业，提升联农带农能力

近年来，河南省以脱贫地区脱贫县为单位，科学谋划乡村特色产业，深入开展产业振兴十大行动，继续开展"万企兴万村"行动，将乡村产业做出实效，做到可持续性发展，切实增加农民群众的经营性收入，尤其是全省重点开展乡村旅游、精特种养、电商服务、庭院经济等特色产业，打造一县一业态、一镇一特色、一村一品牌，实现了特色产业升级发展、联农带农能力明显增强，脱贫地区脱贫群众的收入持续增加，全省53个脱贫县都逐步形成了2~3个优势突出、带动能力较强的特色主导产业。截至2023年6月，全省脱贫地区乡村产业特色突出、转型快速，衔接资金用于产业升级发展的比重达59.01%。康养旅游是近年来乡村产业发展的新引擎，河南省出

台了乡村康养旅游建设行动方案，计划创建一大批优质乡村康养旅游示范村，在2023~2025年统筹布局，创建400多个乡村康养旅游示范村。目前，河南省已经认定40个首批4A级乡村康养旅游示范村，并对示范村所在地区累计投入资金3.2亿元，进一步巩固壮大了全省的乡村旅游产业。光伏产业是脱贫地区持续增加收入的支撑产业，全省农村因地制宜，调动广大群众积极性，大力发展光伏产业。依托全国光伏帮扶电站的监测系统，全省开展运营和维护管理，并且及时督促各地将收益进行差异化分配。截至2023年7月，国家电力公司一共支付光伏电站资金7亿元左右，其中购电费用达到5.90亿元，转付补贴达到1.10亿元。通过特色产业发展，河南省不断推进新项目在脱贫乡村落地见效，不断提升特色产业联农带农能力，不断激发脱贫地区内生发展动力。[①]

## （二）持续加强就业帮扶，提升脱贫群众收入

激发脱贫地区和脱贫群众内生发展动力，提供就业岗位、推动转移就业、强化技能培训、强化创新创业是重要举措。国家明确要求，中西部省份脱贫劳动力输出数量要继续保持较高水平、要着力提高经营性工资性收入、要持续做好脱贫人口和监测对象的就业帮扶工作，确保应就业尽就业、确保全年就业总规模稳中有升、确保农民收入稳中有增，不断激发脱贫群众的内生动力。在技能培训方面，各地将人社、农业农村、乡村振兴、教育、科技等部门的相关培训结合起来，不断提高脱贫群众的技能培训率和持证上岗率，不断培训新型技能人才，带动脱贫群众技能水平大幅度提升。在转移就业方面，采取了点对点、组团式输出方式，让脱贫人口和监测对象走出农村、走出本土，并积极协调输入地帮助脱贫人口和监测对象稳在企业、稳在当地。同时，指导全省各地广泛开展"春风行动"，召开跨省务工群众视频会议，进一步完善交通补助整改措施，优先安排脱贫人口转移就业。针对脱贫劳动力跨省转移就业，精准落实一次性往返交通补助整改方案，并对一次

---

① 《脱贫攻坚成效实　乡村振兴迈大步》，《河南日报》（农村版）2022年12月15日。

性往返交通补助进展情况进行检查通报，实行"周周调度"和"月月通报"工作机制。截至2023年7月底，全省已经认定符合补助条件的劳动力23.10万人，共计发放补贴1.20亿元。在就近就业创业方面，主要了解返乡创业人员需求，制定完善的资金、土地、技术服务等优惠政策，吸引外出的劳动力回流，响应"归雁工程"，千方百计招揽人才，招才引智，带领本地农民就近创业、就地就业。同时，因地制宜采取以工代赈的方式，吸纳脱贫人口和监测对象参与当地工程建设，获得务工收入。截至2023年7月底，全省培训脱贫劳动力接近10万人，脱贫人口新增技能人才接近7万人、新增培训培养"四类人才"达到8900人。全省实现脱贫人口和监测对象就业创业229.01万人，完成年度目标的112.15%，逐步促进务工就业由"体力型"向"技能型"转变，优化就业结构，增加脱贫群众的工资收入。①

### （三）持续完善资产管护，激活脱贫地区振兴活力

资金有保障，资产有管护，是巩固脱贫攻坚成果和推进乡村振兴的基础。一是在洪涝灾害发生后的重建方面，截至2021年3月，中央和省级财政已累计下达54.84亿元用于全省抢险救灾和灾后重建工作，同时增量资金向受灾严重地区倾斜，受灾脱贫地区统筹整合财政涉农资金不低于2020年的规模，2022年整合财政涉农资金不低于2021年的规模，分配到市、县的防汛救灾资金优先用于巩固拓展脱贫成果，有力保障了灾后重建工作。二是河南不断扩大防返贫险、涉农保险的覆盖面，充分探索产量险、自然灾害险、价格险等新的险种，加大保险业对巩固脱贫攻坚成果的支持力度，为推动产业持续健康发展加上一道保险阀。此外，河南利用财政资金对"防贫保"进行大力支持，实现受灾脱贫人口和监测对象全覆盖。推动金融机构、保险业简化理赔程序，按照规定对应该赔付的药品尽快尽早赔付。三是河南着重加强扶贫项目资产后续管理，在全省大力推广平顶山市的"六权同确"

---

① 《全省2023年度巩固拓展脱贫攻坚成果同乡村振兴有效衔接工作会议召开》，《河南日报》2023年7月11日。

扶贫资产管理模式，取得良好效果。通过对各类扶贫资产建立明细台账，健全扶贫资产管理制度，明确所有权、放活经营权、强化管理权、保障收益权、落实监督权、规范处置权，确保扶贫资产持续发挥作用。截至2022年底，全省接近38万个扶贫项目资产，全部完成了确权登记和清产核资，资产总规模接近1229亿元，后续管护机制持续完善，激活脱贫地区振兴活力。

## （四）持续强化基础设施和公共服务，激发脱贫地区内生动力

脱贫地区基础设施持续完善，公共服务水平不断提升。河南省脱贫县和脱贫村全面实施自来水改造工程；持续完善电力设施，宽带互联网和有线电视实现了村村通；进村道路全部硬化，村内主要道路基本实现硬化；大约50%的脱贫群众可以使用天然气。全省脱贫地区通过饮水、电力、道路、燃气和通信等基础设施的大力完善，基本实现了村庄硬化、家乡绿化和整体亮化。截至2022年底，河南省脱贫地区所在自然村100%实现了通公路、通电话、通网络、顺利接收有线电视信号和进村主干道路硬化；脱贫村方便乘坐公共汽车到达城市的农户比重达到95.1%，基础设施的全面完善给脱贫地区的电商和新兴产业发展带来了强大的推动力量。比如，近年来快速发展的电商快递物流业务，为全省农村新鲜蔬菜水果快速交易开辟了新渠道，依靠冷链运输，新鲜蔬菜水果快速销往全国各地，为脱贫群众增收致富增加了新动力。同时，全省通过大力推进文化书屋、健身广场、废物处理等设施建设，确保脱贫地区农村居民在卫生、文化、教育等领域享受更高品质的公共服务，提高脱贫地区软实力，激发脱贫群众内生动力。在环境卫生方面，农村厕所和洗澡问题得到全面解决。截至2022年底，河南脱贫村99.1%的垃圾能够集中处理；农村生活污水治理率约为35%。在医疗健康服务方面，截至2022年底，全省为脱贫群众提供了家庭医生签约服务，实现了"应签尽签"；免费提供16类60项基本公共卫生服务。在学校教育方面，截至2022年底，河南脱贫地区的幼儿园和小学教育基本满足了群众的便利需求，初中教育基本满足了住宿需求，普高和职高教育进一步合理分流，满足了脱贫地区的职业技能需求。在金融信贷支持方面，在全省革命老区的11个县

开展"富民贷"试点，同时选择20个县开展"富农产业贷"试点。截至2022年7月底，脱贫人口小额信贷余额为149.1亿元，惠及43.02万户；新增帮扶企业70家，帮扶脱贫群众2.91万户。持续凝聚帮扶力量，开展"万企兴万村"行动，开展农产品消费帮扶，2023年上半年全省帮扶产品销售额大约431亿元。脱贫群众收入不断增加，推动内生动力不断增强，乡村振兴才能筑牢根基。①

## 二 河南激发脱贫地区内生发展动力存在的不足

调研中发现，全省各地虽然采取了一系列举措，着力激发脱贫地区和脱贫群众内生发展动力，成效显著，但是还有一些脱贫县面临内生发展动力不足的问题，突出表现为部分脱贫地区缺乏人才队伍引领，缺乏利益联结机制，部分脱贫群众内生动力不足，部分脱贫地区社会保障能力不强。

### （一）缺乏人才队伍引领

受各种因素影响，农村很难吸引优秀青年人才，这导致工作开展困难，带领脱贫地区和脱贫群众振兴发展的动力不足、热情不高，人才队伍建设迫在眉睫。目前，农村青年向城市流动的趋势继续加快，农村从业人员老龄化、低学历和"空心化"问题交织出现，"谁来种地""如何种地""如何增收致富"的问题较为突出；懂市场、善经营、会技术、有干劲、有情怀的中青年人才非常紧缺，一大部分脱贫地区缺少能人带动和致富带头人引路，创业创新群体趋于弱化；脱贫地区乡村治理能力有待提高，干部队伍在基层治理方面的工作水平仍然需要提高，仍有个别干部纪律观念不强、执行制度不到位、动员群众参与治理的能力不足，一部分村级监委会成员年龄仍然偏大，平均年龄达到52.9岁，有的文化程度偏低，在不同程度上存在

---

① 《全省2023年度巩固拓展脱贫攻坚成果同乡村振兴有效衔接工作会议召开》，《河南日报》2023年7月11日。

"老好人"思想，参与村务监督不深入、对重大事项和项目的监督不到位，履职能力有待提高，难以激发脱贫群众内生动力，这已成为制约乡村振兴发展的重要因素。

## （二）缺乏利益联结机制

激发脱贫群众内生动力，必须建立与群众息息相关的利益联结机制，否则很难引起群众的关心与重视，导致他们参与乡村治理和产业项目的热情不高，主体作用发挥不够。一些脱贫地区发展集体经济路径选择单一，集体经济组织运行不规范、监管不到位，群众与村级集体利益联结机制不紧密；有的地方衔接资金投入大幅下降，有的地方项目实施和资金支出进度迟缓；有的地方水毁扶贫项目恢复重建进度仍然不理想，有的地方小额信贷作用发挥不充分；有的地方公益性岗位管理不规范，有的地方扶贫资产管护不到位。这些因素综合影响了产业项目的顺利实施，使有效的利益联结机制无法构建。另外，大多数脱贫地区的龙头企业以农产品生产加工为主，科技创新型企业较少，从事深度加工的企业不多，整体效益不高、实力不强，这些企业与中小农户之间的产销合作关系比较松散，利益联结机制不灵活，没有形成紧密多样的利益共同体。一部分村级集体经济组织负责人由村级"两委"负责人担任，产供销经营能力和管理能力相对不强，有效的监督管理机制不健全，导致部分农户收益较少，甚至享受不到惠农政策的红利，导致激发脱贫群众内生发展动力不足。

## （三）部分脱贫群众内生动力不足

当前，一部分纳入监测帮扶的"三类户"内生动力不足，主动参与发展不够积极，自治能力偏弱。一方面，激发脱贫户内生动力的方法不合理。个别地方政府帮扶方式单一，忙于做表面文章，重物质帮扶轻内生动力的提升，重当期脱贫轻长远发展，简单的给钱给物、送米送面，重"输血"轻"造血"，可持续发展的项目较少。个别地方基层党组织软弱涣散，战斗力不强，带领群众脱贫致富的能力不足，很难激发脱贫户振兴发展的自信心和内生动力。另一方面，部分脱贫户懒汉思想严重，仍然存在信念贫困和思想贫困，主动发展意识不强，缺乏内生动力，满足于好政策带来的真金白银、政府的兜底保障。也有部分群众缺乏自尊心和自信心、缺乏积极行动的目标和意义、缺乏奋发向上的志气和果断行动的勇气，总是提不起精神，见人矮一截，自卑感较强，没有强烈的奋斗信念。这些都属于精神贫困，需要将扶贫、扶智和扶志相结合，最大限度激发脱贫群众振兴发展的信念、勇气和智慧，激发脱贫群众的积极性、主动性和创造性，激发强大的内生发展动力，发扬脱贫地区广大干群的主人翁精神。

### （四）部分脱贫地区社会保障能力不强

一些脱贫地区公共服务水平不高、社会保障覆盖面仍然不全、社会保险发展程度较低，导致部分脱贫人口在遇到天灾人祸时，难以有效应对从而再次返贫。要想破解兜底脱贫户存在的稳定收入增加难、生活质量提升难、兜底保障持续难等问题，需要继续探索行之有效的路径。因此，政府需要出台相关政策，促进养老机构和医疗机构的医养结合，有效解决失能、半失能人员的"临终关怀"问题；出台针对精神病和传染性疾病患者供养工作的指导意见，解决特殊供养对象的照护问题。社会保障能力和公共服务水平的提升，必然会激发脱贫地区内生动力的提升。

## 三 培育脱贫地区内生发展动力的路径探索

内生动力和外部动力相辅相成，缺一不可。实际上，强调内生动力重要性的同时，不能忽视外部动力的支持和作用。内生动力是根本原因，外部动力是重要条件。如果只强调脱贫群众内生动力，强化扶志扶智、提升人力资本和改善健康状况，忽视农村基础设施、产业就业、金融扶持和人才回流等要素，乡村振兴很难实现。经济基础较差的地区，尤其需要外力帮扶引导，需要内外结合才能激发强大动力，才能实现振兴发展、共同富裕。

## (一)抓好思想观念转变,激发脱贫群众内生动力

通过树立典型、教育引导、宣传引导和政策引导,激发脱贫群众内生发展动力。首先,要加强典型引导,树立好旗帜。要培育选树一批群众身边的奋进致富典型,开展"星级文明户""身边好人榜""道德模范星"等评选活动,在村里设置致富光荣榜、道德风采榜、善行义举榜等,营造见贤思齐、致富光荣的良好氛围,激发脱贫群众向典型人物看齐,不断振兴发展的强大动力。其次,要加强教育引导,转变思想观念。要强化对脱贫人口和监测对象的思想、文化、道德、法律教育,深入开展"话脱贫、感党恩、奋进新时代"主题活动,引导广大群众更加自觉听党话、跟党走。要加强新时代文明实践中心建设,发挥好"一约四会"作用,引导群众自我教育、自我管理、自我约束,培育健康文明的生活方式,提升脱贫群众的自尊心和自信心。再次,要加强政策引导,提升意识水平。要多采取以工代赈、生产奖补、劳务补助等帮扶方式,组织动员脱贫人口和监测对象参与帮扶项目实施,加强实用技能、市场经营、就业创业等培训,推广"爱心超市""孝善基金"等有效做法,防止政策养懒汉和泛福利化倾向。最后,要加强宣传引导,形成良好氛围。要运用好主流媒体平台,设置巩固拓展脱贫攻坚成果专题专栏,定期推出各地强化扶志扶智举措、激发群众内生动力等方面的经验做法,从而带动一大批脱贫群众转变思想,比学赶帮,斗志满满,激发强大的内生动力。

## (二)抓好人才队伍建设,内外结合激发内生动力

以强化乡村振兴人才队伍建设为根本,提升脱贫群众的内生动力。首先,强化基层干部队伍建设。要加强脱贫村党组织建设,选好、用好、管好乡村振兴带头人。完善乡村干部岗位津贴制度,完善考评激励机制,拓宽乡村带头人的上升通道,通过招才引智和"归雁工程",吸引外出务工的劳动力回乡创业,在营商环境、经费支持、配套措施和落实责任等方面,实施有效的人才支持政策,吸引各类人才汇聚乡村,锻造一批乡村振兴的主力军,形成领导带头致富、激发脱贫群众致富活力的良好氛围。同时,鼓励优秀专

业人才到广阔农村一展身手，建功立业，着力打造一支有情怀、有素质、懂农村、爱农民的乡村振兴带头人。其次，培育建立农业技术专业人才库。习近平总书记强调，既富口袋也富脑袋。要建立"造血"机制，引导脱贫群众通过技能培训、产业帮扶和教育帮扶持续巩固脱贫成果。通过内培"土专家"、外请"洋专家"，全面加强新型职业农民培育，加强农村各类人才的引导和培育工作。重点强化帮扶项目培训，坚持技能培训与帮扶项目精准对接，增强帮扶项目联农带农能力。按照项目需求，大力开展特色种养殖技术、电子商务技术等培训，努力实现"培育一人，带动一批"，最大限度激发脱贫地区内生动力。

### （三）加强各类资产监管，确保项目持续发挥效益

针对全省扶贫项目资产的摸底和确权工作，目前已完成确权登记1131.43亿元，这是脱贫攻坚期内形成的全部资产。切实管好、用好各类资产，确保持续发挥效益，让脱贫群众充分享受政策红利，激发振兴发展的强大内生动力。首先，要科学界定资产权属，规范收益分配和使用。公益性资产要明确管护主体，落实管护责任，确保持续发挥作用。经营性资产要明晰产权关系，防止资产流失和"跑冒滴漏"，资产收益重点用于项目运行管护、巩固拓展脱贫攻坚成果、村级公益事业等。确权到农户或其他经营主体的扶贫资产由其自主管理运营，依法维护其财产权利。其次，要坚持分工负责原则，落实后续管理责任。省市两级要指导、监督基层做好扶贫项目资产后续管理工作，县级政府要落实好后续管理主体责任，相关行业部门要落实好后续管理监管职责。最后，要借鉴全省典型经验做法，提升资产管理成效。近年来，在扶贫项目资产管理上，涌现舞钢市"六权同确"、西平县"四张清单"工作法、兰考县"5分钱工程"、睢县"6344"管理模式、郾城区"五清"工作机制等好的经验做法，各地要积极借鉴，结合实际探索行之有效的管理模式。

### （四）完善产业发展模式，确保提升联农带农能力

完善脱贫群众参与产业发展模式，健全产业增值收益分享机制，努力把

帮扶产业增值收益更多留给脱贫群众，提升产业项目联农带农能力，激发脱贫群众参与动力。逐步探索"双绑+三变"产业发展模式。农民将承包地等资源统一流转绑定村级集体经济组织，村级集体经济组织通过引入托管服务、订单服务绑定龙头企业，建立三方"风险共担、农企双赢、集体获益"的紧密利益联结机制。在此基础上，立足各地禀赋优势，挖掘本地特色资源、休闲娱乐旅游资源，开发集体资源，盘活存量资产，建设经营场所，推行资本运营，通过科学发展"飞地经济"、推进土地流转、开展服务创收、引导乡村合作等方式，拓宽发展路径，推动资源变资产、资金变股金、农民变股东，逐步形成"一乡一业、一村一品"竞相发展、各自腾飞的乡村振兴新格局。脱贫地区持续发展，脱贫群众增收致富，内生动力不断增强、良性循环，促进乡村全面振兴。

# B.3
# 2023年河南人口高质量发展研究报告

冯庆林*

**摘　要：** 人口高质量发展是随经济社会发展而不断动态调整的过程，本质上是中国式现代化的题中之义，其内涵既包括微观层面上的人的全面发展，又包括宏观层面上的人口长期均衡发展。本文详细分析了当前影响河南人口高质量发展的主要因素，并在此基础上提出了推动河南人口高质量发展的路径，即全面提升人民群众健康素养、加快推进教育强省建设、努力构建生育友好型社会、全面贯彻落实积极应对人口老龄化国家战略、实施更为积极的人才战略、深入推进以人为核心的新型城镇化建设。

**关键词：** 人口高质量发展　河南　人的全面发展

　　人口是国家经济社会发展的基础性、全局性、长期性和战略性要素。人口发展事关人口数量、结构、素质和分布的调整与变化，对整个经济社会体系产生全面而深远的影响。2023年5月5日召开的二十届中央财经委员会第一次会议指出，要以人口高质量发展支撑中国式现代化，着力提高人口整体素质，努力保持适度生育水平和人口规模，加快塑造素质优良、总量充裕、结构优化、分布合理的现代化人力资源。这是党和国家基于当前的人口发展变化形势做出的科学判断，也是认识适应少子化、老龄化趋势和区域人口增减分化等人口发展新常态的战略指引。河南作为人口大省，在国家宏观

---

\* 冯庆林，河南省社会科学院人口与社会发展研究所助理研究员，研究方向为人口学。

人口战略的引领下推动人口高质量发展，既是积极顺应人口发展新常态的现实需要，也是以人口高质量发展支撑河南现代化建设的必由之路。

## 一 深入理解人口高质量发展的科学内涵

党的二十大报告明确指出，中国式现代化是人口规模巨大的现代化。我国14亿多人口整体迈进现代化社会，人口规模超过现有发达国家人口的总和，其复杂性和艰巨性前所未有。现代化的本质是人的现代化，一方面，现代化的终极目标是实现人的全面发展和全体人民共同富裕；另一方面，人的全面发展又是推进现代化进程的重要手段。从这个意义上来说，人口高质量发展的本质就是中国式现代化的题中之义。

人口高质量发展是随经济社会的发展而不断动态调整的过程，其内涵至少应该包含两个方面的内容。一是微观层面上的人的全面发展，即个体健康素质、科学文化素质、思想道德素质以及生活品质等方面的全面提升。二是宏观层面上的人口长期均衡发展。只有维持人口长期均衡发展，才能保证经济社会高质量发展不会受到人口要素的影响。这方面的内容主要包括维持适度的人口规模，人口结构的持续改善，人口分布更为合理，人口与经济社会、资源环境协调发展，等等。具体来说，要实现人口高质量发展必须要做好以下几个方面。

第一，不断提高人口整体素质。着力提高人口整体素质，是推动人口高质量发展的根本要求，也是充分发挥我国人口红利和人才红利优势的重要战略基础。人口整体素质的提高离不开每个个体的全面发展，这就需要从社会政策层面营造有利于全民素质提升的社会环境。一是要继续坚持教育优先发展，推动基础教育、职业教育、高等教育健康发展，提高人口科学文化素质；二是要坚持以人民健康为中心，深化医疗卫生体系改革，全面提升人民群众健康素养；三是要坚定文化自信，培育和践行社会主义核心价值观，通过提升公民文明素养和社会文明程度来提高人口思想道德素质。

第二，维持适度的人口规模。维持适度的生育水平、推动人口可持续发

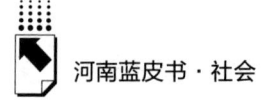

展是推动人口高质量发展的底线要求,也是筑牢中国式现代化的坚实基础。当前,我国总人口出现负增长,人口再生产的主要矛盾已经从人口过快增长的压力转化为维持人口长期均衡发展的压力。为此,着力建立生育友好型社会,实施更为积极的生育政策,是推动人口高质量发展的必然要求。

第三,持续优化人口结构。优化人口结构,实现劳动力资源有效供给,是推动人口高质量发展的基本要求。人口结构主要是指人口的性别、年龄、城乡结构。当前,我国人口性别结构持续改善,人口年龄结构的主要矛盾是少子化、老龄化,优化年龄结构和性别结构的主要措施依然是推动人口良性再生产,维持适度生育水平,避免人口性别、年龄结构矛盾的进一步加剧。优化人口城乡结构主要是指继续深入推进以人为核心的新型城镇化,推动农业转移人口市民化,实现劳动力资源的有效供给。

第四,合理引导人口分布。人口与经济社会、资源环境、区域位置等要素的协调匹配是衡量中国式现代化的重要维度。要充分把握现代化进程中人口流动的客观规律,促进人口和劳动力资源在城乡之间、区域之间自由流动、合理分布。在具体实践上,要根据经济社会发展、产业布局、资源环境要素等制定人口空间布局的总体规划,引导人口合理分布。

第五,不断提高人民群众的生活品质。习近平总书记指出,人民对美好生活的向往就是我们的奋斗目标。不断提高人民群众的生活品质,既是中国式现代化的价值追求,也是中国特色社会主义制度的本质要求。党的二十大报告明确指出,要实现居民收入增长和经济增长基本同步,劳动报酬提高与劳动生产率提高基本同步,基本公共服务均等化水平明显提升,多层次社会保障体系更加健全。这为我国坚持在发展中保障和改善民生、不断实现人民对美好生活的向往指明了前进方向。

## 二 影响河南人口高质量发展的因素分析

对照人口高质量发展的科学内涵,在全面把握当前河南人口发展现状的基础上,河南人口高质量发展还存在以下影响因素。

## （一）经济发展水平影响河南人口高质量发展

人是一切经济活动的主体，人口的发展，一方面反映了经济的发展，另一方面影响、制约着经济的发展。[①] 虽然河南省 GDP 多年稳居全国第 5 位，并在 2022 年突破 6 万亿元大关，但人均 GDP 排在全国第 22 位，依然属于经济欠发达省份。从经济发展水平对人口总量的影响来看，与 GDP 位居全国第一的广东省相比，河南省的户籍人口位居全国第一，但河南是人口流出大省，2022 年河南省人口净流出 1572 万人[②]，广东省则因大量人口流入，常住人口位居全国第一。另外，"2022 中国企业 500 强"榜单显示，河南上榜的企业有 11 家，这些企业不是重化工，就是与食品行业相关。[③] 河南省由于缺乏先进制造业和战略性新兴产业的支撑，无法涵养巨大的劳动力人口，不得不面对年轻人外流的局面。引导人口回流，保持充裕的人口总量，是河南人口高质量发展必须要面对的艰巨任务。此外，经济发展水平是制约人口发展的决定性因素，除人口的迁移流动、自然变动，人口质量、人口素质以及事关老百姓福祉的民生事业等都会受到经济发展水平的影响，河南人均经济发展水平偏低的现状必然会对人口高质量发展产生影响。

## （二）人口整体素质与发达省份相比仍有差距

近年来，河南省全面贯彻落实党的教育方针，坚持教育优先发展，加快推进教育现代化，全省人口的科学文化素质显著提升，但仍低于全国平均水平。2020 年第七次全国人口普查数据显示，河南省 15 岁及以上年龄人口的平均受教育年限达到 9.79 年，比 2010 年第六次全国人口普查时增加 0.84

---

① 吴忠观主编《人口科学辞典》，西南财经大学出版社，1997。
② 净流出人口等于户籍人口减去常住人口。常住人口 9872 万人来自《2022 年河南省国民经济和社会发展统计公报》；户籍人口 11444 万人来自《2022 年中国省市户籍人口排名》，网易，2023 年 8 月 7 日，https：//www.163.com/dy/article/IBHICT7V 0546N0CO.html。
③ 《最新中国 500 强提榜，谁是第一强省？》，澎湃网，2022 年 9 月 18 日，https：//m.thepaper.cn/baijiahao_ 19959356。

年,但仍低于9.91年的全国平均水平;河南省每10万人中拥有大学文化程度的人数为11744人,比2010年增加5346人,但与全国平均水平相比仍然少3723人,在全国31个省(区、市)中居第27位。历次全国及河南省人口普查数据显示,河南省每10万人中拥有大学文化程度的人数一直低于全国水平,且差距有逐渐加大的趋势(见图1)。[1] 近年来,河南省坚持以人民健康为中心,不断提高人口健康素质,2022年全省人均预期寿命达到78.03岁,比2010年的74.57岁提高了3.46岁,婴儿死亡率2.52‰,5岁以下儿童死亡率为3.77‰,孕产妇死亡率为9.04/10万,居民主要健康指标均优于全国平均水平,但与发达省份相比仍有差距。[2] 河南省人口整体素质偏低,直接影响了人口高质量发展。当前,我国人口系统中人口规模优势和人口结构优势正在逐步减弱,唯有依靠人口整体素质的提升来减少人口数量减少和结构老化带来的不利影响,用质量换数量和结构才是正确选择,河南也不例外。

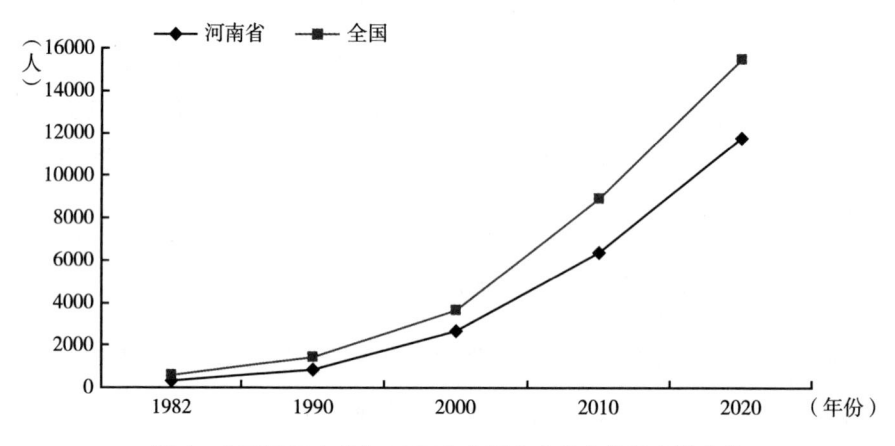

**图1 全国及河南省每10万人中拥有大学文化程度的人数**

资料来源:历次全国及河南省人口普查数据。

---

[1] 冯庆林:《2010~2020年河南省人口发展的现状特征及未来态势——基于七次全国人口普查数据的分析》,载王承哲主编《河南社会发展报告(2022)》,社会科学文献出版社,2022。

[2] 《河南居民人均预期寿命78.03岁〈河南省人民政府关于公共卫生体系建设工作情况的报告〉提请省人大常委会审议》,河南人大网站,2023年9月26日,https://www.henanrd.gov.cn/2023/09-26/186662.html。

## （三）少子化、老龄化将持续影响河南人口高质量发展

当前，河南省与全国一样也面临少子化、老龄化的问题。2022年末，河南省常住人口9872万人，比上年减少11万人；全年出生人口73.3万人，自然减少人口0.8万人，人口自然增长率为-0.08‰，人口自然增长率62年来首次出现负增长，与2016年出生人口142.6万人相比，近乎"腰斩"。人口出生率在2020年跌破10‰，在2022年下降到7.42‰，虽然比全国人口出生率6.77‰稍高，但同样呈下降趋势。河南省老龄化进程持续加快，2022年末，河南省0~15岁人口为2266万人，占22.95%；16~59岁人口为5744万人，占58.18%；60岁及以上人口为1862万人，占18.86%。与2021年末相比，0~15岁人口减少92万人，16~59岁人口增加2万人，60岁及以上人口增加79万人，人口老龄化程度进一步加深。[1] 少子化、老龄化的结构性矛盾对人口高质量发展影响深远，唯有通过实施更为积极的生育政策、充分发挥老年群体的社会参与作用，才能减少其对人口高质量发展的不利影响。

## （四）人口空间布局有待优化

从城镇化发展水平来看，近年来，河南省常住人口城镇化率不断提高，截至2022年底，城镇化率为57.07%，比第六次全国人口普查时的38.52%提高了18.55个百分点，但与全国城镇化率65.22%依然相差8.15个百分点。此外，河南省各地市的城镇化率差异明显，郑州作为省会城市，城镇化率排名第一，2022年达到79.4%，而商丘、周口、驻马店三市的城镇化率还不到50%，排名最高的郑州市和排名最低的周口市的城镇化率相差35.78个百分点，这表明全省人口的城乡布局还有很大的优化空间。从人口的空间分布来看，郑州作为省会城市，2022年全市常住人口为1282.8万人，占全省常住人口的比重为13%（见表1），与全国其他省会城市相比，人口首位

---

[1] 《首次负增长，2022年河南人口数据出炉》，《大河报》2023年2月21日。

度偏低，表明人口集聚功能还有待发挥。引导全省人口合理分布，也是推动全省人口高质量发展的重要举措。

表1 2022年郑州与全国其他省会城市的常住人口及其占全省常住人口的比重

单位：万人，%

| 省会城市 | 常住人口 | 全省常住人口 | 占比 |
| --- | --- | --- | --- |
| 合肥 | 963.4 | 6127 | 16 |
| 杭州 | 1237.6 | 6577 | 19 |
| 西安 | 1299.59 | 3956 | 33 |
| 郑州 | 1282.8 | 9872 | 13 |
| 武汉 | 1373.9 | 5844 | 24 |
| 成都 | 2126.8 | 8374 | 25 |
| 广州 | 1873.41 | 12656.8 | 15 |

资料来源：各省会城市《2022年国民经济和社会发展统计公报》。

## 三 推动河南人口高质量发展的路径选择

推动河南人口高质量发展，应当结合当前河南人口发展的现状，建立与之相适应的社会政策体系，从战略高度全面推进河南人口高质量发展。

### （一）全面提升人民群众健康素养

党的二十大报告指出，要把保障人民健康放在优先发展的战略位置。人口健康素质的全面提升是实现人口高质量发展的根本保障。为响应国家"健康中国"战略的号召，河南省提出了《健康河南行动实施方案（2023—2025年）》，拟通过16项专项行动来实现居民主要健康指标不断提升、人均预期寿命持续延长。16项专项行动涵盖卫生健康的各个方面，具体包括健康知识普及行动、合理膳食行动、全民健身行动、控烟行动、心理健康促进行动、健康环境促进行动、妇幼健康促进行动、中小学健康促进行动、职业健康保护行动、老年健康行动、心脑血管疾病防治行动、癌症防治行动、慢性呼吸系统疾病防治行动、糖尿病防治行动、传染病及地方病防治行动、中医药健康促进行动。该方案的实施，必将全面提升全省人口的健康素养。

（二）加快推进教育强省建设

教育是提升人口整体素质的核心工程，是培养和积累人力资本的主要渠道。2022年2月，河南省人民政府专门印发《河南省"十四五"教育事业发展规划》，明确提出要加快推进教育现代化，构建高质量教育体系，建设教育强省，办好人民满意的教育。一是提出要全面提高15年基本公共教育发展水平，从普惠性幼儿园建设到义务教育均衡发展，再到高中阶段全面提质等，构建优质均衡的基本公共教育服务体系；二是提出要全面打造职业教育创新发展高地，推动技能型社会建设，深化产教融合、校企合作，打造一批具有河南特色的职业教育品牌；三是提出高等教育有突破，深入推进高校布局、学科布局和专业设置调整优化等，努力为经济社会发展提供有力的人才保障和智力支撑。

（三）努力构建生育友好型社会

近年来，从"全面二孩"到"可以三孩"，计划生育政策的频繁调整反映了我国对人口问题的认识更加理性、客观。进一步完善生育配套政策体系，构建生育友好型社会不仅是减轻家庭生育、养育、教育负担的迫切需求，也是推动河南人口高质量发展的必由之路。一是要构建多层次普惠托育服务体系。充分利用卫生健康、教育、民政、妇联等部门的资源优势，建设一批方便可及、价格合理、服务专业的高质量托育服务机构，满足家庭多样化的照护需求。二是要加强妇幼健康服务体系建设。探索全生命周期的健康管理，加强高龄孕产妇的围产期保健，落实好新生儿出生缺陷综合整治工作，持续加强儿童重点疾病防治，全面提升妇女儿童健康水平。三是要推进生育政策与税收、住房、教育、医疗、就业等政策的协同联动，进一步降低生育、养育、教育成本。四是要保障女性就业合法权益，完善生育休假、生

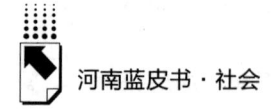

育保险制度，加快落实延长产假、哺乳假、陪护假、育儿假等生育休假时间，减轻职场女性的育儿压力，推进女性生育与就业平衡发展。五是要加强宣传引导，充分发挥工青妇等群团组织作用，提倡积极的婚恋观，推动建设生育友好型社会。

### （四）全面贯彻落实积极应对人口老龄化国家战略

随着河南老龄化进程的不断加快，养老负担持续加重和养老服务需求日益增多的双重困境必将出现。因此，全面贯彻落实积极应对人口老龄化的国家战略，事关国家发展和民生福祉，是实现人口高质量发展的根本举措。为此，需要加快建立健全养老服务体系和社会保障体系，鼓励老年人口渐进式延迟退休，提高老年人口的社会参与度，从而减缓劳动力供给下降趋势；加快建设与居家社区机构相协调、医养康养相结合的养老服务体系和健康支撑体系，为积极应对人口老龄化提供必要保障。

### （五）实施更为积极的人才战略

优质的人力资本存量在城市和产业发展过程中发挥的作用越来越大，是推动经济社会发展的主要动力。当前，河南省人口总体素质与全国依然存在较大差距，尤其是在高素质和高技能人才的竞争上还处于劣势。2022年，河南人口净流出1500多万人，人力资源和人才资源流失严重。为此，需要实施更为积极的人才政策，通过"引育并重"来实现河南人口高质量发展。一方面，要通过优先发展教育事业，进一步提高与推进高等教育和职业教育的质量与发展，培养本地人才；另一方面，要通过加大人才引进力度、落实人才引进政策、优化营商环境、加大创业支持力度等，引导劳动力人口回流就业创业，吸引省内外高技术人才落户河南，逐步形成人才的虹吸效应，从而实现河南经济社会高质量发展。

### （六）深入推进以人为核心的新型城镇化建设

深入推进新型城镇化建设，可以优化河南人口城乡布局，高效集约利用资源，满足提高人民生活品质的要求。当前，河南省城镇化率与全国差距依然明显，在推进城镇化过程中除注重速度，还应该关注质量的提升。一是要把提高户籍人口城镇化率作为重点。河南省以农业为主的地区户籍人口城镇化率一直较低。第七次全国人口普查数据显示，河南省人户分离人口就有2000多万人，他们长期游走于城乡之间。城镇化的本质是让农民进城就业和生活，新型城镇化的首要任务就是要让庞大的农业转移人口真正在城镇安家。二是要不断提高城乡基本公共服务均等化水平。逐步建立城乡统一的基本公共服务体系，实现劳动力等要素资源在城乡之间双向自由流动，这是新型城镇化的另一个要求。三是要打造城乡宜居环境。城镇化的目标在于提高人民生活品质，促进社会和谐发展，而这一切都需要以合理的城镇化布局和良好的生态环境为前提条件。

# B.4 2023年河南智慧养老产业发展报告

闫 慈

**摘 要：** 近年来，随着人口老龄化程度的日益加深，养老服务需求与数字科技发展相重叠，给智慧养老产业带来重要的发展机遇。养老问题不仅是社会各界关注的热点焦点，而且作为民生关切事关经济社会的高质量发展。在数字经济的推动下，社会各领域借助智慧手段谋求改革，养老产业理应融入其中，运用大数据为老年群体提供便捷高效、实用适用的智慧养老服务。当前，河南省智慧养老产业已经走过初始阶段，向产业结构更加合理、产业动能更具活力、产业升级更具效率的纵深发展。但也存在顶层设计不健全、行业定位不精准、服务供给不完善等问题。未来，需进一步完善产业顶层设计，政府、市场与企业要各司其职，合力推动全省智慧养老产业高质量发展。

**关键词：** 智慧养老 产业结构 主体责任 河南

## 一 研究背景

### （一）时代要求

2023年3月河南省统计局发布的数据显示，2022年末，全省60岁及以上人口为1862万人，占18.86%。与2021年末相比，60岁及以上人口增加

---

\* 本文系2023年河南兴文化工程文化研究专项项目"河南孝道文化的历史脉络与当代传承研究"（2023XWH124）的阶段性成果。
\*\* 闫慈，河南省社会科学院人口与社会发展研究所助理研究员，研究方向为老龄化问题。

79万人。① 按照国际标准，通常当一个国家或地区60岁及以上老年人口占人口总数的比达到10%，即视为进入老龄化社会。② 由此可以判断，当前河南省已进入老龄化社会，且不断加深的老龄化程度正在给整个经济社会发展带来严峻挑战。"十四五"期间，随着医疗技术水平的提升、社会保障制度的完善，第二次老年人口增长高峰将来临。河南作为人口大省，如何妥善处理人口老龄化程度持续加深与老年群体养老服务需求之间的关系，成为全社会共同关注的问题。当前，随着老年群体对养老服务和产品需求的攀升，传统养老产业遭遇数字时代的冲击，提供的有效动能和市场服务无法适配数字时代老年人对高质量生活的要求和企盼。智慧养老产业是在此条件下应时代之需、应老年人之需产生和发展壮大的，也是新兴业态在大数据以及人工智能、物联网等新一代信息技术的孕育下产出的必然成果。

### （二）政策导向

智慧养老产业是利用现代科学技术为老年人提供日常生活服务的新兴业态，在老年群体对美好生活向往的热切期盼下不断借力发展。在实现服务价值的基础上，不断显现强势的经济效益，催生各种新型消费领域，并成为养老产业供给侧结构性改革发展的重要驱动力。对此，国家通过政策制定、方案安排等形式助推智慧养老产业更高质量发展。2012年，"智能化养老"理念首次由全国老龄办提出，表明了全国正式拉开发展智慧养老的序幕。2015年印发的《国务院关于积极推进"互联网+"行动的指导意见》明确提出，要促进智慧健康养老产业发展。2017年2月，工业和信息化部、民政部、卫生计生委印发《智慧健康养老产业发展行动计划（2017—2020年）》，计划在5年内建设500个智慧健康养老示范社区，意味着智慧养老产业驶入

---

① 《河南人口老龄化程度持续加深》，搜狐网，2023年3月17日，http://news.sohu.com/a/655494219_120960539。
② 付宗亮：《人口老龄化背景下的农业发展及农村社会管理创新研究——以贵州省为例》，硕士学位论文，重庆大学，2011。

发展快车道。① "十四五"规划纲要提出"加快数字化发展",建设数字中国。在此背景下,发展智慧养老产业是当前河南有效实现养老服务供给平衡的重要措施,也是国家政策和社会经济发展推动下提升社会养老服务水平的全新机遇。

### (三)群体需求

河南省贯彻落实习近平总书记重要指示精神,深入推进爱国卫生运动创新发展大会,全省以前所未有的速度、力度,用独创的河南模式将河南人均预期寿命快速提高至77.9岁。② 随着人均寿命的延长和人民生活水平的提升,老年群体对美好生活的向往已经从基本的生活起居和医疗保障需求转向更高层次的精神、文化、情感、交际等方面的自我实现需求,这在一定程度上影响了当前养老产业的服务产品供给。智慧养老作为新型养老,能够利用技术手段,在尽可能减少人力成本的同时,高标准满足老年人对养老服务的多层次、个性化需求。然而,老年群体因身体机能、认知局限等,在一定程度上被数字社会排斥,老年"数字鸿沟"不可避免,这也是互联网在老年群体中普及率低、适用性弱的根本原因。对此,加快智慧养老产业发展,以老年群体实际需求为着力点,成为国家重点关注的议题。由此可见,智慧养老产业发展与老年群体的养老需求是相辅相成的,两者既相互推动,又互惠互利。

## 二 河南省智慧养老产业的发展现状

### (一)政策引领智慧养老产业兴起

党的十九大报告提出要实施健康中国战略,积极应对人口老龄化,构建

---

① 王恩豪:《农村老年群体的智能手机使用及其影响研究——基于河南省辉县市B村的调查》,硕士学位论文,郑州大学,2019。
② 《河南人均预期寿命达到77.9岁》,"正观新闻"百家号,2023年3月14日,https://baijiahao.baidu.com/s?id=1760291090749219600&wfr=spider&for=pc。

养老、孝老、敬老政策体系和社会环境，加快老龄事业和产业发展。[①] 党的二十大报告则提出，要实施积极应对人口老龄化国家战略，发展养老事业和养老产业。智慧养老产业作为重要的新兴业态不断受到国家政策的聚焦。在此之前，《"十三五"国家老龄事业发展和养老体系建设规划》《智慧健康养老社区建设整体解决方案》都为智慧养老产业提出了具体的实施目标。河南省迅速响应国家政策导向，致力于构建新型智慧养老产业体系，相继出台了一系列利好文件，推动全省智慧养老产业的萌芽和发展。2017年，河南省人民政府办公厅印发了《河南省民政事业发展第十三个五年规划》《河南省"十三五"养老服务体系建设规划》，旨在推进"互联网+养老"方案的发展，创新养老服务模式，加快智慧型医养护一体化发展，提升服务水平。之后，又出台了《河南省推进健康养老产业转型发展方案》等文件，鼓励全省积极发展养老产业新兴业态，尤其要依托数字技术更新养老服务方式，为老年群体提供更适应社会发展、更贴近实际需求的养老服务。2022年2月出台的《河南省人民政府关于印发河南省"十四五"数字经济和信息化发展规划的通知》特别提出要引进培育一批智慧养老龙头企业，支持模式新颖、竞争力强的中小企业发展，加快形成覆盖智慧养老全链条的产业生态，争创国家智慧健康养老应用试点示范。加快建设省级养老服务"管理+服务"平台，推进智慧养老服务平台建设，创新慢性病管理、居家健康养老、个性化健康管理、互联网健康咨询等服务方式，建立"服务、产业协同发展"的智慧养老新生态。

### （二）试点示范激发智慧养老产业市场活力

为实施好健康中国战略，推动智慧健康养老产业蝶变升级，全国选拔了一批典型的企业、基地以及街道（乡镇）作为智慧养老产业试点，总结和提供先进经验与做法向各地推广。陆续公布的四批名单显示，河南省共有5

---

[①] 《我国加快积极应对人口老龄化部署　推动养老事业和养老产业协同发展》，央视网，2021年10月14日，https://news.cctv.com/2021/10/14/ARTIndkzvoxcbh8ryJ9tzdvh211014.shtml。

个智慧健康养老示范企业、5个智慧健康养老示范基地和18个智慧健康养老示范街道（乡镇）（见表1）。

表1　河南省智慧健康养老应用试点示范（国家级）名单

| 智慧健康养老示范企业 | 智慧健康养老示范基地 | 智慧健康养老示范街道(乡镇) |
| --- | --- | --- |
| 河南爱馨养老服务集团股份有限公司<br>安阳市翔宇医疗设备有限责任公司<br>郑州大象通信信息技术有限公司<br>河南优德医疗设备股份有限公司<br>郑州新益华医学科技有限公司 | 洛阳市智慧健康养老示范基地<br>焦作市智慧健康养老示范基地<br>许昌市鄢陵县智慧健康养老示范基地<br>郑州市金水区智慧健康养老示范基地<br>新乡市智慧健康养老示范基地 | 洛阳市涧西区郑州路街道<br>洛阳市涧西区珠江路街道<br>洛阳市西工区唐宫路街道<br>新乡高新区振中街街道<br>焦作市城乡一体化示范区李万街道<br>焦作市武陟县龙源街道<br>焦作市山阳区艺新街道<br>许昌市鄢陵县陈化店镇<br>许昌市鄢陵县马栏镇<br>许昌市鄢陵县安陵镇<br>郑州市郑东新区商都路<br>郑州市金水区北林路街道<br>开封市兰考县兰阳街道<br>新乡市卫滨区胜利路街道<br>新乡市红旗区洪门镇<br>郑州市金水区丰产路街道<br>郑州市金水区花园路街道<br>新乡市辉县市明桥乡 |

资料来源：中国政府网。

在智慧健康养老应用试点示范的选拔过程中，河南省鼓励和推动企业、医院参与智慧养老产业。2022年，河南实施医养结合服务质量提升行动，支持郑州大学第五附属医院探索全链式智慧医养结合模式，以该院牵头主持的科技部重点研发计划"'全链式'智慧医养结合服务模式构建与推广"（2020YFC2006100）为支撑，独创了"医养结合——服务是基础、医疗是保障、康复是支撑"的原创理念。① 同时，在500个社区（乡镇）推广应用，

---

① 《郑大五"全链式智慧医养结合模式"将推广500个社区服务》，搜狐网，2022年8月21日，http://news.sohu.com/a/578641317_502689。

实现全省社区居家养老工作的新发展。这种全链式智慧医养结合模式的建设标准、管理规范、服务标准和评价体系，为提升全省医养结合服务整体水平做出贡献，是国内医养结合领域的典范。围绕国家智慧健康养老应用试点示范工作，河南还将打造以省内特色为品牌的投资项目，形成河南省智慧养老产业的新布局。

### （三）传统养老产业与智慧养老产业并存

河南省老年人口的绝对数量在近年来始终居全国前列，对全省的养老服务供给产生了巨大的压力。然而，从社会经济发展水平和社会保障程度来看，河南省与沿海省份的差距依然较大，这就造成了加快的人口老龄化进程与河南经济社会发展急需加快的要求相重合，与社会转型、产业升级、经济转轨调整相交织，对河南经济、政治、文化、教育等各个方面都产生了持久而深刻的影响，特别是日益突出的养老服务供需矛盾成为当前深刻影响河南省老年人"老有所养、老有所乐"的重要因素。然而，受长期的经济环境、制度机制、观念理念、社会氛围等因素的影响，传统养老产业仍占据较大的市场份额，而智慧养老产业处于起步或发展阶段，市场份额较小、接受度较低、推广面较窄。未来一段时间，传统养老产业与智慧养老产业将维持并存的状态，一方面因为它们可以满足不同的受众群体的需求，另一方面在于智慧养老产业作为新兴业态，势必要经得起市场的考验。当数字经济融合实体经济，智慧养老产业的健全发展也指日可待，这不仅是"数字"与"养老"的结合，还是"服务"与"技术"以及"需求"的适配。因此，推动智慧养老产业加速发展，不仅是当前一项重要工作，还是"十四五"期间河南省在民生事业建设中的要点和突破点。

## 三 河南省智慧养老产业的发展问题

### （一）政府市场边界不清晰造成产业定位紊乱

推动智慧养老产业发展是政府开展民生工作的重要环节，事关社会保障、医疗服务、保险统筹、老旧建筑改造、适老化项目推进、产业布局、市场调配等的发展与平衡，是民生事业高质量发展的关键。从公共性理论出发，可以认为智慧养老产品和服务的供给因其重要的现实价值展现了公益属性。但从市场角度来说，任何产业的推进都包含企业追逐利益的内因。具体来看，企业在为老年群体提供品类丰富、便捷高效的智慧养老产品和服务的同时，必定会以追求经济利益为根本，这是市场经济运行的规律，是产业寻求发展的内驱动力。目前，政府作为推动智慧养老产业发展的"指挥棒"，往往强调其"事业"而非"产业"的表现形式，以公益属性压制利益属性，导致社会对智慧养老产业产生认知偏差，认为其发展是要维护社会利益。[1]但其实，利益属性同样不容忽视，这既包括企业追逐的经济利益，也包括老年群体对智慧养老产品和服务的个性化、精准化需求的个人利益。由此可见，智慧养老产业不是政府以唯一标准和统一服务就能全面覆盖每一位老年人的业态，而是要充分发挥市场的调节作用，尊重公益属性与利益属性的双重本质。当前，河南省大力发展智慧养老产业，在一定程度上存在上述问题，忽略了各方主体间相互支持、协调共生的行为模式，制约和影响了整个产业的定位布局和未来走向。

### （二）智慧养老产品供给与老年人实际需求错配

当前，河南省的老年人口数量正在稳步攀升，老年群体对于养老服务的需求也在增加。这为智慧养老产业提供了更为广阔的市场，但也让很多企业在开发产品和提供服务时存在偏差和错位，即智慧养老产品与服务的供给远远不能满足老年人的多层次需求，存在供需错配的问题。[2]从市场调查和对象访谈的结果来看，河南省的智慧养老企业对产品的开发抱有很高的热情，但往往不能得到老年群体的青睐，大量产品上市却销售不佳。而老年群体对此表示，市场上的智慧养老产品过于"技术化"，让本就难以跨越的老年

---

[1]《马克思恩格斯文集》（第五卷），人民出版社，2009。
[2] 张博：《智慧健康养老产业发展困境与出路——基于有效供给视角》，《兰州学刊》2019年第11期。

"数字鸿沟"变得更大，不是"不想"使用智能产品，而是"不会"使用。这也反映出一些企业在设计产品或提供服务的过程中，对"智慧"手段的过分依赖，强行植入过多云计算、人工智能等，与老年人实际的养老需求不相匹配。近年来，为缩小老年"数字鸿沟"，国家出台了一系列政策方案并开展数字适老化行动，希冀通过数字时代新型社会生存模式为老年人创造便利。要实现老年群体的数字赋能，不能一味强调以技术改造技术，最核心的还是要从实际需求出发，关注老年人对健康、医疗、生活起居、精神照料等方面的服务期待，产品设计不能玩花样、搞噱头。

## （三）尚未形成智慧养老产业的专业人才队伍

智慧养老产业作为新兴产业，人才的聚集度较低、人才的吸引力较弱，然而日益显著的养老问题对人才的需求与日俱增。未来，养老服务行业必然成为朝阳产业，迎来高速发展。当前，河南省智慧养老产业发展的最大瓶颈就在于"专业人才"的缺位。河南在全省开展养老服务人才技能培训和等级评定，有5.8万人取得养老护理员等养老服务相关证书，但实际从业人员仅有3万余人。开设养老服务相关专业的普通高校、职业院校等累计培养相关专业毕业生仅有16.3万人。[①] 按照国际公认的3名失能老人配备1名护理人员的标准，河南省专业人才的供给与需求严重失衡。除了数量明显短缺，现有的养老护理人才队伍还存在专业技能欠缺、综合素质偏低、学历普遍偏低、年龄较大等多重问题，在一定程度上也反映了河南省养老服务业专业人才队伍培养仍然有很长的路要走。在学科体系方面，缺乏科学的专业布局与分类，尤其是高层次人才的培养体系尚未建立；而现有养老服务业的从业人员缺少技能培训、学历提升等渠道，削弱了年轻从业人员长期从业的积极性，不利于专业人才队伍的建设。就智慧养老产业对技术、政策、信息等因素的强关联性而言，从业人员的类型要更加细化和专业。未来，在打造智慧

---

[①] 《做好养老服务，培养人才先行——聚焦加强养老服务人才队伍建设》，中国政府网，2023年3月31日，https://www.gov.cn/lianbo/2023-03/31/content_5749476.htm?eqid=bf892e63000111ed000000036463a18e。

养老产业专业人才队伍过程中,要在老年智慧保健、老年智慧金融、老年智慧旅游等领域进行分类培养,以更高的专业素养和更精准的专业知识服务于智慧养老产业。

## 四 河南省智慧养老产业的优化路径

### (一)各司其职,厘清政府与市场的职能与作用

近几年,全省智慧养老产业建设如火如荼,且已成为社会经济、文化、民生建设的重要一环。不可忽视的是,一些地区由于未能有效厘清政府与市场的职能边界、强调智慧养老产业的公益属性,市场不能充分发挥调节功能,产业的凝聚度和增量都受到一定影响。"互联网+养老"逐渐成为未来养老产业的重要发展趋势,政府和市场主体关系的捋顺将成为产业发展提速增质的关键。目前,推进智慧养老产业建设主要还是依靠政府,市场参与度有待提升,利益属性的作用仍需进一步发挥,通过不断满足企业的利益增长和老年群体的个性化服务需求,促成智慧养老产业最终公益属性的彰显。各司其职,厘清政府与市场的职能与作用,能够避免当前智慧养老产品同质化的问题,依靠市场竞争的本质规律,改进、优化当前的产品设计,鼓励创新,解决产品服务的结构性供需矛盾,从"以量取胜"转变为"以质取胜",聚焦个性化产品与服务,建立政府主导与市场调节相适配的合理运行机制,推动智慧养老产业向纵深发展。

### (二)对标需求,提高智慧健康养老产品适配度

在开发、生产智慧养老产品时,要重点分析老年群体在年龄、性别、自理能力、情感状态等方面存在的差异,以及对智慧养老服务和产品所产生的不同需求,以个性化定制服务为切入点,提升产品的应用性和适配度。应当说,以个性化定制化为特征的智慧养老产品和服务,追求的目标即是将养老市场的主体从供给方转变为需求方,更加关注老年群体的实际需求。这样一

来，养老服务产业供需矛盾的问题将会迎刃而解，同时能实现养老资源最为合理的分配和利用。因此，鼓励企业和市场开发个性化的智慧养老服务和产品，是基于精准识别并不断满足老年群体需求的重要手段。此外，通过提供定制化服务提高智慧养老产业的适用性和创新度，也是不断刺激老年经济，加快更新智慧养老产业供应链和销售端的行之有效的方式，以更加完备的产品和服务增强老年人的幸福感和价值感。

### （三）扩充人才队伍，提升智慧养老产业专业人才质量

人才是产业发展的基础，也是未来河南省打造规模化智慧养老产业的切入点。因此，重视专业人才队伍的打造、提升从业人员的水平和技能，应是当前最为关注的现实问题。通过调研可知，河南省在发展智慧养老产业过程中，仍然缺少专业人才，对未来全省智慧养老产业的扩容增速产生了极大不利影响。因此，政府、企业、学校及社会力量都应积极参与智慧养老产业的人才培养，不断充实人才队伍，形成完善的人才培养体系。一方面，加快建立培养智慧养老服务人才的职业教育体系，通过企业主导，强化教育与职业的关联，从而提升职业教育的接受度和应用度，真正实现产教结合，对人才的培养和技能的传承起到积极作用。另一方面，针对现有从业人员，建立并完善加强职业技能、鼓励学历提升、重视资格认证等制度，分类管理人才队伍，细化服务型、研究型、管理型、应用型人才，不断拓展培训渠道，对有志于长期从事智慧养老行业的人才给予政策照顾。此外，要持续建立省级养老护理员培养培训基地，实施养老护理员的职业技能提升行动。以本科院校、专科院校为基础优势，遴选符合条件的学生参加培训，吸引更多有识之士加入河南省的智慧养老产业。

# B.5
# 2023年河南农村互助养老发展报告

郝莹莹*

**摘　要：** 针对农村养老服务不足的情况，河南在积极老龄化的背景下，通过支持互助养老服务设施建设，积极推动农村养老的社会化改革，培育了一系列互助养老服务的新模式，并取得了系列成效。但是，当前也面临农村互助养老服务基础设施不完善、组织运行机制不健全、难以弥合需求缺口的实践困境。未来，可以通过拓宽互助养老资源的支持渠道、加强农村互助养老服务的组织建设、夯实农村互助养老服务的互助基础等方式进行优化，推动河南农村互助养老实现更好的发展。

**关键词：** 农村互助养老　养老服务　河南

近年来，人口老龄化程度日益加深，原有的养老服务体系已经不能适应新时代社会发展的需要，不断增长的养老服务需求与不匹配的养老服务体系之间的矛盾日益加深，构建适应新时代、新情况、新特点的养老服务体系的需求更加紧迫。[1]"十四五"时期，党中央把积极应对人口老龄化上升为国家战略，将加快完善老年人社会保障、养老服务、健康支撑三大体系作为重点内容，出台并实施了一系列中长期发展规划，推动全社会老龄事业不断取得进步。当然，积极应对人口老龄化，不仅意味着需要改善老年群体

---

* 郝莹莹，河南省社会科学院人口与社会发展研究所研究实习员，研究方向为社会政策与社会发展。
[1] 王琼、王敏、黄显官主编《我国养老服务综合配套改革实践与创新》，西南交通大学出版社，2017。

的社会生活环境，也意味着需要不断满足老年群体在经济、健康、照护、精神等方面多样化的养老需求。因此，积极应对人口老龄化，要积极推动养老服务体系实现全覆盖，不断增加专业化、市场化以及多样化的服务供给，从而全面提升老年人口的生活质量，创造有利于老年人口健康生活的良好环境和社会氛围。

## 一 河南农村互助养老的实践背景

相较于城市，农村养老面临的形势更加严峻，成为积极应对人口老龄化的关键。在中青年群体不断流入城市，村庄"空心化"趋势不断加剧的现实情况下，农村出现数量庞大的留守老年群体，传统的依靠家庭养老的方式，已经无法满足老年人的养老需求，特别是农村也面临着经济发展相对落后、青壮年人口大量外流以及专业护理人才不足的困境。这就使农村地区难以大规模建设专业化、市场化以及资本化运作的养老服务体系。[1] 目前，大部分的农村养老模式和养老体系与城市存在较大差距，需要不断完善。如何基于农村人力、财力条件，积极应对农村地区的人口老龄化，探索出适合农村社会特点的养老模式与服务体系，成为当前和未来一段时间农村社会发展必须要应对的现实问题。当然，无论是血缘支撑下的家庭养老，还是制度支持下的社会养老以及资金支持下的机构养老，农村地区现有的养老服务供给难以有效满足老年人口对于生活照料、健康关怀、集中托养以及精神慰藉等服务的需求。因此，农村养老问题作为人民群众最关心、最直接、最现实的问题，应得到充分重视。

近年来，党和国家不断推进养老服务体系建设，积极促进其顶层设计不断完善，不断推动重大改革举措在实践中逐步落地生效，促进全社会的老龄事业发展不断取得进步。广大农村地区依托本地实际，进行了各种养老服务模式的实践与创新，逐步探索适合我国的新型农村互助养老模式。互助养老

---

[1] 刘妮娜：《互助与合作：中国农村互助型社会养老模式研究》，《人口研究》2017年第4期。

模式源于河北肥乡的"互助幸福院"①，通过最大限度地利用农村社会闲置资源，为农村老年人提供低社会成本、高社会支持、高情感慰藉的基本养老服务。作为一种具有低成本性、社会支持性、文化适应性的养老模式，互助养老模式通过在农村社会内部进行动员、整合和赋能，将老有所养和老有所为结合起来，在村庄层面实现互帮互助，共享养老服务。这一养老策略立足于农村社会家庭养老功能弱化、养老服务欠缺的现实，回应了农村社会养老服务多元化发展的趋势和政策要求，同时符合我国文化传统，成为农村积极应对人口老龄化、弥补养老服务短板的重要选择。互助养老模式在河北实践的基础上，在全国得到推广。

河南省是人口大省，老年人口数量不断增长，人口老龄化程度不断加深。2022年末河南省常住人口为9872万人，其中60岁及以上的老年人口有1862万人，占全省常住人口的18.9%，同比上升0.9个百分点；65岁及以上的老年人口有1436万人，占全省常住人口的14.5%，同比上升0.5个百分点②，其中80岁以上高龄老年人口有235万人、失能半失能老年人口有302万人。受到城镇区域扩张、乡村人口流入城镇等因素影响，农村人口整体数量不断减少，农村独居、空巢、留守老年人比重进一步提高，农村人口老龄化形势严峻。第七次全国人口普查数据显示，河南省农村人口中60岁及以上的老年人口有1005万人，占比为22.7%；城镇老年人口有372万人，占比为14.3%，农村比城镇高出8.4个百分点。在此背景下，为解决好农村养老的现实问题，推进基本养老服务体系建设，河南积极开展农村互助养老模式探索，为农村老年人口提供多样化的养老服务，并取得了一定成效。

---

① 夏柱智：《互助养老：积极应对农村人口老龄化的中国经验》，《东北农业大学学报》（社会科学版）2023年第2期。
② 《2022年河南省国民经济和社会发展统计公报》，河南省统计局网站，2023年3月23日，https://tjj.henan.gov.cn/2023/03-22/2711851.html。

## 二 河南农村互助养老的实践现状

近年来，河南积极推进建设县、乡、村三级分层分类的农村养老服务体系。在村级层面，鼓励各地积极探索，不断创新居家社区养老服务模式。在推动农村互助养老服务发展上，通过支持互助养老服务设施建设，积极推动农村养老的社会化改革，培育了一系列互助养老服务的新模式，不断增加农村养老服务的有效供给，不断提升农村养老服务水平。

### （一）农村互助养老服务设施建设

不断增长的老年人口，需要以养老服务设施的配备为支撑。但是，目前大部分农村地区，养老服务设施数量明显不足。针对这一情况，近年来河南在出台的一系列政策规划中，积极推动农村互助养老服务设施建设。例如，2021年，中共河南省委办公厅、河南省人民政府办公厅印发的《关于加强养老服务体系建设的意见》提出，鼓励建设村级幸福院等养老设施；2021年，河南省人民政府印发的《河南省"十四五"养老服务体系和康养产业发展规划》提出，实施农村互助养老设施提升工程；2022年，中共河南省委、河南省人民政府印发的《河南省优化生育政策促进人口长期均衡发展实施方案》指出，要推动村级普惠型养老发展和互助性养老服务设施建设；2023年，河南省人民政府办公厅出台的《关于推进基本养老服务体系建设的实施意见》提出，支持农村集体经济组织、村民委员会、社会力量建设农村幸福院、邻里互助点等村级养老服务设施。在实践层面，河南在中央资助资金基础上增加配套资金，积极鼓励支持各地因地制宜、大力推动农村幸福院、老年活动站、托老所、养老服务站等互助养老服务设施建设。积极利用农村闲置校舍、老村室、废弃宗教场所、农家院等闲置资源，建设农村互助养老院，为农村留守困难老年人提供互助、便捷、优质的养老场所。2013~2015年，河南省先后资助了1万个村级互助养老服务设施、农村幸福院建设。[①] 2018年底，河南省行政村互助养老服务设施达1722个，收养和救助人数达2.7万人。到2022年底，河南省1万多个村因地制宜建设了村级互助养老服务设施、农村幸福院。[②] 互助养老服务设施的建设，为农村基本养老服务提供了基础的平台支撑。

### （二）农村互助养老服务队伍建设

组建一支互助养老服务队伍，才能更好地开展基本的养老服务。在河南各地的互助养老探索实践中，积极将村庄的低龄老人、留守妇女、志愿者、社会工作者、医护工作者等主体，吸纳到互助养老服务队伍中，为老人提供助洁、助餐、助娱、助行、助医、精神慰藉等养老服务。在实际的互助服务中，服务对象由留守老人、孤寡老人、特困老人等特定群体，逐渐扩展到农村普通老年人，推动了农村留守老人关爱服务机制、留守老人定期巡访制度建设，同时推动了农村普惠性养老服务的开展。例如，平顶山市郏县在全县开展农村幸福院建设工作，充分发挥村组党员干部和妇联"四组一队"（发展组、权益组、宣教组、家风组和巾帼志愿服务队）两支队伍，政府、村"两委"和社会爱心人士三种力量的作用，为老年人提供免费休闲娱乐、日间照料和有偿就餐等服务。[③] 在队伍建设中，河南各地充分发挥了村民自治组织、公益性岗位、老年协会、社会组织等的积极作用，组织开展邻里互助、志愿服务、定期巡访等，使老年人得到了更多养老服务。例如，信阳市新县新集镇在10个村建立老年协会，开展农村互助养老服务，通过在公益性岗位中聘用孝心护理员20余名，为生活不能自理的老年人、未成年人、

---

[①] 《河南省民政厅对省政协十三届一次会议第1310207号提案的答复》，河南省民政厅网站，2023年9月12日，https://mzt.henan.gov.cn/2023/09-12/2814269.html。

[②] 《河南省民政厅对省十四届人大一次会议第873号建议的答复》，河南省民政厅网站，2023年9月11日，https://mzt.henan.gov.cn/2023/09-11/2812996.html。

[③] 邢占松、冯亚桥：《建设农村幸福院 破解老人"心头事"——河南郏县探索普惠养老新路见闻》，《中国建设报》2022年8月26日。

残疾人等提供访视、照料服务①；三门峡市积极发挥社会力量的作用，定期在村庄开展养老服务，帮助老年人解决日常生活中的实际问题。

### （三）农村互助养老服务模式探索

经过积极探索与实践，河南各地形成了各具特色的农村互助养老服务模式，不断创新组织与管理机制，推动农村互助养老服务实现新发展。实践中形成了武陟县"幸福院众筹养老"模式、太康县社会兜底保障"五养"模式、汝南县邻里"互助养老"模式、洛阳市"集中+居家"养老模式、新乡市凤泉区"时间银行"模式等特色运行机制。互助养老服务设施的建设与维护、互助养老服务队伍的建设以及互助养老服务的提供，都需要以稳定的运行机制为保障，各具特色的运行机制都离不开互助组织的管理与参与。互助组织的重要作用包括两个方面：一是可以组织和发动亲朋邻里、志愿者等，提供互助服务、保障以及参与；二是可以积极链接外部资源，借助政府、企业以及社会组织等的力量。② 例如，汝南县2021年开始推行的农村邻里"互助养老"模式，由村委统一组织，以自然村为单位，按照"性格相近、爱好相似、住址相邻、相处和睦"的原则，以3~5个60岁以上有养老需求的老人为一组，组建邻里养老互助小组互相照应，通过"一键呼叫"智能终端，有效解决老人在夜晚或遇到困难时没人帮、没人管的痛点和难点，努力打造"有呼必应"的农村居家养老服务模式。"互助养老"模式推广以来，该县15.6万名60岁以上老人享受到了温暖、温馨、周到的养老服务；全县224名空巢独居、特殊特困老人家庭安装了"一键呼叫"智能终端，累计开展入户探视7.4万次，提供代买代缴、卫生保洁、紧急求助等服务6.5万次，有效解决了农村独居老人的居家养老

---

① 《新集镇：持续巩固拓展脱贫攻坚成果有效衔接乡村振兴战略》，新县人民政府网站，2021年5月11日，https://hnxx.gov.cn/portal/xxzx/gzdt/xzdt/webinfo/2021/05/1619317383380541.htm。
② 刘妮娜：《从互助养老到互助共同体：现代乡村共同体建设的一种可行路径》，《云南民族大学学报》（哲学社会科学版）2021年第2期。

照料难题。[1] 各地探索建立了政府、村级、个人、社会力量等相结合的多元资金筹措机制。例如，武陟县的村级慈善幸福院模式，依托村级慈善协会，构建了"政府+慈善+村级+个人"四级联动机制，为老人提供就餐、日间休息、文化娱乐等养老服务[2]；郏县采取县里补一点、乡里配一点、村里投一点、群众集一点、社会捐一点等方式解决资金问题，同时全县各乡镇依托乡贤微信交流群、公益平台等积极募集运营款物。

## 三 河南农村互助养老的实践困境

近年来，互助养老模式成为推动广大农村养老事业发展的重要策略。但是，实践表明，农村互助养老模式的持续运行依然面临非常多的现实阻碍。目前，河南农村互助养老主要面临农村互助养老服务基础设施不完善、组织运行机制不健全、难以弥合需求缺口的实践困境。

### （一）互助养老服务基础设施不完善

2021年，河南城、乡社区有5.2万个，其中农村社区有4.5万个，占86.5%。2021年，河南社区养老服务机构和设施共有1.08万个[3]，占全国的3.4%，河南城、乡社区养老服务机构和设施的覆盖率为20.8%。由此可以看出，河南整体的城、乡社区养老服务机构和设施较少，基层社区的养老服务机构和设施建设还需要进一步加强。近年来，虽然社区的养老服务机构和设施数量不断增加，但基层社区养老服务机构和设施依然面临供给不足的问题，特别是全省农村社区基数大、老年人口数量多，农村老人最大限度享受普惠性养老服务依然无法实现。到2022年底，全省有3万多个村庄没有

---

[1] 张明洋：《汝南县民政局：打造智慧健康养老服务体系 助力优化养老服务营商环境》，中原经济网，2023年9月26日，https://www.zyjjw.cn/ds/zmd/202309/55229.html。
[2] 《河南省民政厅关于省政协十三届一次会议第1310184号提案的答复》，河南省民政厅网站，2023年9月15日，https://mzt.henan.gov.cn/2023/09-15/2816717.html。
[3] 数据来源：2022年《河南统计年鉴》。

互助养老服务设施。同时，社区养老服务机构和设施在地域分布上不均衡。在河南18个地级市中，社区养老服务机构和设施数量排名前三的分别是洛阳市、焦作市、许昌市，分别有2335个、1225个、1039个。在基本的养老服务机构和设施存在不均衡的情况下，互助养老模式的创新实践无法保证。从目前运行情况来看，全省互助养老模式处于探索试点阶段，互助养老服务基础设施不完善、覆盖面较窄。当前，农村互助养老服务基础设施主要利用农村的闲置校舍、大院、村级活动中心等进行改造，数字化、智能化、适老化改造比较滞后，还需要进一步调整。

### （二）互助养老服务组织运行机制不健全

从全省的实践情况来看，现阶段互助养老模式所建立的运行机制，在推动互助养老服务持续开展和发展上存在困难。互助养老主要依赖行政力量和村庄力量，动员村民和社会力量大规模参与其中的能力比较有限，且长期的合作没有建立起来，可持续性较差，村庄、村民以及社会力量在农村互助养老服务中的作用被忽视。村庄成为完成上级任务、指标的执行者，在互助养老服务的形式与内容上没有发挥主动性；村民在接受特定互助养老服务时，更多的只是作为服务的对象，并未完全参与其中。此外，在推动互助养老服务发展的过程中，还容易忽略地方实际情况，形式化地推进村庄互助养老服务。互助养老服务除了面临动员困境，还面临资金筹措困难。目前，农村互助养老服务虽然建立起政府、村级、个人以及社会力量等相结合的多元资金筹措机制，但是资金来源不固定且稳定性差，造成互助养老服务运营存在资金断链的风险。动员的困难、资金的匮乏等问题直接影响了农村互助养老服务的持续发展。

### （三）互助养老服务难以弥合需求缺口

目前，农村互助养老服务队伍主要来源于村庄内部，互助养老服务的内容大多以照顾老人的饮食起居为主，服务内容比较单调。要开展健康、医疗、康复以及护理等方面的专业养老服务，缺少康养照护、技术指导、运营管理等专业人才，同时也缺少参加相关培训的机会和资源。区域养老服务中心的专业养老服务资源，尚未延伸到村级的邻里互助站、幸福院等。政府、市场、社会力量等主体，对于农村的互助养老多采取物质支持，缺乏持续性，难以有效满足群众不断增长的多样化养老需求。当然，不管是基础的养老服务，还是专业化的康复护理，都需要一定的资金支撑。村级互助幸福组织缺乏相应的资金支持，仅靠政府转移、社会捐助、个人缴纳是不够的。互助养老需要农村老人的积极参与，这也成为农村互助养老能够持续运行的前提。但是，实践中农村老人在互助养老中的参与积极性不高、参与度低，①在参与过程中，农村老人作为接受服务的群体，由于受到文化水平、道德素养等因素的影响，在服务内容的接受、沟通、反馈等方面缺乏主动性，难以坚持参与互助行动。在实践中，村庄的互助养老服务，需要依靠公益岗位、党员干部、志愿者等群体，造成互助行动行政化、形式化。

## 四 推动河南农村互助养老发展的路径

在家庭养老功能弱化、机构养老认可度低的现状下，探索农村互助养老模式、不断优化农村互助养老服务，对于改善农村老人养老现状、帮助农村老人摆脱养老困境具有非常重要的现实意义，特别是互助养老服务是农村基本养老服务体系中非常重要的养老资源。探寻互助养老模式长效运行的可行路径，积极创新农村互助养老服务模式，能够用专业化、多样化、普惠化的养老服务填补农村养服务缺口，共同努力使老年人能老有所养、老有所依、老有所乐、老有所安，享受老年生活的美好与幸福。②

### （一）拓宽互助养老资源的支持渠道

资源投入构成了农村互助养老服务持续运行的重要条件。因此，不断拓

---

① 于长永：《农村老年人的互助养老意愿及其实现方式研究》，《华中科技大学学报》（社会科学版）2019年第2期。
② 刘景芝：《农村养老难题亟待破解》，《农民日报》2022年1月29日。

宽资源来源渠道，建立稳定的资源支持体系，为农村互助养老模式的持续运行奠定扎实的基础。要加强政府的财政资源统筹，通过每年设立专项资金，逐步推动全省农村互助养老服务机构和设施的建设，扩大服务设施的覆盖面。通过政府购买服务的形式促进专业互助养老服务的不断发展。在此基础上，积极出台相应的政策，对参与农村互助养老服务的机构及组织进行激励，在运营费用等方面进行补贴，吸引更多的养老服务资源参与农村互助养老服务，吸纳更多的社会资源参与农村互助养老服务。社会养老机构和组织拥有更多专业的人才、技术与服务，探索建立社会资本、人才以及技术参与农村互助养老服务的路径，发挥专业组织、专业人才在农村互助养老服务设施改造中的技术性指导，增强互助养老服务设施的专业化、智能化。同时，积极搭建互联网养老平台，加强线上养老服务资源的共享与流动，突破地域限制。除了技术、人才资源的支持，还可以积极发挥社会公益力量的作用，建立专属慈善资金账户，利用节日等活动积极进行募捐，为互助养老服务提供支持。庞大的老年人口也意味着巨大的人力资源红利，在全面推动乡村振兴的现代化建设中，推动低龄健康老人积极发挥自身作用创造价值，参与村庄经济发展，不断壮大村庄经济，增强自我"造血"与"输血"的能力。

## （二）加强农村互助养老服务的组织建设

互助养老服务的持续运行，需要不断加强互助养老服务的组织建设，建立完善的运行机制与管理机制，确立明确的服务理念与服务方式。强化服务组织的自主性，避免过分依靠行政资源，使互助养老服务流于行政化和形式化。优化互助养老服务组织的架构，保证互助养老服务组织的权威性与影响力。互助养老服务需要嵌入农村社会结构，需要与村庄这个"熟人社会"发生关联，自然会受到村集体自治传统、机制、方式等因素的影响。因此，在提供互助养老服务的过程中，在加强服务组织的基础上，应该不断创新互助合作的形式，与村庄治理实践相结合，利用社区治理优势，充分挖掘和利用村庄资源，与乡村振兴措施做好衔接与配合，共同将政策、措施落到实处。当然，推动农村互助养老模式在全省广泛推广，也需要在管理体制、监督机

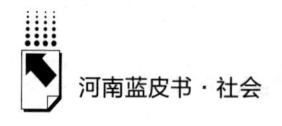

制等方面做好顶层设计，出台相应的规范指导，明确不同主体的权责范围，对服务行为做好监管，切实发挥其农村普惠性养老服务的功能。

### （三）夯实农村互助养老服务的互助基础

中国乡土社会历来就有"守望相助"的传统，其作为乡土社会中重要的社会规范，形塑了乡村的熟人社会，来源于道德评判、群体压力的情感为乡村社会的互帮互助提供了软约束，也为互助养老奠定了深厚的文化基础。[1] 因此，要想开展互助养老服务，应该积极推动农村社会互助文化氛围的营造。与当地的传统文化相结合，积极营造"与邻为善、以邻为伴""邻里相扶，守望相助"的邻里环境，推动建立互信、互容、互合、互助的新型邻里关系，增强村民对于村庄整体的认同感。积极通过村庄公共事务凝聚村民，加强村庄共同体的构建，为村民作为互助主体参与其中创造基础。家庭养老依然是农村养老的主要渠道，通过互助养老服务扩大服务供给，需要创造性传承孝道伦理[2]，形成尊老、敬老、爱老、助老的良好社会文化氛围。当然，就农村互助养老而言，面对大量农村青壮年人口外流，村庄留守老人、孤寡老人、半失能老人等数量越来越多的情况，应积极重视老年人的主体性作用。培育积极老龄化观念，最大限度地激发老年人参与互助养老的积极性，重视老年人的服务需求、教育需求，加强专业养老服务的培训，使农村社区的养老服务队伍，既能够开展基本的照料服务，也能够提供专业化、多样化的康复、健康等服务。

---

[1] 王立剑、朱一鑫：《从"个体"到"社会"：农村互助养老服务的现实应对》，《行政管理改革》2023年第4期。

[2] 王进文：《主体性取向的乡村老龄社会治理：实践逻辑与路径建构》，《云南民族大学学报》（哲学社会科学版）2021年第4期。

# B.6 2023年河南社会组织参与乡村振兴研究报告

王思琪*

**摘 要：** 社会组织是促进乡村振兴不可或缺的建设性力量。河南省积极引导社会组织参与乡村振兴，坚持先行先试，积极响应中央政策，确立"因村""因社"施策原则，大力推动文化产业赋能乡村振兴，形成社会组织参与乡村振兴的在地化实践。但在社会组织发展制度和机制、能动性和积极性发挥、专业人才队伍保障方面面临着一些问题。因此，要强化政府主导作用、提高社会组织参与乡村振兴的能力、积极培育农村社会组织、技术赋能创新社会组织参与乡村振兴的方式，通过政府、社会组织的协同合作，真正以农民、农业、农村为主体推动乡村全面振兴。

**关键词：** 社会组织 乡村振兴 河南

党的十九大明确提出实施乡村振兴战略，乡村振兴战略是关系全面建设社会主义现代化国家的全局性、历史性任务，是做好"三农"工作，实现农业农村现代化的新旗帜、总抓手。党的二十大报告指出，全面建设社会主义现代化国家，最艰巨最繁重的任务仍然在农村，要坚持农业农村优先发展，全面推进乡村振兴。事实上，乡村振兴战略是一项高度复杂、任务艰巨的系统性工程，战略内容的多维性、整合性，战略实施的艰巨性、复杂性、长期性决定了全面推进乡村振兴决不能仅仅依赖单一主体，而是需要多元主

---

* 王思琪，河南省社会科学院人口与社会发展研究所研究实习员，研究方向为社会治理。

体的共同参与。在打赢脱贫攻坚战中，社会组织作为重要的社会力量，在激发贫困群体主体性、整合社会资源和多维度介入贫困治理等方面发挥着重要的补充作用。基于此，2022年3月，民政部、国家乡村振兴局印发《关于动员引导社会组织参与乡村振兴工作的通知》，指出参与乡村振兴是社会组织的重要责任，全面推进乡村振兴要积极动员社会组织参与其中。《2022年河南省国民经济和社会发展统计公报》显示，河南全省常住人口9872万人，其中乡村常住人口4239万人，占比为42.9%，全国乡村常住人口占比为34.8%[①]，河南省乡村常住人口占比远远高于全国水平，这既说明河南省乡村有着广阔的发展空间，也说明河南省全面推进乡村振兴任务较重。因此，关注当前河南省社会组织参与乡村振兴的实践探索与成效、分析存在的不足并提出有针对性的发展建议，对于河南推进乡村全面振兴、实现社会组织高质量发展具有重要意义。

## 一 社会组织参与乡村振兴的重要意义

### （一）实现人民对美好生活的向往

进入全面推进乡村振兴战略的新阶段，如何解决乡村文化事业发展滞后、补齐基础设施和公共服务建设短板，以及化解农民日益多元化、个性化的物质、精神文化需求之间的矛盾，成为全面推进乡村振兴必须要回答的问题。政府作为推进乡村振兴的主导者，面对广袤的乡村，由于受到资源、能力等方面的限制，在解决广大农民日益增长的美好生活需要和不平衡不充分的发展之间的矛盾时显得心有余而力不足，提供的服务是有限的、兜底性的，无法满足村民多样化、个性化的需求。这为社会组织参与乡村振兴提供了广阔的舞台，它们能发挥公益性、志愿性、专业性等优势，为村民提供多

---

[①] 《中华人民共和国2022年国民经济和社会发展统计公报》，国家统计局网站，2023年2月28日，http://www.stats.gov.cn/sj/zxfb/202302/t20230228_1919011.html。

样化服务，满足村民需求。社会组织活跃在经济、科技、社会、教育和社会福利等多个领域，类型多样化的社会组织能够为村民提供差异化、有针对性的服务。社会组织能够从村民的真实需求出发，链接社会资源，为困难群体提供社会救助服务、为独居老人等弱势群体提供志愿服务、为村民提供电商创业培训、为青少年提供心理健康讲座等专业化服务。社会组织参与乡村振兴，既拓展了为村民提供服务的渠道、提高了公共服务的供给效率，也满足了村民日益多元化、差异化的公共服务需求，更成为吸引村民参与村庄建设的重要平台。

## （二）增强乡村内生发展动力

党的二十大报告指出，全面推进乡村振兴，要增强脱贫地区和脱贫群众内生发展动力。增强乡村、农民内生发展动力，关键在于要把广大农民对美好生活的向往转化为推动乡村振兴的内生动力。重视农民的内生性需求，充分发掘乡村和农民的内在潜能，增强农民的能动性、积极性、创造性，让其成为乡村振兴的主要建设者，而这需要通过各种组织来实现。社会组织在参与乡村振兴过程中，积极开展文化帮扶、教育帮扶等活动，增强农民现代市场理念、绿色发展理念等，实现"志智双扶"的目标。社会组织，尤其是农村社会组织发挥扎根乡村、熟悉村民、了解村民发展需求的优势，代表村民参与村庄建设，提出的各项举措贴近村民心声，能够切实解决村民实际困难，这使农村社会组织更能够动员村民，让村民参与乡村振兴的各种行动和任务。社会组织参与乡村振兴，将村民组织起来，增强村民的自觉意识、主人翁意识，使村民成为村庄产业发展、生态建设和社会治理的主体，提高村民和乡村的内生发展动力。

## （三）推进乡村治理体系和治理能力现代化

全面推进乡村振兴，加快推进农业农村现代化发展，必须坚持在现代乡村治理的制度框架和政策体系内运行，这要求在推进乡村治理体系和治理能力现代化上下更大功夫。① 党的十九届五中全会明确指出，加强和创新社会治理要发挥群团组织和社会组织在社会治理中的作用。因此，推进乡村治理体系和治理能力现代化，要发挥社会组织在夯实基层社会治理基础中的重要作用和功能。社会组织作为重要的社会力量在参与乡村振兴过程中起着承上启下的重要作用，在政策的制定、执行、评估等环节，听取民意、收集意见并将其提交给政府，同时将政府对政策的修改反馈给农民群众，成为社会政策的"沟通者"。社会组织也是乡村治理活动的"承载者"，社会组织依据其专业性，通过政府第三方购买、项目承接等形式为乡村提供公共服务、开展乡村治理相关活动等，推进乡村治理体系和治理能力现代化。此外，社会组织还发挥着赋能、动员村民的重要作用，社会组织将原子化的村民组织起来，共同为村庄公共事务建言献策，推动乡村发展。由此可以得出，实现有效的乡村治理，促进乡村善治，建设充满活力、和谐有序的乡村社会，需要社会组织的参与。

## 二 社会组织参与乡村振兴的河南实践

### （一）加强顶层设计

为推动社会组织参与乡村振兴，发挥社会组织在乡村振兴中的重要作用，2021年11月河南省民政厅、河南省乡村振兴局联合发布《关于引导动员社会组织参与乡村振兴的实施意见》（以下简称《实施意见》），2022年7月河南省民政厅印发《关于进一步推进社会组织参与乡村振兴的通知》（以下简称《通知》）。

将国家层面动员引导社会组织参与乡村振兴文件的印发时间2022年2月作为重要节点来分析河南省的政策实践可以得出，河南省的政策实践分为

---

① 于健慧：《社会组织参与乡村治理：功能、挑战、路径》，《上海师范大学学报》（哲学社会科学版）2020年第6期。

两个阶段。第一阶段印发《实施意见》，体现的是河南省率先探索相关经验。《实施意见》主要就社会组织参与乡村振兴的重点、完善政策支持并培育乡村振兴类社会组织发展进行部署安排。在社会组织参与乡村振兴的重点方面，明确了按照社会组织类型和业务领域的不同参与乡村振兴工作的指导原则，提出智库类社会组织和各行业协会、环保类社会组织、职业技能培训类和教育类社会组织、文体艺术类和民俗类社会组织、公益慈善类社会组织分别对应乡村产业振兴、生态振兴、人才振兴、文化振兴、基层治理。在完善政策支持并培育乡村振兴类社会组织发展方面，《实施意见》从社会组织的登记、评估等方面对参与乡村振兴和支持并培育乡村振兴类社会组织给予相应政策鼓励。第二阶段印发《通知》，体现的是中央推动，河南省积极响应。《通知》贯彻民政部、国家乡村振兴局印发的《关于动员引导社会组织参与乡村振兴工作的通知》《社会组织助力乡村振兴专项行动方案》精神，积极组织开展社会组织结对帮扶、打造社会组织公益品牌、社会组织乡村行3个专项行动，积极打造一批社会组织助力乡村振兴服务的特色品牌，积极推广一批社会组织参与乡村振兴和结对帮扶的典型案例。同时《通知》贯彻《实施意见》精神，坚持根据社会组织的专业特长，开展契合帮扶地特色的项目。总之，从河南省引导社会组织参与乡村振兴的政策实践可以看出，河南省立足省情，坚持先行先试，积极响应中央政策，确立"因社""因村"帮扶原则，注重将社会组织的专业特长、资源优势和村情、民情相结合，指导社会组织开展专业化、差异化、个性化帮扶。

此外，河南省也注重发挥乡镇（街道）社工站、乡村社区社会组织的源头治理优势，积极推动乡镇（街道）社工站、乡村社区社会组织建设。河南省民政厅于2020年11月印发的《河南省乡镇（街道）社会工作服务站项目实施方案（试行）》指出，要培育扶持一批扎根基层的公益类社会组织，建设一支专业化、本土化、社会化的社会工作人才队伍，解决一大批基层社会治理和社会公共服务难题。通过乡镇（街道）社工站的建设，实现乡村都有社工服务的目标，构建了以乡镇（街道）社工站为主体的农村社会工作服务体系。河南省民政厅于2020年印发《关于大力培育发展社区社会组织的实施意见》，在2021年7月印发《河南省培育发展社区社会组织专项行动实施方案（2021—2023年）》，积极培育发展居民服务类、文体活动类、公益慈善类、参与基层治理类社区社会组织、枢纽型社区社会组织，积极建设社区社会组织，发挥社区社会组织完善社区治理体系的重要作用。

### （二）搭建平台促进供需精准对接

为提高社会组织参与乡村振兴的效度与精准度，河南省积极搭建平台，促进社会组织资源、服务与乡村实际需求对接。2023年3月17日，河南省乡村振兴局和河南省民政厅联合召开省级社会组织助力乡村振兴业务对接会，组织包括河南省物流协会在内的71家社会组织与嵩县、台前、卢氏和淅川四个省级乡村振兴重点县结对帮扶。2022年，全省有3900多家社会组织参与乡村振兴，投入资金3.34亿元。[①] 河南省乡村振兴协会、河南省华夏文明促进会、河南省旅游文化研究会联合发起"乡村振兴群雁行动"，并联合下发文件《关于开展"乡村振兴群雁行动"活动的方案》，以"乡村振兴群雁行动"为载体，积极搭建项目对接平台，助力乡村振兴。同时各地市积极搭建平台，"问需于民"建立帮扶需求清单，"问计于社会组织"指导社会组织建立易于困难群众"点单"、便于结对社会组织"接单"的供需清单，坚持对供需清单进行动态管理，推动社会组织帮扶工作靶向化发展，如驻马店按照帮扶地区"点单"、各级民政和乡村振兴部门"派单"、社会组织自愿"接单"的方式，实施"百会助百村"行动，助力乡村振兴。[②]

### （三）大力推动文化产业赋能乡村振兴

河南具有丰富的历史文化资源，推动乡村文化产业发展，能够盘活文化

---

[①] 《社会组织如何精准助力乡村振兴》，河南省人民政府网站，2023年3月21日，https://www.henan.gov.cn/2023/03-21/2710639.html。

[②] 《驻马店市民政局举行社会组织助力乡村振兴"百会助百村"启动仪式》，河南省民政厅网站，2023年5月24日，https://mzt.henan.gov.cn/2023/05-24/2747984.html。

资源，促进文化与经济融合发展，助推乡村振兴。河南省作为文化产业赋能乡村振兴的先行地区，积极探索文化资源赋能乡村振兴的"河南模式"。河南省于2022年7月率先启动"文化产业特派员"制度试点工作，形成了以政府为主导、以农民为主体、以社会力量为主力，由社会组织（河南省乡创赋能中心）支持的实施体系，将自上而下的引导扶持与自下而上的自然生长相融合，推动乡创发展。河南省乡创赋能中心作为"文化产业特派员"制度试点的指挥中枢，负责整体统筹联络、协调和监督全省"文化产业特派员"工作。通过"文化产业特派员"制度，河南省吸引优质创意机构与人才返乡入乡，开展"一村一员"特派服务，"文化特派员"重新发现、激活乡村人文资源，引导、支持在地产业发展和文化发展，与村书记形成"双轮驱动"，丰富农民精神文化生活，培育乡村发展新动能。[①] 根据《关于开展文化产业赋能乡村振兴试点的通知》（办产业发〔2023〕8号），栾川县、光山县、修武县成功入选全国首批文化产业赋能乡村振兴试点地区。

## （四）社会组织参与乡村振兴的在地化探索

河南省在推动社会组织参与乡村振兴过程中，坚持将社会组织专业特长、资源和帮扶地区村情、民情紧密结合起来的原则，注重"因村"制宜、"因社"施策，形成了一些社会组织参与乡村振兴的在地化实践。河南省新县积极推动农村社会工作和乡村振兴战略相互促进、融合，以"五社联动"助力乡村振兴。新县困难群众占比较高，以农村养老问题为主的"三留守"问题较为严峻，新县以"五社联动"为工作抓手为农村老人提供养老服务，增进农村老人福祉，带动留守妇女就业，形成居家养老"戴畈模式"。"戴畈模式"是指在乡村采取"党建+养老"模式，成立村老年协会；就近吸纳本村留守妇女为孝心护理员，建立助老队伍；与专业社工服务组织建立合作关系，引入专业社会工作人才，对孝心护理员和志愿者进行培训指导，提高

---

① 《河南省文化产业赋能乡村振兴大会举办，叫响文产赋能"河南模式"》，"大河网"百家号，2023年3月8日，https://baijiahao.baidu.com/s?id=17597292932606826681&wfr=spider&for=pc。

助老队伍的专业服务能力；资金来源为政府购买服务资金、集体经济分红资金、社会爱心企业和个人捐助；将服务对象区分为重点与一般服务对象，由孝心护理员和志愿者提供不同类别的免费服务；采用"互联网+养老"方式，通过居家养老服务系统和手机App向孝心护理员发送服务需求，并通过App记录服务数据，依照服务数据，老年协会定期结算孝心护理员报酬，提高留守妇女收入。[1]

漯河市依托当地"土特产"优势资源，探索创新"1+N"公益消费帮扶模式，打造消费帮扶模式"漯河样板"。漯河市培育创建农业产业化联合体，充分发挥1100个益农信息社和各行业协会、商会等组织优势，持续扩大"土特产"直采规模。探索"商业运作+公益帮扶"模式，设计制作漯河消费帮扶标识，依托慈善总会开设"漯河市同心筑梦"消费帮扶基金，接收使用消费帮扶标识企业的捐赠，基金用于脱贫村产业发展、公益岗位、临时救助等巩固拓展脱贫攻坚成果，全面推进乡村振兴相关工作。《打造消费帮扶"漯河模式" 赋能乡村振兴"大文章"》入选2022年全国消费帮扶助力乡村振兴优秀典型案例。[2]

## 三 河南省社会组织参与乡村振兴面临的主要问题

从整体来看，由于受体制机制、社会组织自身发展水平等因素的影响，河南省社会组织参与乡村振兴的广度、深度、效度与其应当发挥的功用存在差距。

一是培育支持社会组织发展的制度和机制仍不健全。尽管河南省近年来出台了《河南省〈社会团体登记管理条例〉实施办法》《基金会管理条例》《民办非企业单位登记管理暂行条例》等政策法规，推动了社会组织健康有

---

[1] 《老吾老以及人之老——新县发展居家养老"戴畈模式"》，新县人民政府网站，2022年9月16日，http://hnxx.gov.cn/xxgk/jczwgk/ylfw/webinfo/2022/09/1664894935563695.htm#。
[2] 《漯河市：做活消费帮扶"土特产"文章 增添乡村振兴新动力》，河南省乡村振兴局网站，2023年8月30日，https://xczxj.henan.gov.cn/2023/08-30/2806445.html。

序发展，为社会组织的运行发展提供了合法性保障。但各项政策法规的落实力度不尽如人意，社会组织的长效培育机制也较为欠缺。[①] 此外，目前国内仍未出台专门的社会组织法，导致社会组织缺乏相应的法律保障。社会组织体制机制的不健全使其在参与乡村振兴过程中面临角色模糊、权利不明晰等问题。尽管《实施意见》指出参与乡村振兴是社会组织的重要责任，是促进社会组织高质量发展的重要途径，但这是从组织的社会责任角度来讲，并不能解决其在参与乡村振兴过程中面临的问题。

二是社会组织参与乡村振兴的能动性和积极性发挥不够充分。社会组织参与乡村振兴、推动乡村发展，意味着其不仅要融入行政体系，也要融入乡村社会体系。在这个"双融入"过程中，更为重要，同时更为困难的是如何扎根乡村，进而激发乡村内生发展动力。然而，由于社会组织的资金多依赖政府的财政支持和购买服务经费，其他筹资渠道较窄，自我"造血"能力较差，对政府较为依赖。[②] 这意味着社会组织缺乏一定的独立性、自主性，体现在乡村振兴过程中，社会组织参与的路径和方式容易受到政府对乡村振兴任务指标和效率的要求影响；另外，在"双融入"过程中，社会组织融入乡村社会体系不够，缺少"民间基础"。缺少"乡土气息"、缺乏独立性和自主性使社会组织在参与乡村振兴过程中，无法发挥自身灵活性、创新性等优势，不能够将自身特点与乡村发展实际相结合，发挥特有专长，因地制宜地提出具有新颖性、实践性的方案。此外，部分社会组织由于不能够清晰地认识到乡村振兴与脱贫攻坚在内容、实现方式和目标方面存在的差异，城市和乡村在环境、服务对象等方面存在的不同，在参与乡村振兴过程中，存在路径依赖的倾向，提供的服务和农村需求不匹配、契合度低，服务不够精准化，参与"悬浮"的问题。[③]

---

① 李三辉：《河南省基层治理中的社会力量参与问题研究》，载王承哲、陈东辉主编《河南社会发展报告（2023）》，社会科学文献出版社，2022。
② 这里仅是论述社会组织对政府依赖的其中一个因素，其他因素还有合法性、政策资源获得等。
③ 邢宇宙：《脱贫攻坚与乡村振兴有效衔接背景下社会组织参与乡村发展的分析报告》，载黄晓勇等主编《社会组织蓝皮书：中国社会组织报告（2022）》，社会科学文献出版社，2022。

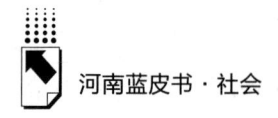

三是推动社会组织发展的专业人才队伍保障不足。乡村振兴，关键在人。目前，社会组织参与乡村振兴面临严重的人才制约问题。一方面，社会组织的人才队伍结构中高素质、高技能人才较少，人才队伍专业能力不强，使其不能够较好地承担专业性较强的工作，社会组织的专业服务能力较弱；另一方面，受制于薪酬、岗位发展前景等因素，社会组织对专业人才的吸引力有限，无法留住人才。

## 四 河南省社会组织参与乡村振兴的提升路径

要提高社会组织参与乡村振兴的深度、广度、效度，需要政府、社会组织协同合作，将自上而下的社会动员和自下而上的社会参与相结合，真正以农民、农业、农村为主体推动乡村全面振兴。

### （一）强化政府主导作用

乡村振兴战略是高质量发展的"压舱石"，全面推进乡村振兴，要强化政府主导作用，发挥好政府引导、统筹协调、激励和监督的功能，为社会组织参与乡村振兴创造良好环境。发挥好政府的引导功能，即政府要动员社会组织积极投身乡村振兴伟大事业，引导社会组织发挥其专业优势深耕乡村、扎根乡村、融入乡村，解决好农民的急难愁盼问题。发挥好政府统筹协调的功能，指要搭建平台促进资源供给方和需求方的有效对接。具体而言，一是各级民政部门、乡村振兴部门要做好资源、需求的对接，加强部门协作，避免部门间出现信息壁垒；二是要搭建社会组织参与乡村振兴的平台，探索项目对接会、定期会议等方式，搭建平台推动供需的精准对接。此外，政府也要用好乡镇（街道）社工站这一平台，乡镇（街道）社工站作为社会组织与政府、乡村、村民之间沟通的桥梁，有助于社会组织与政府、乡村、村民形成稳定的联系，通过这一平台汇聚专业人才、链接和整合资源，促进乡村的全面发展。发挥好政府的激励和监督功能，首先，要对参与乡村振兴的社会组织给予一定的政策支持。在社会组织的登记管理上，对于参与乡村振兴的社会组织放宽登记条件，但在实践中要通过购买服务、举办培训等多种方式促进社会组织的规范发展。其次，要加强对社会组织的监督。政府既要制定相关政策和法律法规，对社会组织进行监督，同时要加强对社会组织日常运行的监督。强化社会监督，尤其是在社会组织参与乡村振兴过程中，要听取村民的意见，实时督促社会组织调整帮扶措施，最大化帮扶效果。最后，要根据社会组织助力乡村振兴的效果实施一定的奖励，激励社会组织以更加积极的态度，实施有效的举措助力乡村振兴。

### （二）提高社会组织参与乡村振兴的能力

提升社会组织参与乡村振兴的效果关键在于促进社会组织规范有序发展、提高社会组织的公共服务能力。因此，需要从资金、人力、组织创新等方面加强社会组织建设，提升社会组织参与乡村振兴的能力，从而为乡村提供优质高效的服务。

第一，要增强社会组织的筹资能力。资金是社会组织开展服务、促进发展的前提，但目前社会组织较为依赖政府资金，需要拓展资金来源渠道，获取更多资源，增强自身"造血"能力，增强自身发展的独立性、自主性。首先，要积极争取政府的资金资助，通过提升专业能力、提供高质量的服务，获得政府的资金支持。其次，要探索付费提供服务模式。社会组织要对服务项目进行优化，坚持免费服务和付费服务相结合，按照以免费服务为主、付费服务为辅的原则，合理设计免费服务项目和付费服务项目。付费服务项目综合考虑市场定价、农民购买服务意愿等因素，以较低的价格为村民提供专业服务。通过富有吸引力、专业、规范、符合村民需求的服务增强村民的购买意愿。最后，社会组织要注意宣传，加大宣传力度，提高组织知名度，积极争取企业资助、基金会的支持或个人捐助，同时应将资产用支透明化，让捐赠人看到资金去向，增加社会公信力。

第二，要提高社会组织人才队伍的能力。人才是社会组织高质量发展、走得更远的关键，因此要积极吸引高素质人才加入社会组织，优化现有组织的人才队伍结构。既要吸引毕业的大学生加入社会组织，也要积极动员乡村劳动力、返乡创业农民工等加入组织，为人才提供良好的工作前景、较好的工资等。同时要注重人才发展的可持续性，社会组织要为员工提供多元化的培训，提升组织成员的文化水平，管理、业务能力。通过建立合理、灵活的绩效管理机制，激发组织成员的积极性，打造民主、学习型服务团队。

第三，要提高社会组织的创新能力。社会组织参与乡村振兴需要"因村"制宜、"因社"施策，只有这样才能够切实促进乡村发展，而这都需要社会组织增强创新能力。面对发展情况各异，村情、民情各有特点，资源禀赋各异的乡村，社会组织要以自身专业能力为基、以创新为本，采用具体、灵活的举措助力乡村发展。

### （三）积极培育农村社会组织

乡村振兴的关键在于激发、增强村民和乡村的内生发展动力，让村民成为乡村振兴的真正主体，让乡村获得发展动力。农村社会组织作为在地化、熟悉村情、民情的组织，是实现乡村长久发展必不可少的主体。农村社会组织在激发村民内在动力、调动村民发展的主观能动性、增强乡村社会活力方面具有重要意义，因此应当重视农村社会组织的培育和发展。一是积极建设农村社会组织。参与乡村振兴的外部型社会组织要帮扶村庄自有社会组织，使"草根"组织正式化、规范化、高质量、可持续发展。同时要积极孵化更多服务乡村振兴的社会组织，鼓励返乡创业的农民工、新型职业农民、退伍军人等依法创建农村社会组织。发挥乡镇（街道）社工站的作用，积极推动乡镇（街道）社工站在社会组织申报登记、项目申报、组织活动开展等方面为农村社会组织工作人员提供具体指导，推动农村社会组织快速发展。此外，要积极鼓励农村各类社会组织参与村里事务的处理，提高农村社会组织的影响力。二是加大对农村社会组织发展的支持力度。当下，河南省的农村社会组织普遍面临缺少经费、专业能力不足的问题。为更好地推动农村社会组织的发展，要在乡村积极探索政府购买服务，让农村社会组织成为村内公共服务的重要提供者，通过购买服务提高农村社会组织的发展能力。另外，要注重对农村社会组织专业能力的培养，以讲座、培训班等形式增强农村社会组织工作人员的能力，培育扎根本地，发展规范化、专业化的社会组织。

## （四）技术赋能创新社会组织参与乡村振兴的方式

当前，互联网等信息技术的发展，拓宽和提高了社会组织参与乡村振兴的空间和想象力。移动网络和社交媒体的应用，改变了公益筹款方式，互联网筹款成为公众筹款的主流渠道之一，依据社交网络形成了动员便捷、沟通便利、响应快速的社会动员模式等，这些都为社会组织参与乡村振兴带来了多元化选择。[①] 因此，社会组织在参与乡村振兴过程中，要将信息技术作为重要的媒介，使之能够在创新社会组织参与乡村振兴的方式、整合资源等方面发挥积极作用。社会组织可以立足自身专业基础，打造一系列不同专题的公益直播课，农民通过观看直播课提升自身能力、改变思想观念、充实精神世界。社会组织也要通过互联网来拓展资源渠道，公益助农，积极整合资源用于乡村建设。

---

[①] 邢宇宙：《脱贫地区社会组织参与乡村振兴的路径与机制》，《西华师范大学学报》（哲学社会科学版）2023年第6期。

# 治理篇

## B.7
## 2023年河南省城乡社区治理现代化建设研究*

潘艳艳**

**摘　要：** 在全面推进中国式现代化建设的新时期，加强城乡社区治理现代化建设对于凝聚社会治理合力、推动市域社会治理现代化、实现城乡一体化发展有重要的意义。近年来，河南省在加强和创新城乡社区治理方面取得了显著成效，但在基层党建、社区自治、社会组织发展、数字化建设、人才队伍建设方面也面临不少新问题、新挑战。深入推进城乡社区治理现代化建设，应坚持以人民为中心，以基层体制机制改革创新为突破口，构建完善的党组织、政府、社区、社会组织、居民群众多元主体协同共治的治理结构，不断提升城乡社区治理的科学化、数字化、现代化水平，将城乡社区打造成

---

* 本文系河南省哲学社会科学规划项目"大数据时代社区智慧治理模式研究"（2021CSH030）的阶段性成果。
** 潘艳艳，河南省社会科学院人口与社会发展研究所助理研究员，研究方向为社区建设、社会治理。

为环境优良、健康文明、安定和谐、充满生机的幸福美好家园。

**关键词：** 城乡社区　治理现代化　河南

城乡社区治理是国家治理体系的"末端"，也是社会治理的"基本盘"，城乡社区治理水平关乎人民群众的安居乐业、社会大局的和谐稳定以及国家的长治久安。党的十八大以来，以习近平同志为核心的党中央对社会治理提出了一系列新概念、新思想、新要求，将城乡社区治理放在了国家治理体系更为重要的战略位置，加强和创新城乡社区治理，不断提高城乡社区治理现代化水平始终是党和国家关注的重要命题。在全面推进中国式现代化建设的新语境下，探讨城乡社区治理现代化建设的时代价值、实践做法、现实问题、推进路径等，对于深化社会治理体制机制改革、构建完善的城乡社区治理体系、推进基层治理体系和治理能力现代化进程有重要的理论和现实意义。

## 一　加强城乡社区治理现代化建设的时代价值

### （一）加强城乡社区治理现代化建设有助于凝聚社会治理合力

现代社会是一个多元、开放、复杂、充满不确定性的社会，现代国家面临着如何更好地满足人民日益增长的美好生活需要等问题，而能力有限、难以应对各种复杂情况是政府面临的重大挑战。在这样的背景下，必须把政府和社会各方力量凝聚起来，形成合力。为此，一方面，要有效整合政府、市场和社会等各方力量和资源；另一方面，要更加尊重基层社会主体的地位和作用，把基层群众自治组织、市场等多元主体都吸纳到政府主导下的合作共治体系中。城乡社区作为最小的"细胞"，既是社会成员开展自治活动的主要平台，也是整合各方力量和资源实现共治共享的基本单元。城乡社区在这

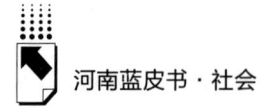

一背景下充分发挥了基础性功能——把拥有不同利益诉求、不同生活方式、不同价值观念的各方力量凝聚起来并加以整合，从而形成推动社会治理的最大合力。

### （二）加强城乡社区治理现代化建设有助于推动市域社会治理现代化

党的二十大报告明确提出加快推进市域社会治理现代化，提高市域社会治理能力。加快推进市域社会治理现代化是我国城市发展的客观需要，也是建设中国特色社会主义现代化强国的必然要求。当前，我国已进入城镇化快速发展阶段，城市数量不断增多、规模不断扩大，人口和经济活动高度集聚，各种利益关系复杂，各类矛盾多发频发，社会结构转型加速，这些都对城市社会治理提出了新挑战。城市社区和农村社区是社会主体组成部分，是市域社会治理现代化建设的重要载体，推进市域社会治理现代化最终还是要落到城乡社区上来。通过加强城乡社区治理现代化建设，推动公共服务和社会管理重心下移，不断健全党委领导、政府负责、社会协同、公众参与、法治保障、科技支撑的社区治理体系，持续完善基层民主自治制度、城乡社区协商制度等，有利于巩固夯实市域社会治理的根基，增强城市发展的内生动力，以城乡社区的和谐有序健康发展助推市域社会治理现代化的实现。

### （三）加强城乡社区治理现代化建设有助于实现城乡一体化发展

随着新型城镇化和农业现代化的不断推进，城乡之间已经实现了空间上的联系，但农村地区在经济发展水平、基本公共服务和综合治理方面与城市还存在明显差异。社区是城乡发展的基础，也是城乡交往互通的重要桥梁，城乡社区治理现代化建设是促进城乡协调发展的重要保证。一方面，通过城乡社区治理现代化建设可以加强城市与农村之间的交流和合作，促进知识、技术、服务等资源的整合共享，促进农村社区教育、文化、科技等方面的蓬勃发展，不断缩小城乡差距，助力乡村振兴。另一方面，加强城乡社区治理现代化建设，可以促进基本公共服务在城乡均等化供给，改善农村地区交通、环境、卫生、文化等方面的整体环境，提高农村地区的发展活力和吸引力，形成城乡协调发展的强大动力，进而推动区域经济和社会的全面进步。

## 二 推进城乡社区治理现代化建设的河南实践

近年来，河南省委、省政府坚持以新发展理念统领工作全局，按照推进国家治理体系和治理能力现代化的部署要求，把社会治理创新和社区建设纳入经济社会发展总体规划，围绕创新基层治理体系这条主线，扎实推进城乡社区治理现代化建设，走出了一条具有河南特色的城乡社区和谐发展的新路径。

### （一）坚持政府管理与居民自治相结合，促进行政管理与社区自治有效衔接

一是强化基层党组织建设。党的十八大以来，河南省坚持以基层党建统领城乡社区治理，主动适应基层社会群体结构的新变化，持续创新基层党组织设置方式，及时在新经济组织、新社会组织、新就业群体中建立党组织，实现党组织有形覆盖和有效覆盖，构建形成"纵向到底、横向到边、上下贯通、条块结合"的组织体系和工作网络。二是完善城乡社区治理的顶层设计。河南省以城乡社区治理为加强社会治理创新的着力点，将其纳入全省社会治理的大局，与经济社会同步谋划、同步部署、同步推进，先后出台了《关于加强新形势下城市社区建设的意见》《河南省社区治理创新专项行动方案》《关于加强和完善城乡社区治理的实施意见》等十余个重要文件，为新形势下开创河南省城乡社区治理新局面提供了政策遵循。三是加强城乡社区治理的制度建设。河南省持续推进基层群众性自治组织的规范化建设，完善民主选举制度、居务公开制度、民主决策制度、居民监督制度、民主协商制度等，并通过深化政府放权赋能改革，进一步向社区下放部分事权，进一步鼓励支持社区进行自治管理模式的创新探索，加强政府对社区居民自治运行过程的监督、指导、服务，促进政府行政管理功能与社区自治功能的有效衔接。

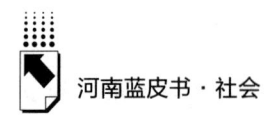

## （二）坚持政府引导与社会共建相结合，实现多元主体协同共治

一是完善社区组织领导架构。早在 2015 年，河南省就建立了省社区建设工作联席会议制度，26 个省直部门作为成员单位加强分工协作，形成了社区治理工作合力。各地市参照省里做法成立社区建设领导小组，区、街道、社区成立相应组织机构，完善了定期沟通、定期分析研究工作等相关制度，建立了以社区基层党组织为领导核心、以社区居民代表会议为民主决策机构、以社区议事协商会议为议事机构、以社区居民委员会为执行机构的社区治理新体制。二是培育和发展社区社会组织。河南省坚持"培育发展和监督管理并重"的管理方针，深入推进社会组织管理体制改革，将社区社会组织作为培育发展的重点，引导、支持社区社会组织健康有序发展。据不完全统计，河南省注册登记的社会组织数量超过 4 万家。在河南民政厅的引导下，各类社会组织发挥自身优势，在脱贫攻坚、社区建设、环境保护、疫情防控、救灾减灾等领域发挥了重要的作用。三是整合社会资源推动社区共建。各地以社区网格化数据共享平台为载体，搭建政府、社区居委会、社会组织、辖区单位等多方主体协作平台，形成党员、社区工作者、专家学者、社区居民、志愿者等参与的社会支持网络，整合科技、文化、体育、卫生、环保、司法等部门资源，积极开展"六进""八进"社区活动，实现"优势互补、资源共享、联合联创、共同发展"。

## （三）坚持基础设施与活动载体建设相结合，实现社区全面可持续发展

一是开展社区服务设施标准化建设。自 2018 年起，河南省持续开展规范化社区创建活动，城市社区参照"一有七中心"标准创建，每个社区都要有坚强的党组织、民主的自治组织（居委会）、广泛的社会组织；配备完善的社区便民服务中心、社区综治服务中心、社区文体活动中心、社区卫生服务中心、社区老年人日间照料中心、社区儿童服务中心、社区志愿服务中心。在具备条件的农村社区也同步推进标准化建设。2018 年以来，全省累

计建成规范化社区4500个、社区服务中心2047个、社区服务站4.6万个，城市社区综合服务设施实现全覆盖，农村社区综合服务设施覆盖率达90.1%。① 二是加强社区居民活动载体建设。各地在完善社区公共服务设施基础上，创新发展社区活动综合体，深入开展"星级"社区创建活动，打造社区居民参与社区建设、治理与服务的载体平台，形成了以洛阳市邻里中心、信阳市"红色家园"为代表的社区综合体，评选了郑州市金水区花园路街道通信花园社区、许昌市建安区新元街道镜湖社区等10个全省首批"五星"社区。三是加强社区信息化基础设施建设。河南省以智慧城市建设、城市更新行动、老旧小区改造工程为契机，推动城乡基础设施和公共服务设施提档升级，促进5G、千兆光网、新型城域物联专网等在城乡社区的深度覆盖，为社区治理的数字化转型奠定基础。

### （四）坚持社区治理与社区服务相结合，推动社区治理服务水平同步提升

一是推动社区治理与服务精细化。河南省自2014年起在城乡社区全面实施网格化管理，各地将辖区"分片包块"、划分网格，明确职责，运用大数据、云储存、移动通信等技术建立网格化管理信息平台，对每个网格实行动态监测、自动识别和提前预警，推动社区管理与服务全面覆盖、无缝对接。近年来，各地在深化基层社会治理改革中，不断创新网格化管理实践，优化网格设置、细化网格职责、整合网格资源，实现了网格管理精细化、网格服务精准化、社区运行信息化、基层秩序规范化。二是推动社区管理与服务市场化。为了推动政府职能转变，构建服务型政府，河南省充分发挥市场作用，大力支持政府通过公开招标、项目委托等形式向社会力量购买服务。近年来，随着政府购买社会服务机制日益健全，河南省购买服务规模不断扩大，购买主体由省级、市级政府向街道、社区拓展，购买项目更加全面丰富，政府购买服务成为提高政府治理效能、创新公共服务供给方式、激发社

---

① 王艳：《"四抓四促"让农村社区治理焕发勃勃生机》，《中国社会报》2023年3月23日。

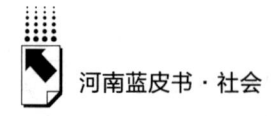

会组织发展活力的重要手段。三是推动社区管理与服务数字化。河南省利用信息化手段为社区管理与服务工作赋能增效，深入推进数字政府建设，完善社区网格化管理。各地政府指导基层整合服务资源，建设社区治理综合信息平台，推动社区信息平台与市、区、街道政务服务平台互联互通、数据共享，打造"一站式"管理服务新模式，将政府各职能部门的管理与服务延伸到每个社区、每个居民。

**（五）坚持专业社区工作者与志愿者队伍建设相结合，为社区建设治理提供坚实保障**

一是加强居（村）委会干部队伍建设。近年来，河南省高度重视培养城乡社区发展的"带头人""领头雁"，不断强化城乡社区居（村）委会队伍建设，大力推进居（村）委会干部队伍的多元化。各地市从市直部门、县区各部门机关干部中，选派政治素质硬、工作能力强的后备干部到社区（村）挂职锻炼，同时，以地辖市为主体面向社会公开招聘具备大专以上文化程度的社区工作人才，经过集中培训，一批优秀大学毕业生走上社区岗位，社区干部队伍在年龄、知识、能力等方面的结构得到较大程度的优化。二是加强专职社区工作者服务队伍建设。河南省各地以党群服务中心、社会工作站等社区服务阵地为依托，建立健全选任聘用、教育培训、日常管理、激励保障等工作机制，着力打造一支政治过硬、结构合理、素质优良、群众满意的社区工作者队伍。三是加强社区志愿者队伍建设。在抓好专业社区工作者队伍建设的同时，河南省各地大力支持社区志愿者队伍建设，鼓励各地组织开展多种多样的群众自我服务活动和志愿服务活动，不断提高群众文明素质和城市文明程度。

## 三　河南城乡社区治理现代化建设面临的突出问题

近年来，河南省在加强和创新城乡社区治理方面取得了显著成效，为提高基层治理效能、稳定社会治理根基做出了重要贡献。但受经济发展水平、治理体制、认知结构、文化观念等诸多因素的影响，城乡社区治理现代化建设在实践中仍然面临很多问题与挑战。

## （一）基层党组织领导核心作用发挥有待加强

在国家治理体系和治理能力现代化语境下，党建引领城乡社区治理不仅是新时期社区治理和基层秩序构建的重要依托，也是巩固党的执政地位、完善党的执政方式的现实需要。当前，随着经济结构深刻变革和社会结构深度转型，基层党建开始面临一些新问题、新考验。一是基层党组织自身建设需要加强。部分地区城乡基层党组织建设起步较晚、发展较慢，党组织覆盖广度不足，"重业务、轻党建"，存在党建工作形式化等现象，需重视落实党建工作责任制，加大党员干部的教育、监督和管理力。二是基层党组织引领社区建设发展的能力需要加强。基层党组织在加强和创新社区治理以及开展服务群众工作时要注重系统性和整体规划，与其他主体单位联动、与居民紧密联系，开展的党建活动要考虑群众需求，充分发挥基层党组织在社区治理、社会建设中的领导核心地位和作用，夯实城乡社区治理的社会基础。三是基层党组织的领导方式要顺应时代发展。近年来，河南新型城镇化进程持续提速，各类新经济组织、新社会组织快速崛起，数字技术向基层治理领域不断渗透，人们的价值观念和需求日趋多元化，社区流动党员、离退休党员队伍规模不断扩大，这些形势和变化都对基层党建工作提出了更高层次的要求，新时期党建工作亟待创新突破。

## （二）政府管理与社区治理仍需改善

党建引领下的多元主体协同共治是城乡社区治理现代化建设的重要内容。随着时代的发展，城乡社区治理主体已经基本实现多元化，但基层政府与社区自治组织等其他主体之间仍需加快形成平等、协商、合作的良性互动关系。部分地区政府"放管服"改革不深入不彻底，政府管理与社区自治组织之间权责不明确、边界不清晰，同时，政府与驻区单位、社会组织等主

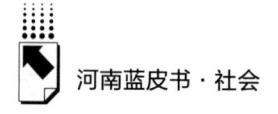

体之间平等沟通的对话机制、协同合作的共建机制不完善，政府之外的其他主体对城乡社区治理的参与度不够、作用发挥有限。

### （三）社会组织参与社会治理面临内外制约

尽管近几年河南社会组织快速发展并呈现百花齐放的态势，但社会组织参与社会治理仍然面临内外受制的境遇，社会组织在社会治理中能发挥的作用并未达到理想状态。一是培育扶持社会组织发展的制度不完善。虽然多地出台政策加大对社会组织发展的扶持和培育力度，但文件细化程度、可操作性有待提高，落实力度有待加大。二是社会组织自身能力建设不足。一方面，社会组织对自身公益性、民间性的角色定位有一定偏差，对政府依赖性较强，运行资金多来源于政府专项资金和购买服务，"造血"能力和独立发展能力偏弱。另一方面，社会组织管理不科学、不规范，部分社会组织内部机构不健全、内部监管不足、诚信建设缺失、资金流向透明度较低。同时，社会组织在业务能力方面与政府和社会期待有所差距，部分社会组织承接服务多是为了获取政府经费资助，而不管服务效果如何，导致社会组织的公信力和社会认可度受损。三是社会组织缺乏专业人才保障。社会组织从业人员待遇普遍较低、发展空间有限，人才稳定性较差。一些社会组织之间存在"互挖墙脚"争抢专业人才现象，影响了社会组织提供高质量、专业化服务。

### （四）城乡社区数字化治理水平偏低

近年来，随着大数据、云计算等数字技术被广泛应用于数字政府、智慧城市建设以及公共管理领域，基层治理也面临着数字化转型的重要契机。然而，尽管当前智慧社区、数字乡村建设如火如荼，但城乡社区治理的数字化水平仍在低位徘徊，主要体现在以下几方面。一是认识层面存在误区。各地各部门对社区数字化转型方向的认识模糊。有的认为社区数字化转型就是社区信息化建设，有的认为社区数字化转型就是智慧物业管理，有的认为社区数字化转型就是智慧社区建设。这导致社区数字化转型定位不清、方向不明。二是数字化技术应用不畅。目前，社区数字化转型所面临的最大难题是缺乏统一、完整、适用的标准和规范体系，这使得数字技术在不同地区、不同场景、不同行业间应用不畅。不同地区间因经济水平、资源禀赋等因素的差异，社区数字化转型进度不一，阻滞了社区治理整体数字化水平的提升。三是社区数字化资金投入不足。社区基础设施升级改造、基础数据采集、治理信息平台的运营维护都需要资金支持。但多地城乡社区的数字化建设仍由政府承担，社会资本及社区自筹资金欠缺，多数社区数字化资金投入面临较大缺口。

### （五）专业化、职业化的社区工作者队伍建设仍需加强

社区工作者身处城市基层改革、发展、稳定的第一线，直接面向社会、面向社区、面向群众，是推进社区各项事业和基层党建的中坚力量。近年来，城乡社区治理环境发生了巨大变化，矛盾纠纷的集中化、居民结构的复杂化、群众需求的层次化都对社区工作者的政策执行能力、组织策划能力、沟通写作能力、专业服务能力提出了更高要求。但目前来看，河南省社区工作者队伍在规模和质量方面都不能满足发展需要，社区工作者队伍的专业化、职业化建设亟待进一步加强。一是社区工作者总量供给不足。当前，河南省共有城乡社区工作者31.8万人，分布在全省4.7万个村、4822个城市社区。[①] 按照每300~500户配备一名专职社会工作者的标准，许多地区无法达标，特别是在经济落后的偏远地区或农村地区，社区工作者、网格员等基层服务力量缺口更大。二是社区工作者整体素质有待提升。在现有的社区工作者队伍中，拥有社会学、社会工作、公共管理等专业背景，并取得社会工作者职业资质的人才占比不高。大量专科以下文化程度的社区工作者素质参差不齐、知识更新滞后、业务能力不强，依靠培训提升素质的效果有限。三是社区工作者稳定性不足。近年来，社区工作者的年龄结构已经逐步由老龄化走向年轻化，但"事多钱少责重"的工

---

[①] 王艳：《"四抓四促"让农村社区治理焕发勃勃生机》，《中国社会报》2023年3月23日。

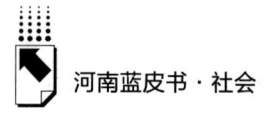

作性质会导致年轻的社区工作者工作负担过重、职业认同感较低，晋升通道较窄、职业天花板较低、精神激励不足也是加速年轻社区工作者流失的重要因素。

## 四 新时期深入推进城乡社区治理现代化建设的河南路径

当前，河南省处于全面推进社会主义现代化建设的关键时期，城乡社区作为党执政的支撑点、国家政策的落脚点、各种利益矛盾的集聚点，被时代赋予了更重要的治理重任。新时期深入推进城乡社区治理现代化建设，应坚持以人民为中心，以基层体制机制改革创新为突破口，构建完善的党组织、政府、社区、社会组织、居民群众多元主体协同共治的治理结构，不断提升城乡社区治理的科学化、数字化、现代化水平，将城乡社区打造成为环境优良、健康文明、安定和谐、充满生机的幸福美好家园。

### （一）强化党建引领，进一步发挥基层党组织的领导核心作用

加强和创新城乡社区治理是党在新时期领导社会建设事业的重要组成部分。加强基层党组织的领导，健全以社区党组织为核心的社区组织体系，强化党组织自身建设，充分发挥党员的先锋模范作用，是推进城乡社区治理现代化建设强有力的政治保障。一是始终坚持党组织在社区治理中的领导地位，紧紧围绕基层党组织这一领导核心，不断加强党组织建设。充分发挥党组织在政治引领、资源统筹、服务群众、文化导向等方面的优势作用，增强社区党组织的战斗力、感召力、凝聚力，以党建带动社区建设。二是创新党组织设置方式。要顺应形势发展，按照便于党员参加活动、便于党组织发挥作用的原则，积极调整党组织的设置，努力探索新的组织生长空间和新的组织架构，推动党组织向小区楼院、村民小组、"两新"组织等治理"微"单位延伸，最大限度地扩大党组织覆盖面。三是健全区域党组织联动机制。完善基层党建的运行体系，推进"区（县）—街道（乡镇）—社区

（村）"三级党组织联建联动，深化推广"社区大党委"工作机制，建立健全党建联席会议、党建共建会议，促进社区党建、单位党建、行业党建互动、互联、互通。四是加强党员干部能力建设。上级党组织要选拔推荐党性觉悟高、工作能力强的优秀党员干部担任社区党委领导班子。加强社区党员干部教育管理，持续强化党员干部的政治意识、身份意识、服务意识，增强责任感和使命感，让党员干部成为社区治理体制改革的"先驱者"，带领群众开展社区治理创新探索的"领头羊"，团结群众、服务群众的"贴心人"。

（二）推动政府职能转变，促进基层政府的"让位"和"归位"

近年来，随着市场和社会力量兴起，政府不再是主导社区建设的单一力量，但在提供基本保障、培育社会力量方面，政府依然扮演着市场和社会无法取代的角色。要加快建设服务型政府，推动政府在政策引导、服务供给、资金管理、监督管理方面发挥更重要的作用。一是推动基层减负增效走深走实。要深化"放管服"改革，厘清政府行政事务、政府委托事务与社区自治事务的权责边界，实现由政府主导向引导、疏导的转变，由行政命令向协调、沟通的转变，由政府指令向购买服务的转变。政府应重点为城乡社区发展提供政策支持、财政支持、工作支持，帮助社区加强组织建设、制度建设和能力建设，不断提高社区自治能力。二是加强城乡社区建设发展的规划引领。要将城乡社区建设纳入各地国民经济和社会发展规划、城乡总体规划、区域规划，统筹布局社区基础设施，明确社区建设发展目标，合理配置资源，促进社区全面、可持续发展。三是强化城乡社区建设的政策法规保障。加强城乡社区治理的制度体系建设，制定和完善推动城乡公共服务均等化，有利于发挥市场机制、共建机制、志愿机制作用的政策，为推动社区可持续发展提供有力的法律和政策保障。四是加大城乡社区建设的资金支撑。基层政府应加大对社区治理、社区建设的支持力度，统筹使用各级各部门投入城乡社区的各类资金，发挥财政基金的最大效益。同时，应拓宽社区治理资金的筹集渠道，通过招商引资、慈善捐助、设立社区基金会等方式，鼓励和支

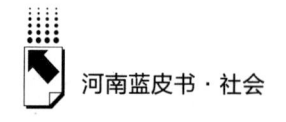

持企事业单位、社会团体和居民投资建设社区和参与社区文化、商业等配套服务，为社区发展提供可持续的资金来源。

### （三）培育发展社会组织，消除社会组织参与社会治理的内外障碍

社会事业开放的重要标志是主体多元化，而主体多元化的标志是社会组织的兴起。应大力扶持发展社区服务性、公益性、互助性社会组织，逐步构建政府服务机制同社会服务机制互联、政府服务功能同社会服务功能互补、政府力量同社会力量互动的公共服务供给网络。一是加强社会组织制度建设和政策支持。要通过立法明确社会组织的权益、义务和社会责任，通过制度规范社会组织的机构设置、组织章程、业务流程，为社会组织提供更加稳定和可靠的发展环境。此外，加大对社会组织的政策支持力度，从财政、税收、准入登记等方面为其提供政策及资金上的支持，鼓励其获得在社区内开展活动的持续资源，推动政府、社区、居民与社会组织的良性互动与良好合作。二是加强社会组织自身能力建设。强化社会组织党建工作，探索社会组织属地化、区域化管理新模式，将党建融入社会组织登记、管理、运营、评估全过程，以党建引领确保社会组织沿正确的方向发展；强化社会组织专业能力建设。政府可以组织开展培训班、研讨会等活动，为社会组织管理和服务人员提供专业的培训指导，帮助社会组织提升管理水平和服务能力。此外，也可以搭建合作交流平台，鼓励社会组织同行之间，社会组织与高校、专业机构之间建立良好关系，共同开展研究和服务项目，提升社会组织的专业性和创新性。社会组织也要利用自身优势在社区内广泛开展养老、托育、助残、救助、文体等实践活动，在推进社区自治、组织文体娱乐、开展志愿服务、化解社会矛盾方面发挥有效作用，努力打造自身特色品牌项目，提高社会组织的美誉度和社会影响力。

### （四）坚持技术赋能，推动社区治理数字化转型

步入数字化时代，数字技术更新迭代速度不断加快，技术应用的领域和场景全面拓展，数字技术赋能基层治理是创新基层治理、提升基层治理效

能、助推基层治理现代化建设的必由之路。要全面加强城乡社区的数字化建设，利用数字技术推动社区治理体制机制的变革和重塑，不断提升社区治理的科学化、精细化、智慧化水平。一是加强社区数字化基础设施建设。加大对现有基础设施优化整合和数字化改造的力度，推动5G网络、光纤宽带、城域物联专网等技术在辖区的深度覆盖，扩大智能物联感知设施与城市、社区基础设施的融合应用，不断夯实基础设施的数字基座。二是建立社区治理的基础数据库。依托城乡网格化管理，建立居民家庭、社会组织、驻区单位、社区活动，特别是老年群体、困难群体、特殊群体的电子档案，加强社区服务人群、服务机构、服务对象等信息的数字化管理，为社区治理数字化转型提供数据支撑。三是构建统一规范的社区治理综合信息平台。充分应用互联网、大数据、云计算等信息技术，搭建社区公共信息服务平台或打造微信小程序、智能社区App等移动终端，推动社区治理综合信息平台与上级综合服务平台互联互通，实现基层党建、政府管理、社区治理、社会资源"多网融合"。四是深化数据资源的开发利用。加强社区数据信息的深度挖掘和集成共享，积极拓展数字技术的应用场景，推进重点领域数据的创新应用，围绕惠民利民便民需求，积极发展智慧安防、智慧交通、智慧医疗、智慧养老等智能终端系统，精准对接居民的多元化服务需求，以更优质的公共服务增强人民群众的幸福感和获得感。

### （五）夯实人才基础，持续加强社区工作者队伍建设

社区工作者是城乡社区治理不可或缺的重要力量，他们在促进社区和谐稳定、提升居民生活质量等方面发挥着越来越重要的作用。新时期务必将社区工作者队伍建设作为完善城乡社区治理体系的重要内容，着力强队伍、提素质、重关怀，妥善解决当前社会工作队伍面临的责重权轻、待遇不高、稳定性差等问题。一是加强社区工作者队伍的组织管理。要根据社区需求，合理配置社区工作者的数量和专业。建立健全择优选拔机制，推行从社区居委会成员直接选拔德才兼备、能力突出的人才进入"两委"班子。拓宽社区工作者选聘渠道，坚持社会招聘和定向招聘相结合，加大对年轻社区工作者

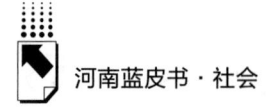

的选拔力度，持续充实社区治理的骨干力量。二是加强社区工作者的培训与专业化建设。要健全职业培训体系，为专职社区工作者制订年度培训计划，采取岗位培训、专业培训相结合的方式，助力提升社区工作者沟通合作、组织协调、矛盾调解、技术运用等综合能力，以适应复杂多变的社区工作环境。支持社区工作者参与继续教育，为社区工作者提供学历提升和继续学习进修的机会，鼓励社区工作者获取职业资格证书，并落实配套奖补措施，不断提升社区工作者的学识水平和综合素养。三是健全社区工作者待遇保障机制和激励机制。建立社区工作岗位与等级相结合的职业管理体系，根据工作量、贡献、职称等指标合理调整其薪酬结构，稳步提高待遇水平；建立先进典型评选机制，对做出突出贡献的优秀社区工作者加大表彰力度，增强社区工作者的职业荣誉感和归属感；落实社会保险、免费体检、意外伤害等关怀措施，推动基层减负常态化，为社区工作者队伍减负松绑；加大从社区工作者队伍中选聘公务员、事业单位管理人员的力度，积极推进优秀的社区工作者担任党代表、人大代表等，为社区工作者成长成才提供广阔的空间和舞台。

# B.8 河南推进党建引领基层社会治理的实践探索研究*

李三辉**

**摘　要：** 实现基层治理有效，离不开党的坚强领导。奋进现代化河南建设新征程，需要持续推动党建引领基层社会治理，以夯实经济社会高质量发展的运行基础。然而，新形势下的党建引领基层社会治理，面临思想认识不到位、有机融合不够、治理作用发挥不明显、工作机制尚待优化等问题，必须通过不断提升基层党组织的社会治理领导力、健全党组织领导的城乡基层社会治理体系、建构"一核多元"治理主体格局，不断提升基层基础工作水平，促进基层社会治理呈现新图景。

**关键词：** 党建引领　基层社会治理　河南

　　党的二十大报告提出，要坚持大抓基层的鲜明导向，抓党建促乡村振兴，加强城市社区党建工作，推进以党建引领基层治理[①]。中国共产党领导的百年社会治理实践表明，党建引领基层社会治理既是中国特色社会主义制度具有独特优势的力证，也是制度优势转化为治理能效的事实展现。当前，现代化河南建设正在加速迈步，基层党建和社会治理都面临着一系列新形

---

\* 本文系河南兴文化工程研究专项"创新乡村治理的河南实践研究"（2022XWH077）的阶段性研究成果。
\** 李三辉，河南省社会科学院人口与社会发展研究所助理研究员，研究方向为乡村治理。
① 《高举中国特色社会主义伟大旗帜　为全面建设社会主义现代化国家而团结奋斗——在中国共产党第二十次全国代表大会上的报告》，《人民日报》2022年10月26日。

势、新挑战，必须把加强基层党的建设、巩固党的执政基础作为贯穿社会治理和基层建设的一条红线，以党的建设保障和引领基层社会治理，不断夯实现代化建设的基层基础。

## 一 河南推进党建引领基层社会治理的应然逻辑

"基层治"关乎"天下安"。长期以来，如何切实有效加强基层社会治理、维持基层社会良性运转，是治国理政的重点难点问题。中国共产党作为我国的执政党，开展社会治理是其重要社会职能。习近平总书记曾深刻指出，党政军民学，东西南北中，党是领导一切的[①]。历史地看，中国共产党已领导中国人民开展了百余年的基层社会治理实践，取得了历史性成就，基层治理制度不断完善、基层治理体系不断健全、基层社会活力有序、人民群众安居乐业，进一步夯实了党的执政根基，彰显了制度优势和治理效能。透过历史经验和现实图景可以发现，"中国之治"的核心密码关键在党，坚持党的领导是中国特色社会主义最本质的特征，也是中国特色社会主义建设事业始终取得胜利的根本保证。因此，党的二十大报告明确强调，坚持中国共产党领导是中国式现代化的本质要求之一[②]，可以说，坚持和加强党的全面领导是新时代新征程必须坚持的重大原则，只有在党的坚强领导下才能推动基层社会治理实践不断发展完善、不断取得新成绩，保持正确的前进方向。

新时代新征程，河南锚定"两个确保"，全力推进社会主义现代化建设伟大事业，反映到社会领域就是建设高水平社会、创造高品质生活，而其助推主渠道无疑就是不断提升社会治理效能。基层社会治理最贴近民生，其成效对民众生活质量有直接影响，是河南经济社会高质量发展的运行支撑。而

---

[①] 《"党政军民学，东西南北中，党是领导一切的"——"十个明确"彰显马克思主义中国化新飞跃述评之一》，中共中央党校（国家行政学院）网站，2022年2月2日，https://www.ccps.gov.cn/zt/sgmqxlt/202202/t20220224_152946.shtml。

[②] 《高举中国特色社会主义伟大旗帜 为全面建设社会主义现代化国家而团结奋斗——在中国共产党第二十次全国代表大会上的报告》，《人民日报》2022年10月26日。

基层党组织又是党在城乡全部工作的基础,肩负着领导广大人民群众不断开创基层社会治理新实践的重要使命,必须把党的领导贯穿于基层社会治理全域,使基层社会治理始终沿着正确方向健康发展。[1] 新形势下,河南基层党建和基层社会治理都面临着更高和更重的时代要求与任务,也遭遇着新挑战,如何切实提升基层社会治理效能,是必须直面并回答的重大现实课题。应当看到,实现基层治理有效、社会运行有序,不仅关系社会治理现代化和社会建设质量,也关乎幸福美好家园建设和现代化河南建设全局。在全面建设现代化河南和推进基层治理现代化的背景下,推动实现有效的基层社会治理,社会治理制度体系、方式手段、模式方法等都需要依据社会发展形势的变化适时做出调整,加快构建与现代化河南建设进程相协调的社会治理机制。其中,最为重要的是必须把加强党的领导摆在首位,不断健全党组织领导下的基层治理体系,切实以党的建设发展带动基层社会治理实践深化拓展。

## 二 河南推进党建引领基层社会治理的实践探索

近年来,河南各地在推动社会治理重心向基层下移上做了不少工作,积极深化基层社会治理实践,形成了一些有益的治理样本,"一中心四平台"的治理模式、"党建+一中心+两基础+四治并进"的治理探索、"五星"支部创建引领基层社会治理的实践等就是其中的典型代表。

### (一)开封市"一中心四平台"的治理模式

2018年以来,开封市主动顺应社会结构的新变化和城市治理的新需求,把加强基层党的建设作为贯穿社会治理和基层建设的一条红线,在全市强力推进"一中心四平台"建设,逐步探索出了"互联网+基层治理"新模式,推动社会治理工作重心不断下移,促进了基层社会治理和服务群众水平的提

---

[1] 李三辉:《将党的建设贯穿乡村治理全过程》,《学习时报》2021年9月10日。

升。具体来看，开封市突出党建引领，将全市各个领域的基层党员作为一个整体来抓，构建了党建引领基层治理的"1+7"制度体系，为开展"一中心四平台"建设提供了重要的制度遵循。同时，持续加强"一中心四平台"建设，依托"智慧开封"大数据平台建强市、县（区）、乡镇（街道）三级综合指挥中心，以"四个平台"（社会治安、市场监管、综合执法、便民服务）为依托，统筹优化各类公共服务资源以服务人民群众生活。[①] 从运行效果看，开展"一中心四平台"建设有力地促进了全域网格无缝覆盖，强化了基层工作队伍建设；借助网格化、数字化优势提升了基层治理效能水平；推进了群众关切的"八需八难"民生问题的解决，增进了民众幸福感获得感，维护了社会和谐稳定。

### （二）洛阳市"党建+一中心+两基础+四治并进"的治理探索

2020年以来，为有效推动社会治理现代化试点工作的开展，洛阳市始终坚持把"社会治理现代化工作"融入全市经济社会发展大局，成立了高规格工作小组以强化组织领导，推动社会治理实践难题的破解，创造性形成了"党建+一中心+两基础+四治并进"的社会治理运行模式，[②] 在强化基层党建、激发社会活力、化解基层矛盾等方面取得了良好的治理效果。具体来看，此模式注重强化党组织建设以夯实基层基础，推行了"基层党建+"工作模式，发展形成了"社区党组织+网格党支部+楼栋党小组+党员中心户"的党组织覆盖体系，以高质量党建聚民心、引治理。将综治中心与社会治理指挥中心、矛盾调处化解中心、社会心理服务中心相融合，打造成推进社会治理的核心平台载体，并以城乡社区（村）网格为基础形成了全市"一张网"统管的社会治理体系，构建"综治中心+网格化"五级穿透服务管理模式。结合时代发展和本地实际，实施了"党建引领、四治并进、服务进村（社区）"行动，以"网格化+信息化"为基础，推进了自治、法治、德治、智治"四治"融合，有效提升了治理合力与效度。

---

① 《"一中心四平台"：创新基层现代社会治理的开封答卷》，河南省人民政府网站，2020年12月2日，https://www.henan.gov.cn/2020/12-02/1917129.html。
② 《创新社会治理 建设平安洛阳》，《河南日报》2021年5月31日。

## （三）新乡市以"五星"支部创建引领基层社会治理的实践

2022年4月，河南省委下发了《关于创建"五星"支部引领乡村治理的指导意见》，新乡市积极响应落实部署要求，扎实推进"五星"支部创建以提升基层社会治理，接续抓好基层治理现代化这项基础性工作。具体来看，新乡市围绕基层社会治理各个方面的任务，聚焦"产业兴旺、生态宜居、平安法治、文明幸福、支部过硬"5个方面，细化出121项任务清单，各地结合实际明确了创建目标、问题短板、改进措施等，确保实现"三星"支部全覆盖、"四星"支部连成片、"五星"支部不断涌现。[①] 同时，充分发挥"党建+大数据+全科网格"体系作用，探索实行了"逐村观摩、逐星推进""先进带动、支部联建""三级联动、乡村一体"的工作机制。[②] 从工作成效上看，"五星"支部创建活动推动了党建工作与治理工作的融合互促，推进了对软弱涣散党支部的整顿，增强了基层党组织的组织凝聚力和治理领导力，成为新形势下加强基层党建的重要抓手。同时，"五星"支部创建以大党建理念为支撑，完善了以党组织为核心的多层次基层治理体系，推动了各方社会力量与社会资源汇入基层治理实践，探索了党建引领基层治理、推动乡村振兴的有效路径。

综合来看，通过分析开封市"一中心四平台"的治理模式、洛阳市"党建+一中心+两基础+四治并进"的治理探索、新乡市"五星"支部创建引领基层社会治理的实践，可以对如何做好基层社会治理工作形成规律性认识，是对进一步推进党建引领基层社会治理的有益启示。一是要坚持和加强党的领导，强化党支部建设以筑牢基层社会治理的组织基础，增强基层党组织的号召力、凝聚力、战斗力，发挥基层党建对社会治理体系的统领和核心作用。二是推动"四治"融合不断深化，协调好"四治"间的关系，以自治为基础，着力

---

[①]《新乡市抓"五星"支部创建引领基层治理的实践与探索》，《河南日报》2022年11月9日。

[②]《新乡市62个村（社区）成功创建"五星"支部》，河南省人民政府网站，2023年2月24日，https://www.henan.gov.cn/2023/02-24/2695755.html。

提升村民的治理主体地位，扩大基层议事民主，完善村民自治运行机制；强化法律权威和法治精神，不断增强防范化解矛盾纠纷的能力，提升乡村法治化水平；注重以德治村，完善乡村民约、发扬乡贤文化，营造向上向善的乡村文化氛围；充分运用互联网等信息技术手段，开展"数字化+社会治理"，打通"信息孤岛"，提高公共服务效度，提升基层社会治理精细化与精准化水平。三是提升为民服务的水平和质量。以为民解困、让人民满意为工作目标，不断加强城乡基层服务设施建设，提升城乡公共服务水平，调动党员干部和群众志愿者为民服务的热情和活力，在提升服务水平中增强与提高群众的认同感和满意度。

## 三　党建引领基层社会治理面临的现实难题

从实践上看，尽管河南省内多地涌现了一些党建引领基层社会治理的样本，但必须清醒地看到，当前党建引领基层社会治理的工作依然存在不少挑战，在理念、体制、能力等方面都存在一定的制约，需要给予足够的重视并加以改进。

### （一）党建引领治理实践的思想认识不到位

从实践上看，有些地方对党的建设与基层社会治理间的内在关系，存在一定的认识误区。第一，对党建引领基层社会治理的认识浅显、重视不够。开展治国理政、做好社会治理是执政党的职能职责，也是维系政权和社会安定的核心要求，这就决定了党在基层社会治理中的领导地位和引领角色。然而，结合一些地方实践操作看，有些基层党组织对社会治理中的党建引领缺少正确的认识，存在一些思维误区。比如，没有深刻领悟"抓好党建就是最大政绩"的重大意义，没有从全局视野看清基层党建在治国理政中的战略定位；存在将党建看作"虚功"、非主业的现象，没有从政治上把握夯实执政基础、维护社会安定、保障服务人民的党建指向，[1] 不利于党建引领基层社会治

---

[1] 李三辉、曹梦：《现代化治理格局下健全乡村治理体系的逻辑与推进思路——基于河南省的实践审视》，《乡村科技》2022年第14期。

理的作用发挥。第二，对树立现代化治理理念的意识不强。有些基层党组织的现代治理理念革新存在"堕距"，仍习惯性地用管控的思维方式看待社会治理，这不仅压制社会自治、削弱公众参与的热情，而且使治理成本增加、政策效能不佳，难以适应新时代基层治理现代化的发展形势。

## （二）基层党建和社会治理有机融合不够

从一些地方的治理实践看，党建工作虽然被放到了突出位置，党组织的规范建设日渐加强，但在一定程度上依然存在党建和治理"两张皮"的现象，党组织在社会运行中的统筹作用没有真正发挥，"悬浮化"状态的党建很难真正融入基层社会治理全域，加剧了基层党建工作的形式主义风险，[1] 而与社会治理实践脱节的基层党建最终只能获得形式上的效果，根本谈不上党建引领基层社会治理的效果。第一，基层党建在社会治理中存在"虚化"问题。调研发现，不少地方基层党组织对自身定位尤其是在社会治理中的角色认识不清，认为社会管理主要靠政府力量，党建工作只是进行组织建设并不过多推动社会治理。这是典型的对党建工作的狭隘认识，不能适应新时代社会形势变化和治理环境要求，造成了社会治理中基层党组织的"虚化"和"弱化"，致使党组织政治引领社会治理的功用发挥大打折扣。第二，党建活动与社会治理需求接续不足。组织开展社会活动是党建推进社会治理、扩展社会治理效果的重要方式。然而，从各地党建活动的开展内容和实践操作看，党建活动内容围绕社会事务的聚焦度或深入社会治理内在的层次并不高，没有与当地社会治理需求做好衔接，更多着力于社会公益、志愿服务、文化宣传等方面，而对民生建设、矛盾消解、社会治安等方面的问题关注不够，协调各方治理主体参与社会治理的效度还有很大的提升空间，凝聚多元主体，打造共建共治共享的社会治理格局的党建引领作用还需进一步强化。

---

[1] 李三辉、曹梦：《现代化治理格局下健全乡村治理体系的逻辑与推进思路——基于河南省的实践审视》，《乡村科技》2022年第14期。

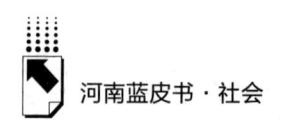

## （三）基层党组织建设薄弱制约社会治理作用发挥

总体来看，当前基层党组织的建设薄弱，表现为党组织领导核心地位弱化、党组织建设不规范和党员管理无规章、为民服务的意识和能力不强、党员带头作用发挥不突出等问题。第一，基层社会治理中存在体制机制不完善、人员配备不足、经费场所受限等"软肋"，新时代社区党组织所承担的管理责任和工作任务越来越多，但其权力职能并不配套。第二，基层社区承载的行政事务越来越繁杂，应以服务群众为主的社区党组织却很难同群众打成一片，出现了"先唯上、后唯民，多唯上、少唯民"的现象，甚至民众都不知道党组织书记是谁。第三，党组织和党员管理不规范问题突出。一些地方对在册党员、流动党员底数了解不清，对流动党员的管理和服务不到位，"挂空"党员现象普遍存在，基层党员队伍教育管理不规范。第四，党员作用发挥不明显。受限于松散的党组织建设和党员管理不规范，很难较好地凝聚党员力量，不利于培育意识正确、精神向上、能力突出的党员队伍。同时，以老党员、老干部为代表的"五老"队员在基层社会治理、矛盾纠纷调解、文化建设等方面的作用发挥还有提升空间，缺少对不同年龄党员作用发挥的整合力、组织力。

## （四）党建引领社会治理工作机制有待优化

现阶段，河南经济社会结构和治理基础已发生深刻变迁，以前的社会治理机制越来越难以应对开放性、多元化、信息化的社会形势，[1] 如何创新完善基层社会治理是现代化河南建设的重要议题。第一，要强化以党建为引领的基层社会治理机制，解决好基层党组织引领作用不足的问题。当前的党建工作机制还不够完善，尤其是对近年来不断壮大的"两新"组织的党建工作设计还很欠缺。党组织领导下的社会事务管理主要为政府包办，而基层政

---

[1] 李三辉：《乡村治理现代化：基本内涵、发展困境与推进路径》，《中州学刊》2021年第3期。

府权责不统一的问题也依然延续，公众和社会力量参与社会治理的渠道仍未畅通，党组织协调各方的作用发挥还需加强。第二，要明确党组织领导下的各治理主体的职责定位。有些地方各治理主体之间的边界定位、权责分工非常模糊、混乱，如基层党组织作用虚化、行政事务过载，这些都限制了各主体对主要职能的精力投入，而当前基层社会治理这一重要职能的行使就面临此境遇。

## 四 党建引领基层社会治理的优化路径

新形势下，无论是开展基层社会治理实操行动，还是标定治理实践方向，坚持党的领导都是最关键环节，而将党的领导贯穿基层治理全过程，也是实现基层社会稳定有序的根本保障。具体来说，在推进新时代党建引领基层社会治理的实践中，需要着重做好以下几个方面的基础性工作。

### （一）不断提升基层党组织的社会治理领导力

推进新时代基层社会治理实践，需要不断加强基层党组织建设，并保持其核心领导地位。第一，要切实增强基层党组织的政治领导力。基层党组织连接党和群众，肩负社会治理的重大使命，必须从人民宗旨、巩固党的执政基础的高度来理解党建引领基层社会治理。要突出党组织的政治功能，从政治大局考量基层社会治理实践，用政治慧眼来把握民意诉求、社会形势发展、治理问题变化，找准社会治理多元主体的利益"最大公约数"。第二，要不断强化基层党组织的组织领导力。强大的组织领导力是中国共产党的一个鲜明特征，也是党不断发展壮大、永葆活力和战斗力的基础能力。正是得益于强大的组织领导力，党能够最大范围地组织和动员群众投身中国特色社会主义伟大事业，将组织优势成功转化为力量优势，组织和带领中国人民取得伟大成就。推进新时代基层社会治理实践，需要继续以提升组织领导力为重点，发挥党组织凝聚各方力量共促治理的效能。第三，要不断强化基层党组织的行动引领力。基层党组织要持续加强党的理论知识学习、夯实党建理

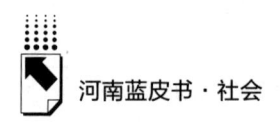

论功底，用自身行动来贯彻落实党的路线方针政策，确保广大群众正确把握政治方向。要始终践行以人民为中心的发展理念，不断强化宗旨意识，教育引导广大干部切实为基层群众谋幸福、纾民困，不断强化与提高基层党组织的政治担当和行动引领力。

## （二）健全党组织领导的城乡基层社会治理体系

推进社会治理创新的一个很重要的层面和渠道就是，不断推动社会治理方式方法的革新和改善。开展社会治理活动必须依赖恰当的治理体系，运用治理技术、治理方式来达到社会治理效果。推进新形势下的基层社会治理工作，要从优化治理机制上着力，切实扩大与拓展各类社会治理力量参与社会事务管理的覆盖面和纵深度，构建"四治"融合不断深化的基层社会治理体系。第一，从基层社会治理的基础主体看，基层自治是核心。只有基层居民内生动力强劲、能力充足、精气凝聚，治理实践才会推进迅速且高效恒久，最终实现自我治理和自主治理的本质追求。第二，从基层社会治理的秩序运行看，法治化建设无疑是最强有力的规约保障。基层社会治理当依法而治，它能够将治理过程中的事务运转、机制运行"轨道化"，能从根本上营造稳定、有序、平顺的发展环境。第三，从基层社会治理的价值自觉看，德治是内在支撑。推进基层社会治理，要将德治思想融入自治制度设计和法治建设进程，不断强化社会秩序的内在文化认同和德治导引，扎实提高治理成效，增强善治的思想文化支撑。第四，从基层社会治理的效率追求看，数治是方向。随着数字社会的建设与发展，要大力推进城乡基层信息化建设和大数据管理，不断增强基层社会治理的数字赋能，提升治理的精细化与高效化。

## （三）建构"一核多元"治理主体格局

推进新时代基层治理现代化，要坚持多元主体共同治理，不断打造中国共产党领导与若干主体参与治理的"一核多元"治理主体格局。第一，要把基层党组织的领导核心地位明晰化。要明确各治理主体的权责边界，基层党组织自觉承担推进新时代基层社会治理的政治责任,切实为基层社会治理实践发展把准方向、锚定目标,持续将党的政治优势转换为治理能力和治理效能。第二,要明确有限政府的职能权限,推进政府管理与社区自治有效对接。从基层社会治理的主体参与看,政府的政策引导与资金投入是重要推动力,但有限政府的权力边界要清晰。基层政府当以强化和促进公共服务为抓手,带动基层政府职能转变,扭转长期以来形成的自上而下管理理念,不再将政府与治理对象看成主体与客体,而是不断激发治理对象的能动性,将其作为平等并行的治理主体,推进政府管理与群众自治良性互动。同时,要积极培育基层社会的各类合作社、协会以及其他社会组织,厘清政府、社会、市场的关系以集聚社会共治力量,增强基层社会治理能力。[①] 第三,要提升居民自治能力。作为社区治理最重要的主体,居民参与和群众自治必须充分体现并发挥作用,深化自治实践以打造多层次基层协商格局,通过激发内生动力来拓展居民自治实践,不断提升居民主体地位和治理能力。

---

[①] 李三辉、曹梦:《现代化治理格局下健全乡村治理体系的逻辑与推进思路——基于河南省的实践审视》,《乡村科技》2022 年第 14 期。

# B.9
# 2023年河南省新就业形态劳动者权益保障研究

韩晓明　陈向英　张晓欣*

**摘　要：** 数字信息技术的飞速发展对我国就业市场产生了深远影响，在互联网技术和平台经济的加持下，公共就业呈现新形态、新模式、新特点。新就业形态已成为吸纳就业的重要"蓄水池"，新就业形态劳动者已成为就业群体中的重要组成部分。与此同时，新就业形态对我国现有的劳动法规体系、公共就业服务体系、就业监管体系及社会发展提出了严峻挑战。因此，河南省需要进一步健全法律法规保障体系、加大对新就业形态的监管力度、优化权益保障公共服务、促进新就业形态健康有序发展，使新就业形态劳动者的权益得到充分保障。

**关键词：** 新就业形态　劳动者权益保障　河南

党的二十大提出，要完善促进创业带动就业的保障制度，支持和规范发展新就业形态。健全劳动法律法规，完善劳动关系协商协调机制，完善劳动者权益保障制度，加强灵活就业和新就业形态劳动者权益保障。新就业形态是互联网数字技术与大众消费升级催生的，具有去雇主化、多雇主化、平台化、工作时间碎片化、劳动关系隐蔽化等特点的新型就业模式，主要包括互

---

\* 韩晓明，河南省社会科学院人口与社会发展研究所助理研究员，研究方向为人力资源和社会保障；陈向英，河南省社会科学院人口与社会发展研究所经济师，研究方向为经济学；张晓欣，河南省社会科学院人口与社会发展研究所副研究员、副教授，研究方向为人力资源和社会保障。

联网经济、众包经济、自由职业者、共享经济等。新就业形态的代表性职业有即时配送员、网约车司机、物流货运司机、网络营销及直播等。随着以平台经济为代表的新业态蓬勃兴起，新就业形态劳动者数量急速增长并快速集聚，加上常规性的就业矛盾凸显，新就业形态劳动者权益保障问题也引起社会各界的关注。因此，加强对新就业形态劳动者权益的保障，对社会整体和谐稳定与经济健康平稳发展有着重要意义。

## 一　河南省新就业形态发展现状及特点

第九次全国职工队伍状况调查结果显示，目前全国职工总数4.02亿人左右，其中网约车司机、物流货运司机、快递员、即时配送员等在内的新就业形态劳动者有8400万人，已成为职工队伍的重要组成部分。近年来，河南省新就业形态劳动者数量快速增长，新就业形态已经成为全省保就业、解决结构性就业矛盾的重要途径，发挥就业"蓄水池"和"稳定器"的作用，蕴含着巨大的发展动力和潜能。随着河南省新就业形态劳动者规模的不断扩大，该群体呈现一些显著特点。

### （一）用工规模庞大，劳动群体年轻化

一是平台企业量质齐增。据不完全统计，截至2022年底，全省平台企业已超2000家。其中快递物流企业占比最大，约60%；客货运输和商贸服务企业占比约25%；即时配送服务企业（绝大部分为外卖送餐平台企业）占比约15%。一批具有较高知名度的河南本土平台企业迅速崛起，如中原大易科技有限公司为国家首批5A级网络货运平台企业、河南省唯一5A级网络货运企业、中国服务企业500强；UU跑腿公司业务覆盖全国200多个城市，平台注册"跑男"650万人，为全国亿万名用户提供同城即时跑腿服务。二是用工规模庞大。平台企业就业门槛较低、就业方式灵活自由，为进城务工人员、退役军人、脱贫人口、结构性和摩擦性失业人员以及需要兼顾家庭的女性等群体提供了就业机会，发挥了就业"蓄水池"和"稳定器"

的作用。截至2022年底，全省平台企业共吸纳各类劳动者约420万人（根据河南省人社部门调研数据测算得出），约占全国新就业形态劳动者总数（8400万人）的5%，约占全省城镇从业人数（2737万人）的15%。各行业平台企业劳动者人数依次为即时配送约208万人、网约车司机约107万人、物流货运司机约63万人、快递员约14万人、网络营销及直播类约1.6万人、其他约26.4万人。用工规模大的主要集中在75家平台企业，这些企业总部不在河南但在河南设有分支机构，共吸纳新就业形态劳动者约290万人，其余为河南本土平台企业。三是以青年劳动者为主。在平台企业注册的劳动者中，以中青年男性为主，男性占93.45%，女性占6.55%；25岁以下占4.53%，25~45岁占68.65%，45~60岁占26.82%，极个别为60岁及以上劳动者。其中饿了么47%为"90后"，平均年龄31岁。

### （二）用工形式复杂，劳动关系模糊化

平台企业依托现代技术和数据共享，可以快速实现与劳动者的对接。劳动者可自主选择单一平台或跨平台就业，用工关系"去雇主化"和"多雇主化"并存。虽然同属新业态，但不同行业的平台企业用工关系、权益保障方式差异较大，是否属于平台新型用工关系还要具体分析。从具体用工形式看，分为平台传统用工、平台新型用工和平台委托服务用工。

平台传统用工主要分两类。一类为平台企业各职能部门工作人员和平台直接招用的在平台注册的劳动者，双方签订劳动合同建立劳动关系。此种用工形式下，除劳动管理形式变为由平台通过关联App发布指令，劳动者与非平台企业劳动者无异。这类劳动者一般称为平台企业自有用工。另一类为平台以劳务外包、劳务派遣、职业中介或人事代理等方式招用的劳动者，由第三方对其进行管理和组织，承担其工资、社保、福利等各项成本，平台企业只需要按用工人数向第三方支付相应的费用。据统计，河南省传统平台用工约10万人，不足全省平台企业用工总量的2.5%，平台企业用工主要集中在快递行业。在此类用工形式下，劳动者由平台企业统一管理，其劳动权益保障适用现行劳动和社会保障等法律法规。平台企业执行国家规定的工资、

工时、社保等制度。工资方面，通常按月支付，工资结构一般为基本工资+岗位工资+绩效工资+津补贴+特殊情形下工资。

平台新型用工是平台用工的主流，用工规模大且情况复杂，核心特点是劳动者通过互联网平台接受客户订单，按要求为客户提供服务，并获得报酬。依据接受订单时受不受管理、受谁管理、受多大程度管理，分为专包和众包两种用工形式。专包由平台企业将业务外包给区域代理商或加盟商，由其与劳动者签订"合作承揽协议"，平台企业通过信息系统对劳动者下达线上指令并对其任务完成情况予以考核，区域代理商或加盟商对其着装、出勤等方面进行线下管理。这类用工有明确的上下班时间、最低接单量、准点率、行为规范、工作区域等考核要求，同时有优先派单和优先抢单权限，收入相对稳定，工资通常按月支付，工资结构一般为基本工资+计件工资+津补贴或仅有计件工资。如美团的"同城核心""畅跑""乐跑"员工、饿了么的"蓝骑士""同城计划""优选"员工。众包由具备一定年龄和身体条件的劳动者自主按照平台App《注册协议》要求完成身份认证，平台通过提供居间的"信息服务"，撮合注册人员与用户直接签订合作协议完成相关工作。这类用工形式的劳动者自由度较高，可自主选择是否接单、可随时上下线、可选择不同工作区域，劳动者与平台企业之间关系松散，考核标准宽松，工资通常按单或距离提成后次日结算，无保底收入。众包用工属于平台用工的主要形式，用工数量最多。平台企业会根据行业、季节、区域、运力等情况变化，对专包和众包二者用工数量比例进行调整。餐饮配送平台企业，专包通常占30%~40%，众包占60%~70%。在UU跑腿、网约车和互联网道路货运企业中，跨区域经营的货拉拉、快狗（一般为中型同城运输车辆）等企业基本为众包员工。专包和众包的用工关系均难以界定，平台企业一般为这两类用工购买商业订单险或商业团体险。

在平台委托服务用工形式中，平台分别与上下游用户签订委托服务合同，平台企业与"劳动者"形成委托服务关系，"劳动者"可以是法人、个体工商户或自然人。平台企业支付"劳动者"完成委托任务产生的期间费用（包括税后人力服务费），"劳动者"作为合作方自行购买相关商业保险，

115

以承诺书的形式向平台企业做出连续最长工作时间的保证。河南本土网约货运企业（一般为重型城际运输车辆）、直播平台企业存在此种用工形式。平台委托服务用工是主体双方基于契约独立开展的经营活动，劳动关系适用于民事法律调整。

### （三）权益保障逐渐完善，管理手段科学化

随着国家和河南省新就业形态劳动者权益保障相关政策的出台实施，平台企业对劳动者的权益保障逐步完善并规范。一是建立"三会"制度，探索平台共治模式。多家平台企业成立员工权益保障委员会、工会，并开展恳谈会，负责统筹员工关怀和服务工作。一些企业设立提案建议、规则优化、收入提升、环境改善等工作组，对于平台重要规则的制定和优化，按照民主集中制原则进行决议。对劳动者工作生活影响较大的问题，平台企业设置平台App、社区论坛等多个申诉渠道，及时接收和反馈劳动者的问题，并召集员工开展恳谈会，积极进行协商和改进。二是活用科技手段，提升与加大安全标准和激励力度。平台升级安全功能，装载智能监控设备，通过算法进行实时监测管控，对特殊情况进行预警，防止安全事件的发生。加强线上教育和培训，承担上下游全产业链的安全责任。落实"算法取中"，优化算法逻辑，提升派单的合理性，完善考核标准，以积分法代替单一的惩罚措施。三是加强合作商管理，承担平台监督责任。平台企业制定《合作商用工管理规范》，明确合作商管理责任，要求合作商按照相关法律及政策要求合规用工，禁止任何规避用工主体责任的行为，包括落实公平就业制度、禁止诱导或强迫劳动者转为个体工商户、完善配送人员管理制度等。平台企业与劳动者之间关系总体和谐，一些企业还被表彰为创建和谐劳动关系示范企业。

## 二 河南省新就业形态劳动者权益保障的实践

近年来，按照党中央、国务院有关要求，河南省委、省政府将新就业形态劳动者的权益保障作为重点工作任务，推动相关部门及社会各界聚焦新就

业形态劳动者权益保障的痛点、难点问题，从法制保障、政策支撑、精准施策等多个层面加大对新就业形态劳动者权益保障的力度。

### （一）提升权益保障层次，设置专项法律条款

新就业形态劳动者的劳动关系模糊难认定，导致国家现行的《中华人民共和国劳动法》及《中华人民共和国劳动合同法》对新就业形态劳动者的权益保障出现"真空地带"。河南省结合本地实际，及时出台相关制度法规，有效填补了这一空白。《河南省数字经济促进条例》第五十八条、第七十四条，《河南省人力资源市场条例》第十八条、第四十三条，分别明确了新就业形态劳动者法律适用、责任划分及监管，规定对于依托互联网平台就业的劳动者，符合确立劳动关系情形的、不完全符合确立劳动关系情形的、个人依托平台从事自由职业的分别适用不同法律调整，其中不完全符合确立劳动关系情形的，平台企业应当与劳动者订立书面协议，合理确定企业与劳动者的权利义务。平台经营者应当为提供劳务的劳动者提供多样化商业保险保障。赋予人力资源和社会保障等部门监管职责，未为提供劳务的劳动者提供商业保险保障的平台企业，应由人力资源和社会保障部门进行行政处罚。

### （二）完善权益保障政策体系，密集出台多项文件

为了完善新就业形态劳动者权益保障体系，河南省委、省政府以及省直相关部门分别从不同保障角度出台了文件。省政府办公厅于2021年4月出台《关于支持多渠道灵活就业的实施意见》，省人社部门牵头出台《关于维护新就业形态劳动者劳动保障权益实施办法》《关于进一步促进灵活就业人员参加企业职工基本养老保险有关问题的通知》《关于扎实推进基层快递网点优先参加工伤保险工作的通知》《关于保障高温作业劳动者有关权益的通知》《关于建立企业薪酬调查和信息发布制度的通知》《关于加强零工市场建设完善求职招聘服务的意见》6项文件，省交通运输、市场监管等部门分别牵头出台了3项关于加强交通运输新业态从业人员、快递员群体、外卖送餐员群体合法权益保障的文件，省总工会印发《关于推进新就业形态劳动者入会工作的若干

意见（试行）》。这些文件分别从构建新就业形态劳动者就业服务支持体系、规范新就业形态劳动者用工关系、建立新就业形态劳动者合理收入分配机制、拓展新就业形态劳动者养老和工伤参保渠道、加强新就业形态劳动者报酬权益监测、推动新就业形态企业和劳动者建会入会等方面进行规范，彰显了河南对新就业形态劳动者权益的保障及对新就业形态企业规范发展的支持。

### （三）加强基层组织建设，加大权益保障力度

相关职能部门和社会组织多措并举，协同发力，共同指导督促平台企业坚守依法合规经营底线，落实新就业形态劳动者权益维护责任。河南省总工会印发了《2022年全省工会推动新就业形态劳动者入会攻坚行动实施方案》，该方案对进一步做好新就业形态劳动者入会及权益维护工作进行了相关部署。首先，要求各地方工会开展深入调查，准确掌握各地新就业态企业及从业人员数量、分布、建会入会情况等基本数据，梳理建会入会的难点与症结，制订下一步工作计划。其次，开展新就业形态劳动者入会集中行动，采取分片包干、责任到人等方法，组织工会干部深入企业，一企一策推动建会。最后，深化工会机关干部赴基层蹲点活动，通过蹲点寻求破解新就业形态劳动者入会及权益维护难题之道，推动企业建会特别是互联网平台头部企业建会，发挥企业工会示范带头作用。省人社厅联合市场监管等多部门，开展新就业形态劳动者权益保障专项行动，对大型平台企业进行行政指导座谈、集中排查整治工时和休息休假违规行为。省高院与省人社厅联合发布劳动争议典型案例，指导新就业形态用工劳动关系确认和争议化解，濮阳市成立全省首家新就业形态劳动争议多元化解中心。省协调劳动关系三方委员会积极推动平台企业开展集体协商，多市建立快递行业工资集体协商机制。省道路运输协会成立网络货运分会，要求成员单位严格落实《互联网货运平台安全运营规范》团体标准。

## 三 河南省新就业形态劳动者权益保障存在的问题

河南省对新就业形态劳动者权益保障的实践探索，顺应了社会发展的需

求，取得了积极的成效，有效解决了现行法律法规对新就业形态劳动者权益保障不足的问题。但也要看到，新就业形态劳动者权益保障仍处于起步阶段，仍存在一些亟待解决的问题。

## （一）法律适用厘定与用工主体确定困难并存

平台企业用工呈现劳动主体多样化、劳动报酬支付方式灵活化、劳动参与过程弹性化、劳动管理线上化等特点，尤其是平台新型用工有别于传统劳动关系的特征。在这类用工形式中，承包、承揽、合作等多重法律关系交织，负责合同订立、劳动工具提供、日常管理、报酬发放、押金收取等环节的若干关联公司并存，层层关系模糊了实际用工主体。平台企业和劳动者双方权利和义务无法简单套用现行劳动保障法律法规来界定。一旦双方发生纠纷或矛盾，新就业形态劳动者进行法律维权时，容易陷入诉讼主体不清、责任不明的困境。

## （二）劳动强度大与订单不足矛盾并存

调研发现，一方面，平台企业为了提升单位产出，往往会缩短单与单之间的等待间隔，增加派单数量。平台企业专包劳动者通常在线时长 10 小时以上，并且有高峰时段必须在线、不得弃单等考核要求。经测算，他们月平均工作时间超过 265 小时，超过标准月工作时间（167 小时）近 60%。年最长工作时间 4380 小时、最低工作时间 2140 小时。其中，家政服务类年平均工作时间达到 293.27 天。劳动者长期处于高强度的工作状态给身心健康带来较大影响。另一方面，受平台算法等因素影响，一些区域出现接单量不足、抢不到单现象。"跑男"月平均接单 26 单，月平均工作时间 22 小时；本土网络货运平台劳动者月平均接单 5 单，月平均在线时长 160 小时；跨区域经营网络货运平台劳动者月平均接单 41 单，月实际平均工作时间 54 小时。把平台用工作为全职的劳动者，工作量明显偏低。B 站有众包劳动者反映此问题，并得到不少的关注。[①]

---

[①] 以上数据来自 2023 年河南省新就业形态实证调研。

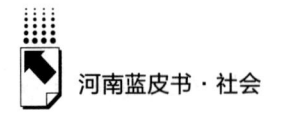

### （三）社保覆盖率与商保覆盖率双低并存

在现行社会保险制度下，河南省已为新就业形态劳动者提供养老和医疗保险参保渠道，但面对较高的缴费比例、缴费基数和不稳定的工作状态及较低的收入水平，多数新就业形态劳动者认为缴纳社会保险对其生活造成的负担大于未来受益，导致新就业形态劳动者参保人数不理想且易出现脱保现象。另外，新就业形态劳动者，如外卖配送员、网约车司机等，具有职业伤害风险高、职业不稳定、雇主不明确的特点。2021年12月，国家人社部公布了7个省份开展新就业形态就业人员职业伤害保障试点工作。职业伤害保障在缴费方式上有别于传统工伤保险的按月缴费，采用按单缴费的方式，费用由平台缴纳。河南省并不在国家职业伤害保障试点范围内。《河南省数字经济促进条例》规定，平台经营者应当为提供劳务的劳动者提供多样化商业保险保障。当前，在平台新型用工形式下，平台企业与劳动者用工关系不好辨别和界定，对于是否应当缴纳商业保险，监管部门落实监管责任存在困难。加上商业保险覆盖范围不广、保障额度不高、保障效果不好等因素，导致新就业形态劳动者出现社保覆盖率、商保覆盖率双低的局面。

### （四）算法规则形式透明与实质不合理并存

在平台新型用工形式中，不同用工类型的劳动者分别按月支付、按单或距离提成后次日结算。对于专包劳动者，要想拿到月薪通常要完成平台企业规定的任务量，达到一定的单量/距离，或小时数/天数才能拿到约定的底薪，否则按较低的单价或时薪计酬。对于按单计价的众包劳动者，平台企业依据劳动者是否为会员及会员等级来确定不同的抽成比例，在非会员城市会固定抽取一定比例的信息费或中介费，总体抽成比例为3%~30%，具体抽成比例在平台公司劳动者App端显示，劳动者收入为订单分佣后的金额以及活动补贴。这种算法规则看似透明，但合理性值得商榷。无论是按月支付的专包劳动者每天/月的任务量、单价计费、扣罚标准，还是按单或距离提成后次日结算的众包劳动者的佣金/单量收入，都与平台企业的算法规则紧密相连。虽然一些平台企业建立了民主协商制度，但算法的计算过于专业，无论是代表劳动者的工会还是行业协会商会，对劳动者的权益保障主要集中在劳动安全、公共服务等方面，对平台算法规则的公平性与合理性缺乏专业化的论证，导致平台企业处于强势甚至垄断地位。

### （五）收入低与收入不稳定并存

调研发现，平台就业劳动者中，除了本土网络货运平台企业按车月平均收入超16000元（一车可能有多名驾驶员），其他平台企业劳动者月平均收入为3670元，包含基本工资、提成工资、奖励工资、搬运费等，年平均收入为44040元，低于2022年全省城镇私营企业从业人员年平均收入（47918元），其中跑腿和网络主播收入较低，"跑男"月平均完成订单收入为2968元，网络主播月平均收入为2778元。新就业形态劳动者对缴纳社保的积极性不高，所以很难判断其劳动关系归属，尤其是在相关行业发生重大变化时，其失业风险加大。加上过度强调灵活弹性工作，没有法定最低工资和福利标准，很多人的收入处于严重不稳定状态。同时，头部平台企业数据通常由总部集团公司统一掌握，因此企业薪酬调查数据极难获得，不掌握数据就不具备规范平台分配关系的基础。①

### （六）强大的就业吸纳能力与职业认同感低并存

平台企业在稳定就业大局方面发挥了重要作用，并且仍是部分重点群体的就业选择。但多数新就业形态劳动者的职业认同感不强，认为该职业不受尊重、没有正规的社会保障、工作环境较差、收入水平较低，缺乏职业归属感。虽然国家已经把快递员、网约车司机等作为正式职业纳入《中华人民共和国职业分类大典》，甚至有的快递员已经当选人大代表、政协委员，但多数劳动者把它作为向新职业过渡或解决暂时经济困难的应急、临时职业，人员流动性大，缺少职业上升通道。

---

① 以上数据来自2023年河南省新就业形态实证调研。

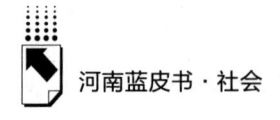

# 四 河南省加强新就业形态劳动者权益保障的对策

面对数字经济时代的劳动形态变革,河南省应统筹处理支持新业态发展和保障新就业形态劳动者权益的关系,在总结实践经验、把握新业态发展客观规律的基础上,健全劳动法律法规,完善劳动者权益保障制度,在发展中提升保障质量,推动更多新就业形态劳动者走向共同富裕。

## (一)进一步健全法律法规保障体系

完善与新就业形态相适应的法律法规体系,是保障新就业形态健康发展的前提,是保障新就业形态劳动者权益的基础。一是密切结合新就业形态发展态势,提请立法机关适时修订《中华人民共和国劳动法》、《中华人民共和国劳动合同法》、《中华人民共和国就业促进法》、《失业保险条例》和《工伤保险条例》等事关劳动者权益的基本法律法规,将维护新就业形态劳动者权益纳入法律保障范围。二是增强现行制度的可及性、包容性和均衡性,着重保障专包、众包等劳动者的基本权利,推动将新就业形态劳动者工时、工资、社保等权益纳入相应劳动法律法规,消除新就业形态劳动者在适用法律上的现实困难,尤其是在社会保障方面,建议进行整体社保框架制度设计,确定合理的社保费用分担机制,在新就业形态劳动者养老、医疗保险保障基础上,尽快将职业伤害保障试点推向全国,同时将新就业形态劳动者纳入失业保险制度覆盖范围。三是鼓励地方政府政策制定者、研究机构、高等院校理论研究者,完善新就业形态的政策理论体系。加强对平台经济领域劳动用工情况、新就业形态劳动者思想状况、劳动关系、权益保障、突出风险等的理论研究、制度设计和实践探索,为国家完善相关法律法规提供有据可循、有理可依的经验。

## (二)加大对新就业形态的监管力度

一是创新完善监管模式和手段。新就业形态劳动者的核心权益,如订单分配、劳动强度等最终都由算法决定，所以政府对新就业形态的监管手段也应适应新时期技术条件的变化。依据《互联网信息服务算法推荐管理规定》《河南省数字经济促进条例》，以及已经在河南省人大常委会通过的《河南省网络安全条例》，相关部门要构建互联网信息服务安全监管体系，尤其要加强头部企业监管，督促平台企业优化算法设计，将保障劳动者休息权、合理报酬权、健康权等理念编入代码，从算法技术上设置连续工时和接单量累计上限，引导算法向善。二是转变管理理念。正是新就业形态劳动者劳动关系难以认定，尤其是平台众包劳动者，导致政府对平台企业的监管效果不明显。因此，应积极探索触发式监管机制，建立包容审慎的新业态新模式治理规则，使就业管理从以"单位身份"为对象，逐渐向以"个人"为对象转变。从管理理念上说，以人为本，变管理为服务；从管理形式上说，从业者将变成管理的直接对象，也是管理的重要参与者；从管理目标上说，将大大提高从业者的就业质量和权益保障水平。三是形成多元主体共治格局。深入剖析市场、政府、社会和从业者等不同主体在新就业形态中的角色定位，构建职责范围明确、活动边界清晰的协同治理新格局。对平台企业开展算法风险监测和算法安全评估，在算法投入使用前须交由第三方独立机构进行全方位审查，在算法投入使用后对平台从业者进行不定期跟踪调查，以建立完善、科学、合理的平台算法规则。鼓励区域、行业工会或协会参与制定平台算法规则、行业定额标准、区域或行业集体合同等，实现对劳动者权益的保护，让劳动者在合规的劳动强度下获得合理收入。

## （三）优化权益保障公共服务

一是实施更加积极的就业政策。研究支持平台企业发展的财税、就业补贴政策，探索完善与新就业形态劳动者个人职业发展相适应的教育培训服务模式。二是提高劳动者组织保障能力。推动平台企业依法建立工会组织，鼓励新就业形态劳动者加入工会组织，搭建沟通平台，建立涉及工会、劳动者代表的协商协调机制。制定新业态用工劳动协议范本，引导平台企业或第三方采取"员工制"用工，建立平台企业用工情况报告制度和联合激励惩戒机制，参照建筑行业建立平台企业资金预付存管制，预防工资克扣和拖欠。三是加强数据搜集和跟踪研究。加强部门协同，探索建立数据共享机制，完善新业态企业薪酬调查制度，在奖励表彰方面向新就业形态劳动者倾斜，给予新就业形态劳动者更多荣誉称号和更高待遇，增强其荣誉感和职业认同感。四是加强对平台企业的基层公共服务供给，通过政策宣传、法治教育、咨询指导、对接优质商业保险公司和保险产品等方式帮助平台企业/合作商完善管理制度，从源头上化解权益保障矛盾。

### （四）促进新就业形态健康有序发展

一是鼓励新就业形态发展。平台经济的发展对传统行业的冲击已呈现不可逆趋势，政府应顺势而为，引导传统行业从业者或失业人员向新就业形态转移，将稳就业的扶持政策转变为促进新就业形态发展的有效措施，针对民众就业贡献较大的平台企业，在准入门槛、融资、信贷等方面给予适当优惠。二是支持劳动者提升业务能力。建立学习平台，支持劳动者通过学习不断扩展与提高自身的业务范围和技能水平，注重提升自己跨界复合技能、追求更宽的工作领域、争做多项全能的"斜杠人才"，并时刻准备好应对外部风险，进而增强自身就业竞争力和抗风险性，加强对个体收入和持续性就业机会的保障。三是加大先进典型宣传力度。大力弘扬劳模精神、劳动精神、工匠精神，注重发掘培育新就业形态劳动者先进典型。用好报、网、端、微、刊全媒体平台，采取文字、图片、视频等融媒体形态，全方位、多视角、广覆盖宣传，在河南省劳模、河南省五一劳动奖章、河南省五一巾帼奖等评选中选树新就业形态劳动者，增强新就业形态劳动者的社会认同感。

# B.10
# 2023年河南省社会组织发展现状及对策研究

邓 欢*

**摘 要：** 以社会团体、基金会和社会服务机构为主体的社会组织，是我国社会主义现代化建设的重要力量。近年来，在河南省委、省政府及相关职能部门的重视与努力下，河南省社会组织的规模不断壮大、发展更有活力、潜在风险得到化解、服务社会成效显著。但社会组织在自身建设、内部治理制度、内外部监督、公众认同与参与等方面仍存在问题。为此，要从加强能力建设、健全内部治理机制、完善监管措施、吸引公众积极参与等方面着手，推动社会组织高质量发展，并引导社会组织积极参与社会治理，更好地发挥社会组织在促进经济社会发展中的积极作用。

**关键词：** 社会组织 社会团体 河南

社会组织主要是指以促进国家经济和社会发展为己任，不以营利为目的、具有正式组织形式，且属于非政府体系的组织，其主体为社会团体、基金会和社会服务机构。社会组织是我国社会主义现代化建设的重要力量，是党和政府联系人民群众的桥梁和纽带，是国家治理体系和治理能力现代化的有机组成部分。关注当前河南省社会组织的实践探索与发展情况，分析其存在的问题并提出有针对性的发展建议，对于推进社会组织高质量发展、谱写新时代"中原更加出彩"的绚丽篇章具有重要意义。

---

\* 邓欢，河南省社会科学院人口与社会发展研究所研究实习员，研究方向为城乡社会学、社会治理。

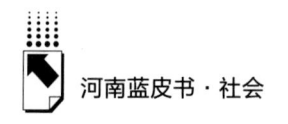

# 一 河南省社会组织发展现状

## （一）发展规模不断壮大，发展质量稳步提升

从数量来看，随着河南经济社会的快速发展，社会组织也不断发展壮大，数量呈现较为快速的增长。2013年底，河南省登记注册的社会组织共有23577家[1]，2023年9月初，河南省登记注册的社会组织达到了50760家[2]。经过近十年的发展，河南省社会组织数量增长了27183家，增长率高达115%，发展十分迅速。分类别来看，河南省三类社会组织——社会团体、民办非企业单位、基金会的数量均在增长，但在增长速度以及所占比重的变化方面存在差异。从2013年底到2023年9月初，社会团体登记注册数量由10896家增加至14290家，增长率达31%；所占比重由46%降至28%。民办非企业单位由12583家增加至36319家，增长率高达189%；所占比重由53%增至72%。基金会由98家增加至151家，增长率达54%；所占比重由0.42%降至0.30%。从增长速度来看，三类社会组织中，民办非企业单位的增长率高于社会团体和基金会，呈现超高速增长的趋势。从所占比重来看，民办非企业单位占社会组织的比重有所提高，社会团体和基金会占社会组织的比重有所降低。综合二者来看，民办非企业单位的增长最为显著。

从质量来看，河南省社会组织的质量在提升。河南省各级民政部门在扎实有序开展社会组织登记管理工作的过程中，坚持质量优于数量的发展原则，通过改革制度、扶持培育、加强管理监督等方式提升社会组织自身能力，使社会组织在志愿服务、社会捐赠、清廉建设等方面取得显著成绩，整体呈现较好的发展态势。

---

[1] 数据来源：2014年《中国统计年鉴》。
[2] 数据来源：河南省社会组织管理局网站。

## （二）管理体制改革稳妥推进，社会组织发展更有活力

为激活社会组织的活力，提升社会组织的工作效率，河南在社会组织管理体制改革方面进行了一些创新、探索与尝试，成效十分显著。一是推动社会组织登记管理改革。在社会组织事项办理地点方面，44项相关政务服务事项入驻省政务服务中心，为社会组织提供"一站式"服务，提升了社会组织工作人员办事的便利度，实现了"数据多跑路、群众少跑腿"。在社会组织行政审批方面，对服务进行了优化，对社会组织的行政许可、行政处罚等的事实依据进行了明确，对办理时限进行了规定与压缩，缩短了办事时长，提高了服务效率。在社会组织年检方面，实行社会组织网上年检并在网上提供指导，为社会组织工作人员提供了便利，有效解决了社会组织"来回多次跑"的问题，减少了社会组织工作人员的工作量，提高了年检的工作效率。[1] 二是有序开展行业协会商会与行政机关脱钩改革。2016年，河南省委办公厅、省政府办公厅出台《行业协会商会与行政机关脱钩实施方案》，明确规定各级行政机关、参照公务员法管理的单位要与其主办、主管、联系、挂靠的行业协会商会脱钩，实行机构分离、人员分离、资产分离、职能分离、党建外事等分离。目前，行业协会商会脱钩改革全面完成，政社分开、权责明确、依法自治的社会组织体制已经初步建立。[2] 脱钩后，行业协会商会获得了更多自主权，自身活力得到了激发，市场化运作能力和服务能力得到了显著提升，自身优势和功能作用日益显现，在对外合作、复工复产等方面发挥了极其重要的作用。

## （三）监管执法不断强化，社会组织领域的潜在风险得到化解

近年来，河南省不断深化对社会组织体量大、隐患多等现实问题的认识，持续加强对社会组织的综合监管，编牢织密社会组织监管网，加强社会

---

[1] 《民政工作这十年·社会组织篇》，河南省社会组织管理局网站，2022年9月12日，https：//www.hnshzz.com.cn/detailym？id＝214。

[2] 《民政工作这十年·社会组织篇》，河南省社会组织管理局网站，2022年9月12日，https：//www.hnshzz.com.cn/detailym？id＝214。

组织领域的风险防范，推进社会组织健康有序发展。一是开展清理"僵尸型"社会组织和社会团体分支机构专项行动。2021年，省民政厅印发《河南省"僵尸型"社会组织专项整治行动实施方案》，在全省开展"僵尸型"社会组织专项整治行动，对符合撤销登记、吊销登记证书、注销登记情形的社会组织，分别实施撤销登记、吊销登记证书、注销登记的措施，对可以通过整改激活的社会组织提出整改方案。截至2022年6月底，河南共对1929家"僵尸型"社会组织做出了整改、撤销登记、注销登记等处罚，在一定程度上消除了"僵尸型"社会组织潜在的风险隐患。[1] 二是打击整治非法社会组织。2021年以来，省民政厅开展打击整治非法社会组织工作，对未经社会组织管理部门登记而擅自以社会组织名义开展活动、被撤销登记或吊销登记证书后仍用社会组织名义进行活动、筹备成立期间开展筹备以外活动的社会组织进行打击整治。截至2022年6月底，共处置省内非法社会组织253家，其中对46家非法社会组织予以取缔，引导36家社会组织进行登记，对157家非法社会组织进行劝散，14家社会组织自行解散。[2] 三是治理行业协会商会乱收费现象。2021年，省民政厅与发展改革部门、市场监管部门开展全省范围内行业协会商会乱收费情况的抽查检查工作，实施"五个一批"措施，减免一批收费、降低一批收费、规范一批收费、查处一批收费、通报一批收费，将降费减负政策落到了实处。据统计，此次专项清理整治工作共为企业减负8182.84万元，惠及企业3.93万家。[3]

### （四）功能发挥日渐突出，服务社会成效显著

在相关部门的引导下，河南省社会组织扛起肩上的社会责任，主动担当，积极作为，采取多种形式助力经济社会发展。一是多措并举助力脱贫攻

---

[1] 《河南省民政厅开展"打治清培"系列行动 强化社会组织监管》，河南省人民政府网站，2022年6月29日，https://www.henan.gov.cn/2022/06-29/2477539.html。

[2] 《河南省民政厅开展"打治清培"系列行动 强化社会组织监管》，河南省人民政府网站，2022年6月29日，https://www.henan.gov.cn/2022/06-29/2477539.html。

[3] 《河南省民政厅开展"打治清培"系列行动 强化社会组织监管》，河南省人民政府网站，2022年6月29日，https://www.henan.gov.cn/2022/06-29/2477539.html。

坚。河南省社会组织通过开展产业扶贫、组织脱贫技术培训、提供教育医疗服务、开展消费帮扶等方式参与脱贫攻坚工作，为河南全面打赢脱贫攻坚战做出了重要贡献。据统计，2017年，省本级公益性社会组织共捐赠17.92亿元款项和物品，在贫困地区开展的各类扶持救助活动使20万名群众受益。[1] 2018~2020年，河南省共有8552家社会组织投入脱贫"战场"，开展将近7000个扶贫项目，投入50.77亿元扶贫资金与80.7万人次帮扶人员。[2] 二是发挥优势助力乡村振兴。脱贫攻坚战取得全面胜利后，河南省社会组织发挥自身优势，参与乡村振兴实践。组织河南省物流协会等71家社会组织与嵩县、台前、卢氏和淅川四个县结对子，开展帮扶活动，助力实现乡村振兴等。2022年，河南省共有3900余家社会组织助力乡村振兴，提供支持资金3.34亿元。[3] 乡村振兴仍在路上，河南省积极召开社会组织助力乡村振兴的相关会议，部署安排工作，确保社会组织助力乡村振兴取得实效。三是积极担当发展公益事业。河南省社会组织通过募集公益资金、聚集众多志愿者参与活动等方式，助力公益事业发展。在郑州"7·20"特大暴雨灾害防汛救灾中，6800多家社会组织参与防汛救灾工作，共计出动救援力量18万人次，捐赠物资百万余件，捐款将近100亿元。[4] 在关心关爱困难和特殊群体方面，河南省社会组织主动给困难和特殊群体送温暖、送关爱。

## 二 河南省社会组织发展面临的困境

### （一）自身建设不足，自我发展能力不强

目前，河南省的社会组织虽然数量繁多、规模庞大、类别多样，但是真

---

[1] 《社会组织参与脱贫攻坚正当时》，人民论坛网，2018年8月3日，http：//www.rmlt.com.cn/2018/0803/524848.shtml。
[2] 刘晓波：《社会组织如何精准助力乡村振兴》，《河南日报》2023年3月21日。
[3] 刘晓波：《社会组织如何精准助力乡村振兴》，《河南日报》2023年3月21日。
[4] 《民政工作这十年·社会组织篇》，河南省社会组织管理局网站，2022年9月12日，https：//www.hnshzz.com.cn/detailym？id=214。

正有影响力、实力强的不多，大多数社会组织自身能力不强。一是经费不足。河南省大部分社会组织的运作资金主要来源于政府部门，对政府的依赖性强，但能够获得政府扶持的社会组织数量不多，且扶持金额不大，再加上获得企业捐赠数额有限、社会成员捐赠并未常态化等，社会组织缺乏稳定可持续的资金来源，维持日常运作比较困难，持续开展活动受阻，极大地制约社会组织功能发挥。二是专业人才短缺。社会组织要发展，高素质的专业人才是关键。然而，由于经费匮乏、薪酬待遇低、个人发展空间不大等因素的影响，河南省的社会组织普遍面临专业人才匮乏的困境。大多数社会组织缺乏高学历、具有专业素质及专业能力的管理人员，专职工作人员大多知识水平不高，职业化、专业化程度较低，再加上社会组织从业人员流动性较大，不利于社会组织的运营发展。三是自身特色不突出。河南省社会组织雷同，大多数社会组织对自身未来发展的定位不清晰，未形成自身特色与风格，品牌意识较为薄弱。

### （二）内部治理制度不健全，执行不严格

规范化的内部治理结构有利于社会组织健康有序发展。从调查情况来看，河南省的社会组织内部治理制度不健全、结构不完善、能力略显不足。一是制度设计不完善。部分社会组织内部治理制度不健全，在人事任免、内部议事、民主决策、财务管理等方面尚未建立有效的规章制度，组织的日常运行及活动开展缺乏规范化的操作指引，无法有效发挥社会组织内部治理作用。二是制度执行不严格。部分社会组织虽然制定了内部治理制度，但在执行上存在一定偏离，内部治理制度形同虚设，没有真正用制度来管人管事，未能发挥其真正的作用。有的社会组织不按照正规的选举程序来选出成员代表，在一定程度上损害了社会组织的公信力；有的社会组织未按照规定开展成员大会、理事会等会议；有的社会组织成员担任理事职务，但对社会组织的日常运营情况一无所知，从未参与该组织的任何活动，履职不尽责。三是保障和激励机制不足。社会组织的经费短缺，缺少必要的物质激励，在一定程度上抑制了社会组织工作人员的积极性，降

低了其参与社会组织内部治理的动力。同时，缺少组织关怀、奖励荣誉等精神激励，在一定程度上削弱了社会组织工作人员的荣誉感、归属感以及参与内部治理的意愿。

### （三）外部监督力量薄弱，内部监管缺位

社会组织的监督机制可分为两个层面，即外部监督和内部监管。从社会组织的外部监督来看，行政部门的监督是主要方式。社会组织直接登记改革之后，社会组织登记数量、种类实现增长，监管工作任务十分繁重，然而政府相关部门现有机构的编制及人员偏少，力量不足，难以积极应对社会组织大幅增长，导致存在监管、评估不到位的现象。另外，社会公众对社会组织的监督意识不强，对社会组织的日常运营、活动开展等情况了解也有限，很少参与社会组织的监督；新闻媒体对社会组织的舆论关注不够，对社会组织的关注与报道通常是在恶性事件发生之后，新闻媒介监督乏力。这在一定程度上影响了外部监督的效果。从社会组织的内部监管来看，内部监管缺位。一些社会组织缺乏相应的监管设计，内部监管无可参照的制度，难以实现；一些社会组织权力集中于某个人或某几个人身上，"以人治会"现象突出，日常运转又不透明，内部监管受到一定限制，致使组织内部资金和资源出现使用不合理、人为流失的现象，严重制约社会组织的发展；一些社会组织内设的监事缺乏专业知识和能力，同时其又受理事长的任免，监管作用无法发挥，内部监管机制形同虚设，为社会组织的运转留下了隐患。

### （四）公众认同感不高，参与意识薄弱

公众参与是更好地发挥社会组织作用的重要前提，然而当前河南省公众参与社会组织的意识较为薄弱、参与率相对较低，社会组织作用发挥受限。一方面，公众对社会组织的认知度偏低。当前，河南省仅有少数社会组织依托互联网进行自身情况的展示、宣传与介绍，大部分社会组织并未向外界进行宣传，整体上社会组织及其活动的宣传力度不够。除了社会组织的从业人员、管理人员以及研究人员，公众对社会组织的认知度普遍不高，对社会组

织的内涵、服务内容、功能、存在状态等知之甚少。另一方面，公众对社会组织的信任度不高。近年来，部分社会组织未按照相关规定进行运作，在项目运作、资金使用、财务管理等方面十分混乱，爆出的中国红十字会"郭美美事件"、中华慈善总会"捐赠门事件"等恶性事件，使社会组织的公信力持续下降，公众对社会组织持有不信任的心态。在上述因素的共同作用下，公众参与社会组织的自发、自愿意识不强，热情不高。据调查，公众参与社会组织的领域与范围主要集中于街道以及居委会组织的社会组织，对一些政治上或者执行上的社会活动参与意识较为薄弱。从参与者来看，社会组织的参与人员多以老人、志愿者、家庭妇女和儿童等为主，青壮年参与较少，整体来看参与社会组织的公众不多，一定程度上限制了社会组织发挥协调社会关系、弥补政府公共服务不足的作用。

## 三 推动社会组织高质量发展的对策建议

### （一）加强能力建设，提升自身综合实力

"打铁必须自身硬。"要想充分发挥社会组织自身职能，必须加强自身能力建设，全面增强自身本领，提升自身能力水平。一是建立多元资金来源渠道。政府部门要加大对社会组织的财政支持力度，在进一步加大政府对社会组织转移支付力度的基础上，设立社会组织培育发展专项资金，对社会组织的办公设施、社会服务项目等追加投入。同时，拓宽资源汲取渠道，积极向社会筹集资金，动员和鼓励企业捐赠，激发社会成员的善心，促使形成常态化的慈善捐赠，为社会组织开展活动奠定基础。二是开展社会组织工作人员能力提升系列培训。委托相关机构组织开展社会组织培训班，就社会组织党的建设、财务管理、日常运营、等级评估、参与社会治理等方面进行培训，提升社会组织工作人员的专业能力，打造一支专业性强的社会组织人才队伍。同时，创新培训的方式方法，将茶话会、座谈会、行业参访等多种形式引入培训课堂，增强培训课程的吸引力。三是培育自身特色。鼓励社会组织在各

自的行业领域内深耕，积极探索创新，结合本地本组织实际情况，聚焦社会公众多元化、个性化的公共服务需求，设计和培育有自身特色的服务项目，为社会公众提供多元化、专业化的优质公共服务。突出自身特色，提升品牌意识，打造品牌形象，进一步提高与扩大社会组织的知名度和影响力。

## （二）健全内部治理机制，促进社会组织规范发展

社会组织的发展关键是社会组织本身的管理与发展，内部治理结构的完善关系着社会组织能力的提升。一是建立健全内部各项规章制度。各社会组织要根据自身特点，建立与完善组织章程、财务管理制度、会员代表大会制度、内部信息披露制度等相关内部治理制度，并严格按照制度来运营管理。同时，明确会员大会、理事会、监事会和管理层的职责，充分发挥会员大会、理事会、监事会、管理层的作用，推动形成分权制衡、高效协调、权责明确的法人治理结构。二是建立社会组织内部激励机制。通过多种渠道获取资金，对社会组织工作人员日常工作的开展给予物质保障。对内部治理规范的社会组织以及表现优异的社会组织工作人员、志愿者给予表彰，增强社会组织工作人员的工作意愿，充分调动社会组织工作人员的工作积极性和主动性，进而为推动社会组织的发展贡献力量。三是探索建立社会组织合规管理体系。要求社会组织按照合规要求进行运营、开展活动，并且对合规的程序和流程进行监督，进而建立社会组织行为规范，为社会组织工作人员提供行为准则，建立风险防范、风险识别与违规应对体系。此外，也可探索建立内部合规责任不追究机制，针对合规但出了问题的决策，免于问责或减轻对决策人员的处理，减轻理事在机构运作中的心理压力。

## （三）完善监管措施，加强对社会组织的监督

加强社会组织综合监管是确保社会组织健康有序发展的基础。推进社会组织高质量发展，需要不断完善监管措施，提升对社会组织的监管效能。从社会组织的外部监督机制来讲，要提高社会组织智能化监督水平，积极运用互联网、大数据等技术，对社会组织的信息及行为进行智能动态监督；要探

索构建社会组织公共服务信息平台和基础数据库，推进社会组织信息公开，将社会组织的财务状况、活动开展、人员管理、接受使用捐赠情况等相关信息在网上进行公示，畅通投诉、举报和受理渠道，为社会监督提供便利；要大力培育社会公众监督、媒体监督的责任意识，加强社会公众及媒体对社会组织的关注，约束社会组织的行为。同时，行政部门要重视社会公众及媒体的投诉信息，及时做出相应处理，确保社会监督的功能有效发挥。从社会组织的内部监管机制来讲，要制定、完善内部监管机制，成立社会组织内部监管机构，明确具体负责人员及其行使监管权力的方式和程序，并建立问责机制，对社会组织中发生的未按照规定进行的行为进行问责，促使社会组织管理者在自身权限范围内行事、社会组织的日常运营严格按照制定的各项内部规章运行。同时，实行内部民主化与公开化，推动实现内部信息公开，使社会组织成员了解本组织的资产使用、活动开展等情况，为做好内部监管工作奠定基础。

### （四）提升公众的认同感与信任度，吸引公众积极参与

社会公众对社会组织的认同与信任是其参与社会组织的前提和基础。面对当前公众对社会组织了解有限甚至存在偏见的现象，要提升社会公众对社会组织的认同感和信任度，吸引其积极参与社会组织，为社会组织发展以及河南经济社会发展贡献力量。一是加大对社会组织的宣传，充分利用网络、电视、广播、报纸等媒介向社会各界展示社会组织的内涵、类别、功能、服务内容等，让社会公众全面了解、熟悉社会组织。在宣传的过程中，积极宣传河南省社会组织所做的慈善事业、为河南省经济社会发展做出的积极贡献以及社会组织的先进典型，激发社会公众参与社会组织的热情。二是用实际行动赢得认同与信任。社会组织要按照相关规定规范运作，并努力在促进经济发展、繁荣社会事业、创新社会治理、扩大对外交往等方面发挥积极作用，用实际行动消除"郭美美事件"等恶性事件给公众留下的不良印象，用实际行动证明自己，逐渐改变公众对社会组织的认识，重新赢得社会公众的认同和信任。三是营造良好的公益氛围。通过积极发起公益活动、开展志

愿服务活动或公益讲座、发放社会组织公益活动宣传手册等方式营造良好的公益氛围,增强社会公众对社会组织的认可,激发社会公众的公益热情和志愿服务精神,让更多的公众参与社会组织。

**(五)引导社会组织参与社会治理,助力经济社会发展**

社会组织是社会治理的重要参与力量,是国家治理体系的有机组成部分,在提供公共服务、化解社会矛盾、筑牢社会稳定"防火墙"等方面具有重要意义。为此,要引导社会组织参与社会治理,充分发挥社会组织在社会治理中的积极作用。一是转变治理理念。要充分认识社会组织参与社会治理的积极作用,尤其是在满足当前多元化社会需求方面的作用突出。社会组织不仅具备自治性、非营利性和公益性等特点,能够为民众提供多种形式的专业服务,而且距离普通民众最近,能够有效提升人们参与社会治理的热情,还可以在一定程度上通过监督政府治理社会事务来提升政府治理效能。二是创新社会组织参与社会治理的体制机制。积极发挥社会组织在协商民主中的作用,如设立社会组织参与人民代表大会的名额,为社会组织表达自身及民众利益诉求提供渠道。探索建立社会组织咨政建言系统,为发育成熟、接触面广、影响力大的社会组织提供咨政建言通道,也可使其列席政府部门工作会议,为政府决策提供有价值的参考。三是积极引导社会组织在社会治理中发挥"大作用"。完善政府购买服务机制,加大政府购买社会服务的力度,面向各级各类社会组织购买社会救助、儿童关爱、养老等社会服务项目,为社会组织参与公共服务供给创造条件。鼓励社会组织担当社会责任,发挥自身优势,积极参与乡村振兴、公益志愿服务等社会事业,助推经济社会发展与社会和谐稳定。

**参考文献**

黄晓勇:《2021年中国特色社会组织高质量发展报告》,载黄晓勇主编《中国社会组织报告(2022)》,社会科学文献出版社,2022。

马琳、刘梦:《2022年河南省社会治理形势分析与展望》,载郑永扣主编《河南社会治理发展报告(2022)》,社会科学文献出版社,2022。

马琳、陈宁、张琼月:《2021年河南省社会治理形势分析与展望》,载郑永扣主编《河南社会治理发展报告(2021)》,社会科学文献出版社,2021。

董璎慧:《我国社会组织发展现状研究》,《黑龙江人力资源和社会保障》2021年第21期。

陈友华、詹国辉:《中国社会组织发展:现状、问题与抉择》,《新视野》2020年第5期。

# B.11
# 河南省城市老年人参与社区治理研究

叶亚平[*]

**摘　要：** 社区是城市最基础的单元，是现代社会治理体系的重要组成部分，在人口老龄化进程持续加快的今天，推动老年人积极参与社区治理，不仅有利于开发老龄人力资源，实现"老有可为"，还有利于打造共建共治共享的社会治理新格局，提升社会治理效能。当前，河南省城市老年人参与社区治理普遍存在参与深度不够、参与动力不足、活动内容单一、参与满意度较低等问题。从推动老年人有效参与社区治理的路径与对策来说，政府要加强制度保障和加大财政支持，社区要完善自治体制和创新治理模式，老年人要强化公共意识和持续加强学习，社会要形成支持老年人进行社会参与的良好氛围。多方协作，共同发力，推动河南省城市老年人参与社区治理水平的快速提升。

**关键词：** 社区治理　老年群体　河南

社区是社会的基本单元，社区治理是社会治理的基础性环节，在推进国家治理体系现代化进程中发挥着重要作用。党的十九大报告指出，要推动社会治理重心向基层下移，提高社区治理社会化水平，不断增强社会发展活力，努力打造共建共治共享的社会治理格局，真正增强人民群众的获得感、幸福感、安全感。党的二十大报告也提出，要完善社会治理体系，健全共建共治共享的社会治理制度，提升社会治理效能，建设人人有责、

---

[*] 叶亚平，河南省社会科学院人口与社会发展研究所研究实习员，研究方向为人口问题。

人人尽责、人人享有的社会治理共同体。当前，人口老龄化进程日益加快，引导老年人积极参与社区治理是大势所趋。《国家应对人口老龄化战略研究总报告》指出，尊重老年人的话语权、满足老年人的合理利益诉求，将成为调整社会公共政策、创新社会表达机制、完善社会治理的重要推动力量。[①]

# 一 研究背景及意义

## （一）河南人口老龄化程度加深

当前，我国老年人口数量快速增加，人口老龄化开始进入急速发展阶段。2022年末，我国60岁及以上人口为28004万人，占全国人口的19.8%，其中65岁及以上人口为20978万人，占全国人口的14.9%。与2021年相比，60岁及以上人口增加1268万人，占全国人口的比重增加0.9个百分点；65岁及以上人口增加922万人，占全国人口的比重增加0.7个百分点。[②]河南省是老年人口大省，老年人口基数大、增速快，老龄化趋势明显。2022年末，全省60岁及以上人口1862万人，占常住人口的18.86%，比2021年末增加79万人。[③]预计到2035年，全省老年人口占比将超过30%。河南省庞大的老年人口数量使经济社会发展面临巨大的挑战和压力，但丰富的老年人力资源对河南的发展来说也是一种机遇。

## （二）老年人参与社区治理的重要意义

**1. 老年人参与社区治理是深入实施积极应对人口老龄化国家战略的本质要求**

"积极老龄化"最早是由世界卫生组织于1996年作为"工作目标"提

---

① 李志宏等：《国家应对人口老龄化战略研究总报告》，《老龄科学研究》2015年第3期。
② 数据来源：国家统计局网站。
③ 数据来源：河南省统计局网站。

出的，2002年联合国第二届世界老龄大会上正式确定了积极老龄化的行动方案。积极老龄化实际上是一种以人为核心的老龄观，它的基本内涵是提倡充分认识老年人的社会价值，促进老年人力资源的开发和利用。健康、参与和保障是积极老龄化理念框架的三大支柱，它鼓励老年人不仅要在机体、社会、心理方面保持良好的状态，还要积极地面对晚年生活，作为家庭和社会的重要资源，继续为社会发展做出有益贡献。[1]

《中国共产党第十九届中央委员会第五次全体会议公报》提出，要全面推进健康中国建设，实施积极应对人口老龄化国家战略，加强和创新社会治理。当前，我国正处于"十四五"的关键发展期，面对人口老龄化的压力，当务之急是尽快走出"未富先老"、被动等待的认识误区。[2] 充分发掘老年群体人力资源优势，鼓励老年人积极进行社会参与，这在一定程度上可以缓解人口老龄化给社会经济和国家财政带来的压力。社区是老年人日常生活和活动的场所，参与社区治理对老年人来说是最直接也是最便利的，鼓励老年人积极参与社区治理，是贯彻积极老龄化的具体举措，也是构建老年友好型社会的必然要求。

2.老年人参与社区治理是推进国家治理体系和治理能力现代化的重要基础

党的十九大报告提出，要打造共建共治共享的社会治理格局，加强社区治理体系建设，实现政府治理和社会调节、居民自治良性互动。《中共中央 国务院关于加强基层治理体系和治理能力现代化建设的意见》强调，基层治理是国家治理的基石，统筹推进乡镇（街道）和城乡社区治理，是实现国家治理体系和治理能力现代化的基础工程。民政部数据显示，截至2022年第三季度，全国共有约60.6万个城乡社区，其中农村社区约48.9万个，城市社区约11.7万个。虽然城乡社区只是国家治理体系中的一个个微小的"细胞"，但正是这一股股活跃的力量推动着国家和社会不断向前发

---

[1] 穆光宗、张团：《我国人口老龄化的发展趋势及其战略应对》，《华中师范大学学报》（人文社会科学版）2011年第5期。

[2] 郑功成：《实施积极应对人口老龄化的国家战略》，《人民论坛·学术前沿》2020年第22期。

展,以小见大、见微知著,社区治理在推进国家治理体系和治理能力现代化的进程中意义重大。现代社会,年轻人多忙于工作、照顾家庭,鲜有时间参加社区治理,老年人作为社区治理的"主力军""活跃分子",在推进基层治理方面发挥着不可估量的作用。

3.老年人参与社区治理是开发老年人力资源的基本途径

1996年我国颁布实施的《中华人民共和国老年人权益保障法》"参与社会发展"一章中明确规定:"国家和社会应当重视、珍惜老年人的知识、技能、经验和优良品德,发挥老年人的专长和作用,保障老年人参与经济、政治、文化和社会生活。"老年人具有丰富的生活阅历和实践经验,知识技能优势和社会资源优势非常突出,在"十四五"时期合理开发老年人力资源,无论是在健康中国及国家积极应对人口老龄化的宏观层面,还是在提高老年人生活质量的微观层面,都有极其重要的战略意义。[①] 一些低龄老人在退休后不甘于平淡的退休生活,希望继续发挥余热,利用自身的力量为社会发展做贡献,对这些老年人来说,其自身的知识、经验和技能仍然可以作为宝贵的资源持续开发利用。积极参与社区治理对老年人来说是一项合适的选择,不仅具有空间上的地理优势,还具有精神层面上的归属感,便于老年人更好地强化自身的责任感,发挥出最大的人力资源优势,实现"老有所为"。

## 二 河南省城市老年人参与社区治理的问题分析

为深入了解河南省城市老年人参与社区治理的现实情况,本文对河南省城市地区60岁及以上老年人进行了问卷调查及结构性访谈。本次问卷调查共发放问卷260份,回收有效问卷239份,问卷有效率91.9%。在有效样本中,男性有129人,占比为54%,女性有110人,占比为46%。60~64岁的有96人,65~69岁的有94人,70岁及以上的有49人。结构性访谈的对象

---

[①] 《积极开发老龄人力资源 激发老龄化正面效应》,理论网,2021年4月7日,https://paper.cntheory.com/html/2021-04/07/nw.D110000xxsb_ 20210407_ 1-A6.htm。

共 10 人，包括社区工作人员 2 名、社区老人 8 名。通过对数据进行分析，本文从以下几个方面来说明当前河南省城市老年人参与社区治理存在的一些问题。

## （一）参与深度不够

参与率是衡量老年人参与社区治理情况的重要指标。整体上看，河南省城市老年人以各种形式参与社区治理的比重较高，达到 90.4%。在 239 个有效样本中，从来没有参与过社区治理活动的仅有 23 人。但通过深层次的分析可以发现，参与次数为 1~5 次的老年人占 72.0%，参与次数为 6~20 次的老年人占 15.1%，参与次数为 21 次以上的老年人仅占 3.3%（见表 1）。由此可见，绝大部分的老年人只是偶尔参加，参与社区治理的深度和可持续性都不够。老年人对社区相关治理活动的了解也不够充分，非常了解本社区相关治理活动的占 16.7%，比较了解的占 33.1%，一般了解的占 43.5%，比较不了解的占 6.7%（见表 2）。

表 1　老年人参与社区治理活动的次数情况

单位：人，%

| 参与次数 | 人数 | 比重 |
| --- | --- | --- |
| 0 次 | 23 | 9.6 |
| 1~5 次 | 172 | 72.0 |
| 6~20 次 | 36 | 15.1 |
| 21 次以上 | 8 | 3.3 |

表 2　老年人对社区相关治理活动的了解情况

单位：人，%

| 了解程度 | 人数 | 比重 |
| --- | --- | --- |
| 非常了解 | 40 | 16.7 |
| 比较了解 | 79 | 33.1 |
| 一般了解 | 104 | 43.5 |
| 比较不了解 | 16 | 6.7 |
| 非常不了解 | 0 | 0 |

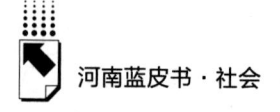

## （二）参与动力不足

老年人参与社区治理活动的前提是这项活动对其有足够的吸引力，他才有动力积极参与。在参与社区治理活动的216名老人中，因为有活动礼品才参与的有118人，人数最多；因为居委会、社团等邀请或动员才参与的有79人；认为作为社区的一分子理应参与社区治理活动的有58人（见图1）。以上数据反映了目前老年人参与社区治理具有被动、公共意识弱的特征，整体参与动力不足。如居住在洛阳市某社区的一名老人表示："我平时不怎么爱参加社区里的活动，都是听说有小礼品送，我才参加的。上次有一个反诈宣传活动送鸡蛋，我是喊上我老伴一起去的。"

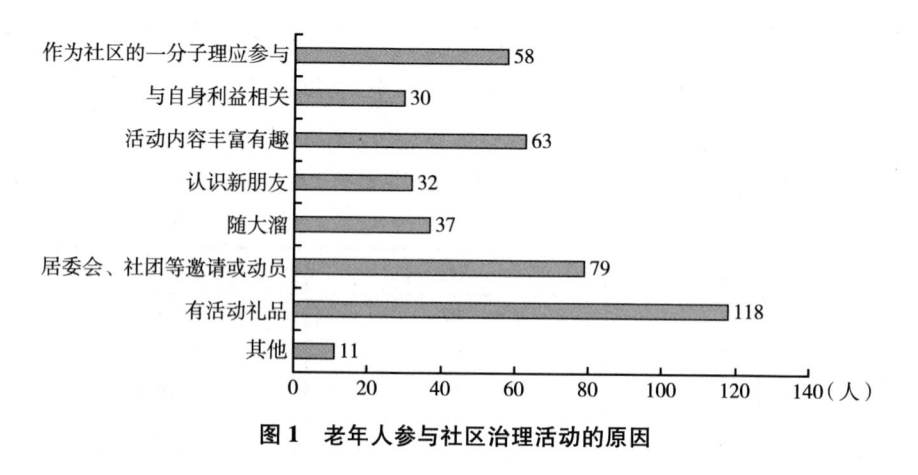

图1 老年人参与社区治理活动的原因

## （三）活动内容单一

整体来看，河南省城市老年人参与社区治理活动的内容主要包括社区自治类、投诉维权类、文娱类、社区公益类。在参与社区治理活动的老年人中，参与文娱类活动的最多，有106人；参与居民组织的兴趣活动的有86人。由此可以发现，老年人对文娱类活动的参与度比较高。在维护自身权益方面，参与投诉维权类活动的老年人比较多，有87人；参与社区公益类活动的老年人较多，有 71 人；除其他类活动，参与社区公共事务类活动的老年人最少，仅有 59 人（见图 2）。

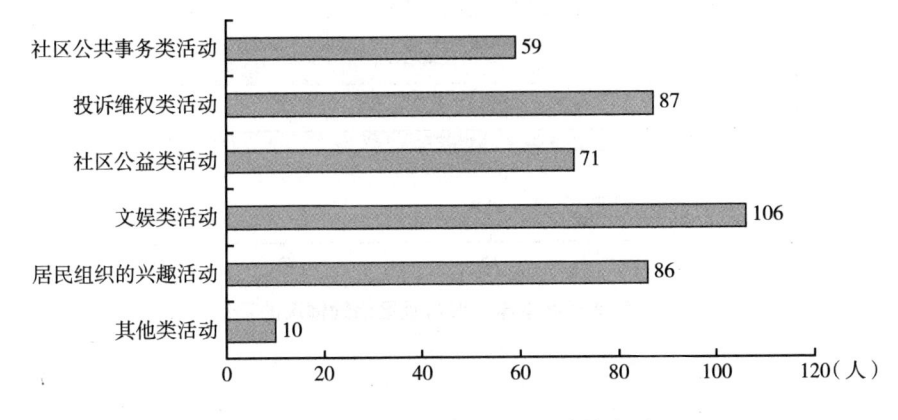

| 活动类型 | 人数 |
| --- | --- |
| 社区公共事务类活动 | 59 |
| 投诉维权类活动 | 87 |
| 社区公益类活动 | 71 |
| 文娱类活动 | 106 |
| 居民组织的兴趣活动 | 86 |
| 其他类活动 | 10 |

图 2　老年人参与社区治理活动的类型

文娱类活动内容主要包括舞蹈、合唱、下棋、乒乓球等，活动形式比较单一。志愿服务主要是在社区内调解邻里纠纷，进行环境保护、宣传教育等，内容比较常规。社区公共事务类主要是参与民主选举、民主评议、民主监督、居民代表会议等。在社区对老人进行访谈时，大家普遍表示，社区治理活动缺乏特色和新意，而且大多数时候是表面化、走形式的参与，根本起不到什么实质性作用。

## （四）参与满意度较低

在被问及对本社区老年人参与社区治理情况如何评价时，认为一般和比较好的分别有 73 人和 72 人，占比较高，分别为 30.5% 和 30.1%；认为非常好的占比仅有 13.8%，认为比较不好的占 17.6%，认为非常差的占比为 8.0%（见图 3）。对于身体状况不佳、社区归属感不强的老人来说，参与社区治理存在一定的阻碍，他们的参与需求更应该得到重视，以整体提升老年人对参与社区治理的满意度。

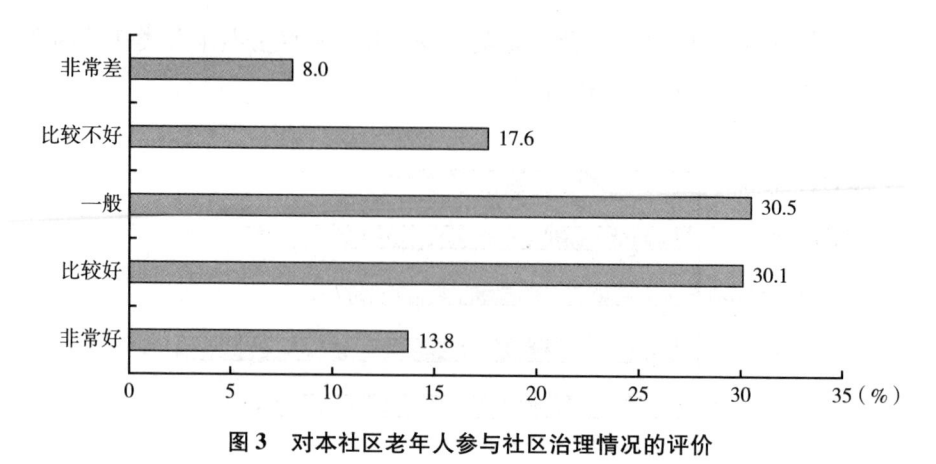

图3 对本社区老年人参与社区治理情况的评价

## 三 河南省城市老年人参与社区治理存在问题的原因分析

理想的社区治理模型应该是政府、市场、社会、居民等多方力量的共同参与，多方力量扮演不同的角色，各司其职，推动社区协同发展。[①] 当前，河南省城市老年人参与社区治理的比重相比过去已经有了很大提高，但强烈的参与意愿与低层次的参与现实之间的矛盾还普遍存在，归结起来主要有以下几个方面的原因。

### （一）政府层面：缺少相关支持

**1. 制度保障体系不完善**

相较于医疗保障政策和社会保障政策，我国针对居民进行社会参与的相关政策还不够完善，法律和政策中有关老年人进行社会参与的内容，多是原则性和倡导性的，河南省同样存在这方面的问题。关于社会参与、社区治理等方面的指导性文件匮乏，对居民参与社区治理更是缺少相关的制度保障。

---

[①] 鞠春彦、李凯：《"老有可为"：在参与社区治理中实现积极老龄化》，《人文杂志》2020年第6期。

2019年，河南省出台《关于加强和完善城乡社区治理的实施意见》，这是河南省委、省政府出台的第一个关于城乡社区治理的纲领性文件，明确提出基本形成基层党组织领导、基层政府主导的多方参与、共同治理的城乡社区治理体系，鼓励、支持、引导社区居民增强主人翁意识和积极参与社区建设。但文件中对居民如何参与、怎么参与、有何保障等缺少细化落实方案。老年人由于身体健康状况和生理机能的退化，在参与某些社区治理活动时不可避免地存在安全隐患，法律法规的不健全让老年人在参与社区治理时有一定的顾虑，导致老年人参与社区治理的积极性不高。

2. 体制机制不健全

一是志愿服务机制不健全。当前老年人参与社区治理，大多以志愿者身份参与其中，且以集体行动为主，老年人的个体自主性难以有效发挥。同时，在志愿服务的褒奖激励方面，河南省尚未出台有关的规范性政策文件，相关工作机制的欠缺极大影响了老年人参与社区治理的积极性。

二是社区社会组织培育机制不健全。社区社会组织是由社区居民发起成立的，在城乡社区开展为民服务、公益慈善、邻里互助、文体娱乐和农村生产技术服务等活动。2020年，《河南省民政厅关于大力培育发展社区社会组织的实施意见》发布，经过近三年的发展，河南省社区社会组织的建设工作取得一定成效，但总的来说还存在发展水平不高、作用发挥不明显、内部管理不完善、居民参与热情不高、公信力不足等问题，缺乏专门机构或组织来管理和指导老年人参与社区治理。

三是学习培训机制不健全。老年人自发参与社区治理，往往面临自身能力不足、参与意愿与现实需求不匹配的问题，在调查中也发现不少老年人有同样的困扰。一些老年人自述"想参与但参与不了"，除了文娱类活动，其他类活动老年人普遍参与较少，如果是专业一点的志愿服务或者宣传教育，老年人的参与比重更低。河南省内大部分社区对老年人参与社区治理的培训有所欠缺，尤其是在科技和互联网快速发展的今天，很多新的参与方式和服务技能需要及时传达给老年人并培训到位，以全面加强与提高老年人参与社区治理的能力和水平。

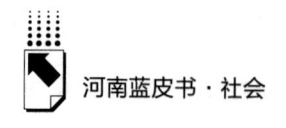

## （二）社区层面：公众参与机制缺失

**1. 社区居委会职能定位不清晰，权责模糊**

根据我国相关法律规定，居委会是居民自我管理、自我教育、自我服务的基层群众性自治组织，居委会又是各级政府、群团组织等完成社会管理任务的最后层级，发挥着"上传下达"的作用。现阶段，河南省大部分社区面临的一个共同问题就是社区居委会行政化凸显，而自治功能和服务功能弱化，承担的行政性事务过多，占据了大部分的时间和精力。在实际运行过程中，考核检查多、材料会议多，社区居委会早已不堪重负，难以将重心转移到自治职能上来，无法更好地满足居民不断增长的需要，① 在为居民服务上便显得"有心无力"。再加上基层工作人员短缺、工作任务量大、保障水平低等，社区服务人员在组织居民参与社区治理时难以真正"走心"、下功夫，很多时候组织老年人参加治理活动就是充人数、走过场、走形式，导致老年人参与社区治理的质量不高。

**2. 管理制度不规范**

社区作为基层治理的基本单元，需要协助政府部门做好本社区居民的管理工作，及时制定和完善与本社区发展有关的各项治理制度。目前，河南省的社区普遍缺少这样的制度规范，居民自治章程和居民公约不健全，有些社区制度颁布后，也存在知晓度不高、可行性差、执行不力等诸多问题，难以落实落地。针对老年群体参与社区治理的制度规范更是匮乏，有些制度设计也没有充分考虑老年人的特殊性，在服务需求、实施的难易程度等方面都存在堵点，给老年人参与社区治理造成阻碍。

**3. 支持保障不足**

老年人参与社区治理活动，离不开社区提供的各种服务保障。在经费方面，社区的性质决定了其自身没有经济来源，社区工作人员的工资、日常工作和活动经费主要还是依赖财政拨款，但目前河南省内投入社区的经

---

① 贾智丞：《社区居委会"去行政化"改革问题及对策》，《新西部》2018年第20期。

费比较有限,支持老年人参与社区治理的活动经费更是少之又少。在活动场地方面,一些社区由于面积限制,老年活动中心、居民广场、文化设施等建设还不完善。在资源链接方面,当前河南省内一些社区的专业社会工作人员配备不到位,在专业服务提供方面还有很大不足。一些社区存在不作为现象,没有深入了解和考虑老年人的需求,不能主动为居民链接多样化资源,养生课堂、心理服务、健康指导等老年人喜闻乐见的活动较为匮乏。在参与渠道方面,很多居民参与活动还是靠居民之间口口相传,或者居委会、物业在群里通知,消息获取不及时、参与渠道不畅,影响老年人参与活动的积极性。

## (三)居民层面:主客观因素限制

老年人参与社区治理,主要受到主客观两个方面因素的影响。

### 1. 主观方面

一是老年人公共意识不强。公共意识指独立自由的个体在集体中所具有的一种整体意识或整体观念。参与社区治理,首先需要居民对生活的社区有正确的认知。调查显示,老年人对"社区治理"的概念缺乏认识,普遍认为社区治理的主体是政府或居委会,自己作为普通居民无权参与或者认为与自己没有关系而不积极参与。老年人认为自己作为社区的一分子理应参与社区治理的还明显较少,在公共意识上的认识还不到位,不能很好地发挥"主人翁"精神,从而自觉、主动地参与社区治理活动。

二是老年人社区归属感不强。社区归属感是居住在社区内的居民把自己归入某一地域人群的心理状态,这种心理既有对自己社区身份的确认,也带有个体的感情色彩,包括对社区的投入、喜爱和依恋。[1] 调查中,老年人社区归属感一般的占比最高,为 42.7%,社区归属感非常强的仅有 18.8%。

---

[1] 王思斌:《体制改革中的城市社区建设的理论分析》,《北京大学学报》(哲学社会科学版) 2000 年第 5 期。

老年人社区归属感不强,对社区的认同度、依恋度、投入度等不高,直接导致其参与社区治理的动力和积极性不高。

**2. 客观方面**

从客观因素来说,老年人因为身体状况不佳、行动不便而不能很好地参与社区治理活动,即使有强烈的参与意愿,但受身体状况所限无法参与。在时间方面,部分老年人与子女、孙辈同住,日常做家务、带小孩等占据了个人时间,抽不开身去参与社区治理活动;一些子女因担心父母参与活动时的安全,而不支持父母主动参与。诸多客观因素的限制,使得老年人"心有余而力不足"。

### (四)社会层面:思想认识不足

受中国传统思想观念影响,社会上的大多数人甚至包括老年人自己都认为老年人是弱势群体,是被照顾者和服务的享受者,而忽略了老年人自身的主观能动性。积极老龄观认为,老年人不仅不是社会的负担和包袱,还会成为社会发展进步的动力和财富,强调老年人的价值,鼓励老年人继续发挥余热,增强老年人的价值感。随着老龄化进程的持续加快,老龄人力资源有很大的开发空间,但是当前社会对积极老龄观的认识还不到位,在支持和保障老年人社会参与的权利上还存在极大的不足。

## 四 推动老年人有效参与社区治理的路径与对策

推动老年人高质量参与社区治理,需要各方凝聚共识、强化合作、协同发力,全力为老年人参与社会治理提供坚实的保障。

### (一)政府层面

**1. 加强制度保障**

针对社区管理制度不完善的问题,河南省相关部门要深入学习贯彻习近平总书记关于老龄工作的重要指示精神和党的二十大有关决策部署,全面落实积极应对人口老龄化国家战略，加快政策的落实和细化。制定有利于老年人参与社区治理的制度政策，健全法律法规，明确老年人的地位和角色，对其权利和义务进行明文规定，持续推进制度化、规范化、法制化建设，为老年人参与社区治理提供坚实的法治保障，切实保护老年群体的合法权益。同时，要强化部门联动工作机制，加强各涉老部门的合作联动，凝聚为老共识，形成工作合力。

2. 加大财政支持

社区的经费来源主要依靠政府拨款，当前财政支持老年人参与社区治理还存在很大不足，对社区工作人员的保障还有待提高。要加大支持社区发展的财政资金投入，加快补足社区建设短板，对社区养老服务中心、0~3岁婴幼儿托育服务、智慧养老等方面加强资金支持，为老年人参与社区治理创建良好环境。

## （二）社区层面

### 1. 完善自治体制

社区要从根本上认识到健全的体制不是为了方便行政管理，而是为了更好地推动社区自治，实现社区良性治理，为社区居民提供更完善的服务。社区要明确自身的定位和职能，在协助政府做好基本工作的同时，将更多的精力放在促进社区自身的发展上，推动形成基层党组织领导下的充满活力的基层群众自治机制，把社区民主自治与政府依法行政紧密结合，努力实现"小政府、大社会"的现代城市社区治理格局。[1] 加快完善社区自治制度，充分听取老年人的意见建议，使政策更符合老年人的需求，同时做好政策的普及宣传，提高老年群体的知晓率，强化老年人参与社区治理的自我意识和责任意识。

### 2. 创新治理模式

当前，多元主体共同参与的治理模式正在加快形成，社区作为服务的提

---

[1] 蔡冬峻：《和谐社区治理中的政府角色转变》，《中共中央党校学报》2010年第2期。

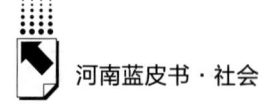

供者，要发挥好资源链接的作用，逐步建立健全以社区为基础平台、以社会工作者为支撑、以社会组织为载体、以社区志愿者为辅助、以社会公益慈善资源为补充的"五社联动"机制，拓展老年人参与社区治理的途径。要根据老年人的健康状况、心理状态、兴趣爱好等，定期对老年人进行需求评估，充分考虑和尊重老年人的个体性和差异性，分类开展实施形式多样的活动，培育多元化的社区社会组织，尽力满足老年人的需求，吸引老年人积极参与社区治理。同时，用好互联网技术，建立智慧平台，为老年人参与社区治理提供更加便捷的服务，智慧平台不受时空的限制，可以为身体不便和没有时间参与社区活动的老年人创造更多的参与机会。

### （三）老年人层面

**1. 强化公共意识**

老年人的社区公共意识及归属感薄弱，导致老年人对参与社区治理不热情。从老年人自身来说，要勇于突破传统思想的束缚，积极参与社会生活，多理解和支持社区开展的各项工作，多参与社区组织的活动，增强对社区的认同感和归属感，以"主人翁"精神积极参与社区治理，充分发挥自己的才能才干，实现双向发力的目标。

**2. 持续加强学习**

"活到老，学到老。"针对老年人想参与社区治理而能力不足的问题，作为社区治理主体的老年人要有主动学习的意识，不断增强自身的能力，通过社区培训班、老年课堂、互联网等多种渠道学习相关技能，丰富知识储备，提高个人能力。老年人之间也要加强互动交流，多分享学习经验，营造共同学习、共同进步的良好学习氛围。

### （四）社会层面

当前，社会上对老年人存在"包袱论""弱者论""供养论"等看法，[1]

---

[1] 党俊武：《老龄社会的革命——人类的风险和前景》，人民出版社，2015。

把老年人当作社会发展的负担，忽视了老年人的内生动力。社会、政府和媒体要加强积极老龄观的宣传贯彻，推广好的经验、做法，引导全社会扭转对老年人的认知偏差，重视老年人力资源的开发和利用，努力使全社会关心和支持老年人进行社会参与的氛围更加浓厚，形成"老有可为"的良好发展局面，切实增进老年福祉。

# 调查篇

## B.12
## 网络公共事件舆情特点及舆论引导路径[*]

——基于2014~2023年河南网络公共事件的分析

殷辂[**]

**摘　要：** 网络公共事件对事件的聚焦不一定是映现式的，而会出现一定程度的变异失真，正因如此，才出现网络舆论引导的问题。网络公共事件的舆论引导是治理语境下的命题，其本质是多元舆论主体共同引导舆论，彰显公共事件本来的是非曲直。只有相信人的理性和良知、变多元舆论主体为舆论引导共同体、构建理性沟通的机制、发挥民众的主体作用，网络舆情才能还原事件的本来面目，网络公共事件才能真正平息。

---

[*] 本文系国家社科基金一般项目"网络话语空间公共性重构问题研究"（22BSH147）、河南省哲学社会科学规划项目"网络舆论'治理式'引导机制研究"（2020BZZ003）的阶段性成果。

[**] 殷辂，博士，河南省社会科学院人口与社会发展研究所研究员，研究方向为社会治理、网络舆情。

# 网络公共事件舆情特点及舆论引导路径

**关键词：** 网络公共事件　舆论引导　舆情治理

随着信息技术的发展，互联网成为社交、分享信息、获取信息、参与公共生活的公共媒介。21世纪以来，网络空间进一步拓展，在公共论坛、贴吧基础上又出现了博客、微博、微信、短视频等新型媒介，形成了一个不依赖物理空间的话语交往平台。随着移动互联时代的来临，网络话语空间参与度大幅提升，成为日常生活之外的"第二空间"，对社会生活产生巨大的影响。网络公共事件是社会事件在网络话语空间的展现，但这种展现不一定是映现式的，而会出现一定程度的变异失真，需要借助舆论引导回归正常，但网络公共事件的舆论引导不是舆论控制，而是治理语境下的命题，需要更新观念，构建多元舆论主体共同参与的社会机制。

## 一　网络公共事件的舆情构成及舆论引导的必要性

舆论是"社会中相当数量的人对于一个特定话题表达的个人观点、态度和信念的集合体"[①]。它包含了三层意思：一是舆论形成的前提是存在共同关注的话题；二是舆论是相当数量的人互动的结果；三是舆论是在共同关注话题之上产生的社会判断。也就是说，舆论是在共同关注的事项或话题上形成的"总体性"意见和判断，这种界定虽然点出了舆论的性质，但没有触及舆论的形成过程。"总体性"意见和判断是怎样形成的？是否体现了事件本来的是非曲直？如果舆论失真和变异，这种现象是怎样形成的？这些是研究舆论及舆论引导必须面对的问题。

李普曼认为，大众舆论并非媒介对真实事件的镜像映现，而是在"拟态环境"之下经过媒介选择和加工之后展示出来的"象征性现实"。所谓

---

① 《不列颠百科全书》（国际中文版），中国大百科全书出版社，1999。

"拟态环境"是传播媒介造就出来的信息环境,是"主观"过程的结构化、客观化。舆论是"拟态环境"下的舆论,这种观点解释了舆论可以在特殊时段被媒介等外部因素干扰乃至支配,但如果由此得出没有真实舆论的结论,就陷入了虚无主义的泥潭,其结果是为力量比拼、操纵舆论张目。"拟态环境"的现实意义在于,它揭示了公共事件的舆情不一定是事件的直观映现,而会受到社会背景、媒介因素的影响,但由此将网络舆论、舆情视为一个主观现象,就会排斥真相和是非,舆论引导就会成为某些人主观意志的代名词。

网络媒介的出现使得平等性、互动性、开放性成为技术内嵌的属性,舆论主体多元化已经成为现实,舆论的本质内涵虽然没有发生变化,但形成过程、表现形式与传统媒介时代大不相同。在网络时代,网络话语空间已经成为社会舆论的发源地,社会舆论从"台下"走向"台上",网络话语空间发挥着重要的作用。与此同时,我国进入风险凸显的时期,结构性张力必然会在网络话语空间中显现出来,对社会舆论产生影响。网络媒介具有即时性、超速传播、去中心化等特点,在风险社会背景下,有可能形成新的路径依赖,改变舆论生态的格局。在网络社会与风险社会重合的时期,网络突发公共事件发生频率提高,舆情不一定是事件的真实映现,而受到社会背景、网络媒介的影响。换言之,在社会现实环境发生重大变迁的同时,舆论形成的场域、媒介发生了巨大变化,舆论的生成、演变机制不仅受背景因素影响,也与信息技术造就的网络话语空间密切相关。

网络公共事件是指激发或触动"公共议题",由网络话语引发网民围观、讨论、参与,并产生广泛社会影响的事件。突发事件之所以被广泛关注,除了事件本身具有震撼性和冲击性,还因为事件触动了与现实矛盾、问题相对应的集体认同和社会情绪。如果突发事件是前景,那么现实矛盾、问题就是背景,正是事件、背景、媒介三者的交互作用,才会产生强烈的社会影响。总之,网络舆论并非事件(议题)在网络媒介中的直观映射,而是掺杂了事件(议题)之外的因素。社会结构张力带来的先入之见、情绪性因素必然会在网络舆论中体现出来,操纵舆论的冲动不会自动退却，网络水军炒作事件、流量经济下的"造热点""蹭热点"现象不会自然消失，算法推送不断强化信息接收者的初始偏好，这些因素决定了网络事实不一定是客观事实，而会出现失真和变异，舆论引导的必要性毋庸置疑。

网络公共事件舆论引导需要回答以下问题：舆论引导的主客体是谁？是社会一部分人对另一部分人的引导，还是多元舆论主体共同引导？舆论引导的目标是什么？是将舆论牵引至某个特殊的方向还是彰显事件（议题）本来的是非曲直？舆论引导的手段是什么？是构筑"堤坝"还是"疏通淤塞"？"拟态环境"之论说，只能说明非治理状态下的舆论会偏离事件本来的是非曲直，但不能由此将舆论置于主观性的范畴，否认真实性和合理性的存在。舆论或舆论引导是治理语境下的命题，它不是以一部分人的意志操纵另一部分人的思想，而是彰显事件本来的是非曲直。网络公共事件舆论引导的前提是相信事件存在本来的是非曲直，若否认真相、公道和共识，舆论引导就成为操纵人们意向、意志的工具。

## 二 2014~2023年河南网络公共事件及其舆情特点

网络公共事件由具有冲击性的社会事件引起，在网络话语空间聚焦蔓延，形成强烈的舆论效应和社会影响。网络话语空间自在中国兴起之日起，就成为激发公共议题、联结聚合网民的纽带。2014~2023年，发生在河南且在网络话语空间发酵的公共事件较多，一些事件颇具典型性，其舆情具有鲜明的特点。

### （一）网络公共事件指涉的问题具有阶段性特征

网络公共事件并非事件在网络话语空间的直观反映，而是事件、背景、媒介交互作用的结果。事件被聚焦、围观并且持续发酵，虽然与事件本身的冲击性有关，但若没有事件背后的集体认同和社会情绪，就只是简单的新闻事件。同时，公共事件与媒介存在关联性，若不考虑媒介的性质和特点，就无法把握网络公共事件的本质。事件、背景、媒介三者交织在一起，直接影响舆论主体的价值判断，在某个时段内形成"总体性"意见，构成网络公共事件的舆情。因此，认识网络公共事件不仅需要观察社会背景或环境，还需要观察媒介特征，并且从中得出网络公共事件舆情的阶段性特征。2014~2023年河南网络公共事件的阶段性特征较为清晰。2014~2016年，网络公共事件中强拆事件、城管及基层工作人员违规执法事件较多，其中一些事件产生了强烈的社会影响。从2017年起，强拆事件、城管及基层工作人员违规执法事件开始减少，社会伦理事件增多，教育领域、医疗领域存在的各种问题成为网络话语空间关注的对象。网络公共事件的阶段性特征反映了社会治理的状况，也与网络媒介的更新有关。

### （二）网络公共事件舆情生成及传播途径呈现多元化态势

随着网络信息技术的发展，进行信息分享和交流互动的虚拟网络社区、互动式交流平台出现，为民众提供了表达诉求、参与公共生活的机会。在传统媒介时代，信息生产和传播的轨迹是单向的、垂直性的，但网络话语空间的出现打破了这种格局，普通民众不再是被动的信息接收者，而成为生产者和传播者。进入移动互联时代，互联网使用人数激增、新型社交平台不断涌现、网络空间的参与度进一步提升，对社会舆论产生了重要的影响。微博、微信、抖音等社交工具成为信息发布、传播的平台，民众的转发、点赞、评论能够迅速、大范围地传递信息，对网络公共事件的舆情生成和扩散产生影响。在移动互联时代，一旦出现引发共鸣、共情的社会事件，就会演变为公共事件。一些公共事件一经报道就立即引起各种类型媒介的关注，并且形成传统媒体和新型媒介、自媒体和主流媒体的互动，在很短时间内引爆网络。近年来，自媒体在很多时候成为网络公共事件的信息源，比如拆迁人员是"最可爱的人"事件，该事件原本是地方媒体的"正面"宣传，但经过自媒体报道和评论后，触及民众的痛点，引发大规模的舆情，这些事件反映了地方媒体与民众对同一现象的不同取舍。网络公共事件是舆论生产社会化的产物,其舆情生成、演变具有社会性,而媒介的多元化是舆论生产社会化的前提条件。

(三)网络公共事件舆情存在放大、失焦、衍生现象

网络公共事件是事件、背景、媒介三者交互作用的产物。事件本身的特殊性、冲击性是前景,而事件背后所对应的集体认同和社会情绪是背景,前景在背景的"衬托"下,往往会产生扩散及放大效应。除了这种一般性规律,外在的因素,比如媒介炒作、应对失当等,也会进一步将事件放大。因此,网络公共事件并不"单纯",而是连带了背景因素及其他外在因素。网络公共事件一旦形成,围绕事件的一举一动都会被置于网络的"聚光灯"下,相关信息、问题会被深入挖掘,其指向也会向外发散,产生失焦现象。同时,涉事者及涉事地官方的行为态度成为围观的对象,若言行不当,就会衍生新的事件。真相和是非曲直越是不能显现,事件的持续时间就会越长,而持续时间越长,议题指向失焦、衍生问题也就越突出。在2014~2023年100例河南典型网络公共事件中,舆情放大现象较为普遍,不乏失焦、衍生现象。比如2018年的城管抽梯事件,舆情关注点从城管粗暴执法演变为相关部门处置失当,再从处置失当问题演变为舆情应对问题,形成典型的舆论危机。2021年的安阳狗咬人事件与此类似,它由某基层工作人员"任性"行为引起,但由于处置不当,事件变成了与地方政府治理相关的公共事件,事件"变异"的过程值得深思。2023年的中原迷笛音乐节失窃事件也具有典型性,在这个事件中,少数人的偷窃行为应该是事件的核心,但中原迷笛的回应博文、河南人的品性却成为社交媒体评论的热点,失焦、衍生现象非常明显。

## 三 网络公共事件舆论引导存在的问题

(一)舆论引导的主体单一,多元舆论主体引导舆论的局面尚未形成

舆论引导面临的最基本的问题是谁来引导舆论、按谁的意志引导、引导

至何处。在网络时代，多元舆论主体已经形成，舆论引导应该是舆论主体共同引导舆论。换言之，舆论引导的主体是包含政府、媒体工作者、民众在内的多元舆论主体，舆论引导的客体是舆论而不是某一群体，舆论引导的目标是彰显公共事件本来的是非曲直。但在现实中，多元舆论主体共同引导舆论的局面并未形成，网民的主体作用并没有发挥，网民在很多时候沦为舆论引导的客体，这形成一种很奇怪的状态：网民是舆论生成的主体之一，却是舆论引导的客体。在网络公共事件中，涉事地方政府相关部门及媒体往往"自觉"地扮演舆论引导主体的角色，而网民及一部分外地媒体却发挥着制造、扩散舆情的功能。一方为事件定调，而另一方质疑定调、寻找"新闻"点，在这种对峙状态中，舆情向纵深延伸。在持续性较长的网络公共事件中，这种现象表现得尤为明显。网络舆论引导主体并非涉事地政府部门，而是包含网民在内的舆论共同体，发挥其主体作用、为其提供引导渠道，是舆情走向正常的必由路径。

### （二）舆情回应不以形成共识为目标，缺乏必要的互动沟通

在网络公共事件的后续演变过程中，涉事者、涉事地的态度是一个重要的变量，其回应方式直接影响事件的走向。但一些地方和部门却无法"拆除心中的围墙"，在面对舆情时，缺乏理性沟通的态度，不以形成共识为目的，而是生硬地发布"调查结论"，这种不摆事实只讲结果的回应方式易造成舆论的激化，陷入"回应—质疑—再回应—再质疑"的恶性循环。在舆情回应出现问题的案例中，几乎都存在这种怪圈，这不但不能得到网民的认同，反而会激起更大的舆论波澜。在这些事件中，涉事地或部门官方所发布的事实与网民所"观察"到的"真相"存在很大的偏差，两者形成对峙的局面，这种对峙持续的时间越久，共识也就越难以形成，最终只能依靠上级部门的介入。比如2017年幼女编造被老师强奸事件，在幼女亲戚发布"何某被教师强奸，公安机关不予立案"的帖子之后，当地警方当天就快速回应、火速辟谣，却只下结论不提供事实，这种做法不但没有平息舆论，反而掀起了更大的舆论浪潮，网民认为当地警方的做法反而坐实了幼女亲戚的说法。在舆情扩大之

后上级警方介入,在公布调查过程和事实之后,真相得以显现,网络舆情开始反转。舆情回应并非单方面地发布信息,而是"摆事实、讲道理"的过程,只有形成基于真相和公道的共识,网络舆情才能真正平息。

## 四 网络公共事件舆论引导的路径

在网络时代,舆论主体发生了重大变化,多元舆论主体已经形成、主体"客体化"的现象已经被信息技术消解、主体间传播关系取代了传统的主客体结构,在这种情况下,网络舆论的引导应该依理应变,构建与网络时代相适应的新机制。网络舆论是多元舆论主体围绕公共事件交互作用的结果,舆论的生成及影响具有社会性,舆论引导方式也应该是社会性的。没有民众的参与,舆论引导不可能奏效。网络舆论引导是治理语境下的命题,其客体是舆情而不是民众,是主体间(政府、媒介、民众)共同治理,而不是某一方对另一方的管制。舆论引导的本质是多元舆论主体共同引导舆论,彰显公共事件本来的是非曲直,只有发挥民众的主体作用,网络舆情才能还原事件的本来面目,网络公共事件才能真正平息。

### (一)相信人的理性和良知,彰显公共事件本来的是非曲直

网络公共事件的舆情与人的主观状态息息相关,但由此将公共舆论视为主体间互动或博弈的结果,割裂舆情与实情的关系,只承认"拟态事实",否认事件存在本来的是非曲直,就陷入了虚无主义的泥潭。公共舆论是多元舆论主体围绕公共事项互动的结果,但舆论主体走到一起不是为了玩游戏,其目的是追求真相和公理。若否认真相和公理的存在,那么就只有主观的"虚构",凭借实力玩弄"真相"、制造"公理"的现象就会大行其道。任何现象都不离心识,这无疑是正确的,但心识存在蒙蔽与澄清的差别,前者昧于事理,而后者彰显事理,若消除附着在心识之上的蔽障,回到人心之所同然,真相和公理就能够显现。网络公共事件舆论引导的前提是相信人的理性和良知,相信公共事件有其本来的是非曲直,只有在这个前提之下,舆论

引导才不会走偏。网络公共事件的舆情有可能不是实情，但却不会长久地偏离实情，只要放下私心杂念，以真诚的态度追求真相和公理，消除认识蔽障，失真变异的舆情就会逐渐回归。

### （二）顺应舆论主体多元化的现实，构建舆论引导共同体

数字技术构建了具有开放性、平等性、交互性、去中心化的网络话语空间，它将民众表达诉求、参与公共生活的需求激活，形成了多元舆论主体。单中心、垂直性的资讯传播方式已经被信息技术瓦解，旧的舆论引导理念、方式已经无法适应现实的变化，需要在善治理念之下构建新的舆论引导机制。数字技术构建的话语空间与多元舆论主体协同共治有着天然的亲和性，但这种局面不会因为技术进步自动实现，需要更新观念、改变旧的社会关系和管理模式。在技术革新的基础上"以新促新"，变多元舆论主体为舆论引导共同体就是顺应现实变化的理性选择。构建网络舆论引导共同体，其本质是发挥民众的主体作用，形成多元舆论主体共同引导舆论的局面。推动网络话语空间与体制的融合，重构网络话语空间的公共性，将其变成政府、媒体、民众共同参与、共同治理的领域，改变各自为政的私人状态，为民众提供话语表达的正式渠道，舆论引导就会进入新的境界。

### （三）改善地方政府舆情应对方式，防止局部利益挟持政府整体形象

网络公共事件发生之后，涉事地政府部门需要应对网络舆情，其舆情应对直接影响事件的变化方向。应对得当，舆情所涉及的问题得以解决，事件就会平息；应对失当，就会将一般性事件转化为涉政事件，进而产生公共舆论危机，直接影响地方政府的公信力。目前，地方政府舆情应对存在一些问题，其中对政府公信力破坏最大的问题是集体为个体行为买单、局部利益挟持政府整体形象。在舆情应对失当的案例中，这个问题表现得最为突出，在舆情通报、事件处置等方面都有所体现。改善舆情应对方式不是一个技术问题，而需要"拆除心中的围墙"，真正回到事件本身，将真相和公理的彰显放在首位，积极解决舆情背后的问题。

## （四）完善互动沟通机制，清除附着于公共事件上的私利、私意、情绪

沟通的本质在于展现舆论主体之间的共通性，发现不同意见背后的价值取向及其所蔽、所限，从而实现从意见到共识的转变。在网络话语空间中，不经过辩驳的意见都只是一种主张或观点，并没有天然的优先性，但意见即便没有道理，也会以追求真理的名义出现。因此，意见与真理并不完全对立，不能一开始就以"真理"为名将不同意见排除在外，只有在沟通乃至交锋中，才能发现各种意见存在的问题，合理与非理才会显现出来。目前，网络公共事件的舆情通报制度已经形成，但大多是单向的信息发布，没有建立互动式的回应机制，其结果是地方政府与民众各说各话，无法清除附着于公共事件上的私利、私意、情绪。从单向的信息发布转向多向的互动，回应民众的意见和质疑，才能够保证舆论引导的有效性。网络话语空间具有天然的交互性，这给有效沟通提供了机遇，充分利用信息技术革命带来的机遇，拓宽沟通渠道、营造理性的沟通氛围，让每个主体充分表达意见，才能清除附着于公共事件上的私利、私意、情绪，形成基于真相和公道的共识。

# B.13
# 2023年河南省网络舆情分析报告

张 侃

**摘 要：** 2023年河南网络舆情热点频出、话题丰富，灾情、经济、民生等方面的舆情热度持续保持高位，在网络舆情总体平稳向好的大趋势下，传统传播格局持续发生着深刻变革。新形势下，河南网络舆情治理实践面临着一系列新的问题与挑战，需要立足于这些变革，充分把握当下社会发展的根本矛盾与主要风险，利用最新的科技手段的优势，通过转变治理理念、强化算法治理、实施大数据治理等优化举措，推进智能技术与网络舆情治理方式、手段的全面有机融合，开创新时代网络舆情治理新路径。

**关键词：** 网络舆情　舆情治理　智能时代

截至2022年12月，中国移动互联网用户规模突破12亿人大关，网民规模达10.67亿人，互联网普及率达75.6%[①]；河南省网民规模达9083.2万人，手机网民达8915.5万人，互联网普及率达91.6%，全省互联网用户总数达1.33亿人，居全国第4位，其中，移动互联网用户达9400.9万人，居全国第3位，互联网宽带接入用户达3934.8万户，居全国第4位[②]。互联

---

* 本文系河南省哲学社会科学规划一般项目"自媒体时代网络公共事件的舆情疏导与治理机制研究"（2022BSH013）的阶段性成果。
** 张侃，河南省社会科学院人口与社会发展研究所副研究员，研究方向为网络舆情治理。
① 《第51次〈中国互联网络发展状况统计报告〉》，中国互联网络信息中心网站，2023年3月2日，https://www.cnnic.net.cn/n4/2023/0303/c88-10757.html。
② 《〈2022河南省互联网发展报告〉发布 全省互联网用户达1.33亿户居全国第4位》，"网信郑州"百家号，2023年5月19日，https://baijiahao.baidu.com/s?id=1766282606946381835&wfr=spider&for=pc。

的快速发展带来了网络舆论的空前活跃，使用互联网的途径多元化和即时化也给网络舆情带来了新的特点和变化。2023年是全面贯彻党的二十大精神的开局之年，河南省网络舆情出现了许多新的特点和变化。河南正处于转型跨越发展的重要时期，经济社会发展面临着新的情况和挑战，而网络舆论既是对现实的反映，也影响着现实的发展，只有深入分析网络舆情发展的变化和趋势，主动介入、积极引导，才能保证网络舆论的健康发展，也才能使网络舆论促进河南经济社会的和谐、稳定、可持续发展，为全面建设社会主义现代化国家开好局、起好步，贡献河南力量。

# 一 2023年河南省网络舆情态势分析

2023年，网络舆情面临更加复杂多变的内外部形势。一方面，在网络社会和风险社会重合的大背景下，经济社会发展面临的外部环境不确定、难预料因素增多，经济恢复的基础尚不牢固，引发网络舆情事件的潜在风险增大；另一方面，以大数据和人工智能为代表的智能技术正在将我国推向第四次工业革命的浪潮，一个全新的智能时代正在到来。在此大背景之下，2023年河南网络舆情表现出新的趋势和特点。

## （一）降雨灾情伴随舆情，社会影响强烈

2023年5月底，河南在麦收季节遭遇了十年来最严重的"烂场雨"，并引发舆情。

这起网络舆情事件发端于抖音等新媒体平台，最初是一些自媒体以当地人讲述、现场视频发布的形式发布，迅速引发网络关注，将收割机由于手续不全在高速路被拦无法下高速和连续降雨导致小麦发霉、发芽的自然灾害相联系，形成网络舆情。由于河南是产粮大省，粮食安全问题牵动全国，加上2021年的"7·20"郑州特大暴雨灾害的情景还历历在目，这次网络舆情以"天灾+人祸"的形式一经爆出就快速传播，引发全国关注，社会影响巨大。

相关部门和官方权威媒体反应迅速，澄清及时，媒体很快就通过现场实地探访发布了真实消息，当地政府和省政府也反应迅速，及时制定了相关应对举措并快速落实，让本次网络舆情得以很快化解，最终取得了较为良好的舆论效果。

**（二）经济类、民生类舆情增多，凸显民众对疫情后经济社会发展的高度关切**

2023年，经济发展、民生改善是全社会关注的焦点。与此同时，经济类、民生类的网络舆情事件呈现增多的趋势。

2023年以来产生了一定舆情影响的事件有"郑州'学托'事件""四个高考大省打造'山河大学'事件"等。这些事件都与民众生活紧密联系，民众关注度高，初始事件一旦发生就很容易快速酝酿成网络舆情事件，风险很大。好在政府都第一时间做出了回应，并积极开展线上疏导和线下应对，使这些事件及时有效地得到了较好的处理。"山河大学"事件更是得到了教育部的关注与回应，表示要不断优化高等教育资源的布局结构，支持中西部地区，特别是人口大省扩大高等教育资源规模，优化类型结构和区域结构[①]。

**（三）舆情发生源头更加多元化，舆情爆发更加频繁且难以预判**

随着自媒体的蓬勃发展和不断普及，以及短视频的流行、即时通信技术的快速发展，舆情发生的源头呈现更加多元化的态势。过往，舆情酝酿发生的主要平台是微博、微信朋友圈等，现在则是以抖音、快手为代表的短视频传播平台和小红书、B站等媒介平台，这些新媒介引发的舆情占比迅速攀升。2023年河南发生的很多网络舆情事件，是在抖音、快手、小红书等新媒介上首先爆出的，并迅速在微博、微信、今日头条等各个网络媒介平台得到回应，最终形成了一股网络合力，出现多平台化特点。这些新媒介偏个性

---

① 《教育部回应"山河大学"：将不断优化高等教育资源布局结构》，"中国新闻网"百家号，2023年7月6日，https：//baijiahao.baidu.com/s？id＝1770639788179767723&wfr＝spider&for＝pc。

化、兴趣化、主题化，算法推送式、订阅式的信息推送方式使其具有较强的用户黏性，这种信息供给方式更容易形成"过滤气泡""信息茧房"，窄化信息获取范围，让舆情的形成、爆发更加频繁且难以预判，网络舆情也由此呈现全新的特征。

一是在信息的呈现上更加情绪化。一面之词先入为主，情绪优先、事实虚化，弱者身份情绪站队，指向明确、诉求直接更容易产生舆情，也更容易形成跨界传播，强化网络舆情影响力。二是网络舆情发生的多源头化。这让舆情来势更凶、升温更快，且因不同平台的网民构成和行为习惯不同，情绪表达更复杂、更多样，群体抱团和对立趋势更显著。三是网络舆情信息的多模态化。以往传统的文字符号和语音信息现在在人工智能和5G技术的加持下日益多样化，图片、视频、音频、动图、动漫等信息载体形式多样且相互融合，呈现一种多模态复合型的信息形态。这种多媒体形式的信息模式，一方面更具直观性、冲击性，给人以真实感，往往在网络舆情传播中产生更好的传播效果，推动舆情快速蔓延；另一方面则更容易躲避网络舆情治理的监管，不断出现各种新的隐蔽的舆情传播方式，增加治理风险。四是网络舆情传播的精准化和封闭化。智能时代，各种信息、新闻都基于大数据分析的"投其所好"式算法推荐向大众进行精准投递，一方面提高了个人获取所需信息的效率，也让信息的传播更具有效性，另一方面则容易让个人陷入"信息茧房"，难以自拔。这会进一步产生网络群体极化现象，加大网络舆情形成和爆发的风险。

## 二 河南省网络舆情治理面临的问题与挑战

当前，世界百年未有之大变局加速演进，新一轮科技革命和产业变革深入发展[1]，中国社会进入加速转型时期，多元化的利益格局、价值观念、文

---

[1] 《习近平：高举中国特色社会主义伟大旗帜 为全面建设社会主义现代化国家而团结奋斗》，"新华社"百家号，2022年10月25日，https://baijiahao.baidu.com/s?id=1747667408886218643&wfr=spider&for=pc。

化形态日益凸显,社会结构的异质化程度不断加深①,这必然映射在网络虚拟社会之中,引致网络舆论多元化与尖锐化的趋势不断加强。智能时代来临后,技术应用的广泛扩张与智能化程度的持续提高,加快网络舆论的生成、发展,让网络舆情治理面临新的变化与风险。2023年河南网络舆情热点频出、话题丰富,灾情、经济、民生等方面的舆情热度持续保持高位,在网络舆情总体平稳向好的大趋势下,传统传播格局持续发生着深刻变革。新形势下,河南网络舆情治理实践面临着一系列新的问题与挑战。

（一）虚假信息泛滥,网络舆论更易被操控

步入智能时代,人工智能的快速发展让机器批量生产内容逐渐普及,智能机器人逐步成为新的信息内容生产主体,这在大幅提高信息传播效率的同时带来了新的风险。一方面,智能机器人虽然能够实时监测全网络信息,第一时间从海量资讯中迅速爬梳、筛选出热点信息,生成新闻报道,但是其技术逻辑与传统媒体严谨的议程设置程序、方式截然不同,让智能机器人进行信息生产必然需要将信息筛选和议程设置的部分权力让渡给机器人与用户,这就使新闻报道中议程偏离的出现和虚假信息的产生成为可能。此外,由于本身的局限性,生产信息内容的智能机器人并不具有人的同理心与批判性思维,无法像资深媒体人那样对社会热点问题、时事新闻发表深度看法,在信息生产中有可能将真正涉及重大公共利益的信息忽略或边缘化,阻碍议程设置正向功能的发挥,进而削弱媒体的舆论引导力和网络舆情的治理效力。

另一方面,强大的人工智能技术可能被滥用。智能机器人被利用成为网络人工智能水军,在网络上刻意制造虚假信息,误导舆情治理决策。人工智能技术能够借助互联网控制成千上万个社交媒体账号,自动批量生产虚假信息或者带有强烈非客观立场观点信息,模拟真实用户在网络上发声,采用富有感情色彩的语言引导,影响网络用户的态度,有目的、

---

① 付琼：《智能时代网络舆论的风险治理与引导》,《人民论坛·学术前沿》2019年第22期。

有计划地制造热点、营造舆论幻象、误导公众,对特定事件、舆情进行放大、歪曲,进而操控网络舆论,人为制造热点、爆点。

(二)"后真相时代"兴起,非理性消解对真相的探求

"后真相时代"逐步兴起,成为当前舆情治理不得不面对的全新挑战。智能时代,移动互联网、人工智能等技术深度嵌入信息传播,一方面传统主流媒体有所衰落,公信力被不断消解[1],另一方面以自媒体为代表的新媒体迅速崛起,受众与媒介产生更多联结与互动。这都让舆论热点频出、传播更加快速,观点更加多元化,舆论生态发生了深刻变化。[2] 受众在这样复杂的舆论环境之中,难以凭借个人能力辨别观点真假,往往基于社会媒体小圈子中散播的情绪、立场或刻板印象直接进行主观判断,而不再执着于对真相的探求。这也造就了"后真相时代"的两个典型特征:一是情感大于事实,二是消解事实成为公众信息接收的常态。[3] 比如,河南夏收小麦遭遇十年来最严重的"烂场雨",很多地方出现了麦子发霉、发芽的问题,这本是一个自然灾害事件,但是网络上爆出南阳收割机由于手续不全无法下高速,网友们很快将两者联系起来,有意无意地"忽略"了天灾这一最主要因素和收割机被阻当日就得到了解决并没有长时间延误这一基本真相,单凭刻板偏见认为小麦发霉、发芽主要是相关部门阻挠收割机下高速收麦导致的。这更多是一种情绪化的宣泄,是一些自媒体为了博取流量进行的恶意引导。

"后真相时代",网络舆情与舆论的重心由"倒逼真相"和"追问真相"朝着"掌握真相的解释权"转移。[4] 网络舆情呈现舆论场域上的反相共生性、内容上的真假同构性、评判上的情理倒序性等新的特点。[5] 总之,

---

[1] 史安斌、杨云康:《后真相时代政治传播的理论重建和路径重构》,《国际新闻界》2017年第9期。
[2] 李彪:《智媒时代的舆论概念演进与舆论治理转向》,《青年记者》2022年第18期。
[3] 马璇、焦宝:《后真相时代次生舆情的成因及其应对》,《中州学刊》2019年第12期。
[4] 董向慧:《"后真相时代"网络舆情与舆论转化机制探析——互动仪式链理论视角下的研究》,《理论与改革》2019年第5期。
[5] 宋湘琴:《后真相时代网络舆情演变特点及其引导策略研究》,《重庆工工大学学报》(社会科学)2018年第8期。

"后真相时代"的到来使得舆论反转、情感宣泄、舆情危机、信任异化等成为常态,网络舆情更具有脱域的特点,任何能让一部分人产生共鸣的事件都可能引爆舆情,而到底哪些事件会引爆舆情,会聚焦于哪一个热点产生突发的舆情则难以预判。"后真相时代",真相仍是始终客观存在的,但是其重要性已经被削弱,因为真相会引发与产生什么样的舆情和影响,是不确定的、非理性的、情绪化的。

### (三)"过滤气泡"造成"信息茧房",引发舆论极化难以凝聚社会共识

舆论极化指群体成员在观点、态度和行为上的固有偏向,基于信息传播与沟通机制的作用,朝既有偏向持续移动,最终形成极端分化的舆论格局。[1] 智能时代,社交媒体、自媒体等的快速发展与广泛普及,不仅没有消解传统媒体环境下存在的舆论极化现象,反而进一步加剧了这一现象。Pariser等人在2011年就提出,网络社交媒体就是针对不同观点产生"过滤气泡"的虚拟空间。[2] 智能时代,网络的信息传播方式从以往以搜索引擎为主要输出端口的爬虫分类式被动输出,转变为以抖音、快手、今日头条、新闻App等为主要输出端口的算法分发式主动输出。[3]

在算法分发式主动输出的信息传播方式之下,智能算法能够根据用户日常行为自动进行信息的个性化定制,在实现信息精准传播的同时摒除了多元化信息。这种"过滤气泡"式的虚拟空间构建起一个"信息茧房",导致所有用户在不自觉间沉溺其中,使个体不断自我涵化和思维固化,被立场一致的信息裹挟,在持续地与立场或意识形态和自己相同或相近的用户直接互动的进程中不断加剧舆论极化的趋势。[4] 在网络中无所不在的推荐算法的牵引

---

[1] 杨洸:《智能媒体加剧了舆论极化?——基于媒介技术、信息特征和个人心理的分析》,《青年记者》2022年第18期。
[2] 转引自杨洸《智能媒体加剧了舆论极化?——基于媒介技术、信息特征和个人心理的分析》,《青年记者》2022年第18期。
[3] 张新平、金梦涵:《人工智能时代舆情治理的转型与创新》,《情报杂志》2021年第10期。
[4] 付翔:《智能时代网络舆论的风险治理与引导》,《人民论坛·学术前沿》2019年第22期。

下，个体长期困在自我的"信息茧房"之中，只能接受刻板的信息引导，导致个体认知的偏狭与盲目自信，严重缺乏对社会的整体性、客观性认知，缺乏与其他多元化观点的交流。这一方面不利于社会主流意识的凝聚，另一方面降低了个体对社会公共领域的关注度，减弱了个体对公共事务参与的意愿，严重阻碍了社会共识的凝聚和达成。

## 三 网络舆情治理的优化路径分析

步入智能时代，智能科技的快速发展及网络舆情传播方式的变化，一方面给网络舆情治理带来良好的机遇和强大的内生动力，另一方面网络舆论生态的急剧变化不断加强网络舆论多元化与尖锐化的趋势，让网络舆情治理面临新的巨大挑战。2023年河南省网络舆情既具有独特之处，又具有智能时代下网络舆情的共性。一方面，要立足河南经济社会发展的实际来把握其特点，充分认识到河南在立足新起点、迈向新征程的经济社会发展中所面临的问题与挑战，这往往是网络舆情形成的环境背景、物理基础和社会心理；另一方面，要认识到智能信息技术的快速发展和普及应用给网络舆情传播和治理带来了巨大的变革，以大数据、机器学习、虚拟现实和算法等为基础的智能技术，引发了网络舆情产生和传播的机制规律、网络舆情治理系统的运作逻辑，以及社会心理模式的整体性变革。网络舆情的治理也要立足于这些变革，充分把握当下社会发展的根本矛盾与主要风险，利用最新的科技手段，通过转变治理理念、强化算法治理、实施大数据治理等优化举措，推进智能技术与网络舆情治理方式、手段的全面有机融合，开创智能时代下治理有效的网络舆情治理新路径。

### （一）转变治理理念，大力提升网络舆情治理智能化水平

智能时代的网络舆情治理，需要运用新技术赋权舆情治理，实现"以技治技"。要切实转变治理理念，树立智能化治理思维，强化应用，真正实现智能技术对网络舆情治理的赋权。网络舆情治理的相关部门和

人员要深入学习、全面了解智能技术，并善于使用智能技术进行舆情治理。同时要高度重视智能技术在网络舆情治理方面的应用和开发，注重将传统舆情治理方式方法与大数据、智能技术相融合，不能在实践中将二者割裂甚至对立，而应当有机融合智能技术、物联网、云计算和传统舆情研判技术，关注专家分析与智能技术的协同，将人的价值与智能技术的优势相结合，充分发挥智能技术在监测、识别、分析、预判网络舆情事件发生机制、演变规律方面的作用，切实提高网络舆情数据分析和决策预判结果的准确度。

### （二）强化算法治理，充分运用算法技术进行高效率、高质量的网络舆情治理

算法分发式主动输出的信息传播方式一方面可能造成"信息茧房"，形成舆论极化，另一方面让无形的网络舆论在传播中变得"有迹可循"，从而为舆情的精准引导提供了新的途径。首先，可以通过科学分类、精准推送来强化正向引导。在热点话题、网络突发事件和社会重大事件的舆论中，有着不同利益诉求和价值观点的人群会被智能算法划分为不同的舆论群体。舆情治理相关部门可以借助算法推荐对用户进行画像，根据画像结果对不同的舆论群体进行更精准的议题策划与设置，通过精准、个性化的议题内容推送，来增强舆论引导的感染力与影响力，有利于打破"过滤气泡"，凝聚社会共识。其次，可以通过发挥算法推荐强大的信息资源整合与发布能力，为破除谣言、发布真相、重塑民众对真相的认知提供有效手段。网络谣言之所以泛滥，主要是因为当一个事件发生之后，相关信息传播的模糊性、不一致性，使真相难以分辨。而基于智能算法技术驱动的信息传播平台能够第一时间搜集信息、整合信息、分析信息，凭借其强大的预判能力、信息聚合与精准推送能力，在重大突发事件、网络舆情事件发生的第一时间做出应对，及时推送关于事件的权威信息并做到持续更新议题动态，做到对舆情的全过程引导，及时掌控舆论话语权，让真相不再被遮蔽，有效铲除谣言滋生的土壤。

（三）实施大数据治理，构建基于大数据、物联网、云计算技术的网络舆情监测、分析、预警系统

随着移动互联网终端的普及，以及传感器网络、物联网、社交媒体的飞速发展，现实中人的各种行为、反应都通过先进的网络信息技术被迅速"镜像化"投射在网络上，形成了一个镜像世界。① 这为对现实社会和个人行为进行数字化和全方位监测提供了可能，利用大数据技术和智能化分析对镜像世界进行监测能够加深对现实社会的认知和了解。首先，需要对所有网络信息进行搜集和监测，这是进行研判、预测的基础；其次，面对获取的海量结构化、非结构化的数据，多源异质数据，需要充分利用大数据技术进行深入分析和挖掘，以从中探寻规律、找出异常、理清风险，以更好地进行研判、预测、预警。以往的舆情治理分析更多关注大众话语表达的内容层面，智能时代的舆情大数据分析则需要通过内容分析来探寻舆情背后的大众情绪、社会心理、利益诉求与可能行为，以增强对网络舆情的研判、预测、预警能力。在组织上，可以建立一个纵联省、市、县、乡镇四级，横跨政府各个相关部门，外联相关企业、社会组织和个人的网络舆情治理大数据监测预警处置平台，以实现信息共享、算力共享，真正发挥大数据监测、智能化分析的优势，做到对网络舆情的全面监控、精准预警和及时处置。②

---

① 鲍宗豪、宋贵伦：《重视大数据时代的社会治理创新》，《红旗文稿》2014年第11期。
② 张侃：《大数据时代网络突发事件的生成与处置机制创新》，《江汉大学学报》（社会科学版）2016年第4期。

# B.14 河南省心智障碍者就业服务的实践探索研究*
## ——以郑州市为例

郑州大学课题组**

**摘　要：** 就业不仅关乎国家大计，也是个体实现自我价值和社会价值的重要途径。随着经济社会的发展，近年来残疾人的就业问题也越来越多地得到社会的关注。本文以郑州市为例，在实证调查的基础上，了解当前河南省心智障碍者就业服务的发展状况，发现河南省心智障碍者就业服务已取得较大进展，具体体现在就业服务内容持续完善、就业服务质量不断提高、就业服务支持逐渐增强、社会关注日益增长等方面。与此同时，心智障碍者就业服务在实践探索过程中也存在一些问题，如就业服务观念存在误区、缺乏相对完善的就业服务体系、参与主体之间协调不足、就业服务监督评估机制不健全等，这些问题阻碍了就业服务的良性运行与持续发展。基于调研结果，本文从重构心智障碍者就业服务观念体系、统筹系统化就业服务、构建多元协同的就业服务支持体系、健全就业服务监督评估机制等方面探讨了心智障碍者就业服务发展的策略，希望为心智障碍者创造公平的就业机会和良好的就业环境。这既是对心智障碍者如何实现自我价值、融入社会的有效回应，也

---

\* 本文系2022年度河南省研究生教育改革与质量提升工程项目（YJS2022AL011）和2022年度郑州大学教育教学改革研究与实践项目的阶段性成果。

\*\* 课题组负责人：蒋美华，郑州大学政治与公共管理学院教授、博士研究生导师，研究方向为社会工作与社会治理、社会性别。课题组成员：薛润田、范新琦、杨晶晶、彭梦丽、孙鸣杉、晋浩瑞、胡依梦、徐梦颖、郭倩雯、黎江雨宁、项瀚雯，郑州大学政治与公共管理学院研究生；李菁，郑州市二七区汇爱社会工作服务中心项目主管；韩虹谷，伦敦政治经济学院社会学系研究生；关靖琪，中国社会科学院大学商学院研究生；王艳艳，郑州市二七区汇爱社会工作服务中心总干事；王天乙，中航工程集成设备有限公司行政主管。

是保障残疾人合法权益、不断发展我国残疾人事业的重要内容。

**关键词：** 心智障碍者　就业服务　河南

# 一　引言

《中华人民共和国国民经济和社会发展第十四个五年规划和2035年远景目标纲要》提出要完善残疾人就业支持体系，加强残疾人劳动权益保障，优先为残疾人提供职业技能培训，扶持残疾人自主创业。这体现了党和国家高度重视残疾人的社会保障和劳动就业权益，将残疾人就业事业纳入了国家整体发展部署之中。做好心智障碍者就业服务是河南省发展残疾人事业的重要内容。心智障碍者就业服务通过一系列专业的就业支持服务帮助程度较轻的心智障碍者完成就业前准备、提升个人能力及相关的劳动技能，进而为该群体最终实现平等就业、真正融入社会创造可能。河南省现有的心智障碍者就业服务主要针对已满16周岁、结束义务教育阶段且程度较轻的心智障碍者。

为全面了解河南省心智障碍者的就业服务情况，课题组于2023年2~8月在河南省开展调研。通过前期的电话访谈与资料查阅，课题组发现当前河南省开展心智障碍者就业服务的服务机构主要集中在郑州市，其他地市虽然存在这方面的需求，但是由于资源的限制，在心智障碍者就业服务领域的实践较为欠缺。因此，课题组重点对郑州市心智障碍者的就业服务情况进行了深入调研，有个别课题组成员在专门开展心智障碍者就业服务的郑州市二七区汇爱社会工作服务中心进行了长达半年的实习，掌握了心智障碍者就业服务的第一手资料。同时，课题组对郑州市其他开展心智障碍者就业服务的服务机构以及接纳心智障碍者就业的糖星汇爱烘焙坊等展开调研。此外，课题组还对包括郑州市在内的河南省的20名已满16周岁的心智障碍者（其中15名对象已经接受或正在接受就业服务，5名对象未接受就业服务）的家长进行了深度访谈，多方面掌握河南省心智障碍者就业服务的发展现状，了解服务对象及其家庭的迫切需求。在此基础之上，发现当前服务的不足之处，并有针对性地提出改进策略，以期为河南省乃至全国范围内的心智障碍者就业服务的高质量发展提供有益的参考。

## 二 河南省心智障碍者就业服务取得的进展

面对残疾人就业这一难题，在河南省各级人民政府和社会各界的共同努力下，心智障碍者就业服务取得了一定进展，主要体现在就业服务内容、就业服务质量、就业服务支持以及社会关注等方面。

### （一）就业服务内容持续完善

经过多年的努力，河南省心智障碍者就业服务内容持续完善，涵盖了从学校进入社会的转衔过渡适应、职业技能方面的培养、持续性的就业支持服务，即就业转衔、就业培训和就业支持三个方面。

#### 1.就业转衔服务

就业转衔服务与职业生涯发展、职业规划有着密切的联系，指的是通过系统专业的就业指导与服务以及相关职业资源的支持，帮助适龄心智障碍者顺利地从被照料者阶段过渡到工作阶段。[①] 河南省心智障碍者的就业转衔服务主要强调以结果为导向，在满足心智障碍者及其家庭需求的基础上，突出心智障碍者实现独立生活和社会参与等主要目标。以郑州市二七区汇爱社会工作服务中心为例，该机构近年来致力于支持心智障碍者实现就业，主动开发了以心智障碍者就业转衔为主题的专项服务行动，对心智障碍者及其家庭在就业时面临的准备不足、适应性较差等问题进行有针对性的培训，为心智障碍者搭建了就业支持平台。

---

① 袁曦：《心智障碍青少年就业转衔服务研究》，《北京青年研究》2020年第4期。

## 2. 就业培训服务

就业培训服务旨在有指向性地培养心智障碍者的工作技能，是心智障碍者能够获得稳定工作的必要前提。根据我国相关政策规定，心智障碍者的职业教育应开展以实用技术为主的中期、短期培训，以提高就业能力为主，培养技术技能人才，并加强对心智障碍者的就业指导。在这些方面，河南省也积极开展了一系列就业培训服务，如郑州市糖星汇爱烘焙坊专门面向心智障碍者开展烘焙技能培训，其中有的学员已经实现就业。

## 3. 就业支持服务

就业支持服务是为了保证心智障碍者就业的持续性，在他们实现就业以后仍给予相应的就业支持与指导。[1] 河南省为心智障碍者提供的就业支持服务主要是服务提供方和用人单位对心智障碍者所做的实际工作进行指导，使他们能够在协助下适应工作环境、完成工作内容，直到能够完全独立工作。[2] 河南省社会组织及相关用人单位在提供心智障碍者就业支持服务方面已有一定的实践经验，在为已经实现就业的心智障碍者提供后续支持和帮助的过程中也产生了较好的效果。

## （二）就业服务质量不断提高

在各方努力下，河南省心智障碍者就业服务在质量上得到了一定的提升，主要体现在服务专业化、课程规范化等方面。

### 1. 服务专业化

随着党和国家保障残疾人劳动就业的各项政策的贯彻落实，心智障碍者的就业服务得到了较快发展。首先，河南省相关部门明确了有关心智障碍者就业服务的定位，按期开展相关法规政策的培训，为心智障碍者以及各服务

---

[1] 周翟：《以就业为导向的特殊职业教育实践探索——以L特殊教育学校心智障碍者青年就业支持模式为例》，《绥化学院学报》2023年第1期。

[2] 唐云霓、周艳玲：《社会组织提供残疾人支持性就业服务：实践样态、困局与破解路径》，《西部学刊》2021年第15期。

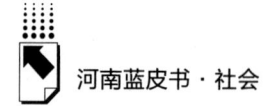

机构指明了就业思路以及培训方向。① 其次，开展就业服务的服务机构重视提升工作人员的专业水平和职业素养，以保证能够为心智障碍者提供优质的就业服务。② 最后，部分服务机构开始注重对服务项目的全过程督导，以保证服务项目的高质量完成。

**2.课程规范化**

为实现心智障碍者就业服务的长期发展，河南省在推进课程规范化方面取得了一定的进展。以郑州市二七区汇爱社会工作服务中心的心智障碍者就业服务项目为例，该机构所开展的职业转衔课程充分汲取了其他省市相关实践的成功经验，从自主生活、职业素养、职业实践等方面构建课程体系，多角度、多层面培养心智障碍者的个人能力，产生了积极的影响。

### （三）就业服务支持逐渐增强

为了保障心智障碍者就业服务的顺利开展，河南省相关政府部门、企业以及社会组织等纷纷参与支持，提供资源和机会，为该群体实现就业保驾护航。

首先，河南省相关政府部门在促进心智障碍者就业方面扮演着重要的角色，通过购买服务、政策激励、资源支持等多种方式为心智障碍者营造良好的就业环境。近年来，郑州市通过民间组织管理办公室向社会组织购买相关就业服务，分年度向郑州市皆福特殊儿童家长互助中心、郑州市童心家园互助中心等机构采购心智障碍儿童家庭支持、"助飞童心天使"心智障碍者职业教育等项目，为心智障碍者及家庭提供相关职业教育的咨询及辅导。③ 在具体实践上，郑州市各区根据实际情况灵活为心智障碍者就业服务提供资源

---

① 《河南省促进残疾人就业三年行动实施方案（2022—2024年）政策解读》，河南省人民政府网站，2022年11月30日，https://www.henan.gov.cn/2022/11-30/2648837.html。

② 杨慧、宋快：《心智障碍者就业辅导员队伍职业化建设》，《现代特殊教育》2022年第18期。

③ 《"助飞童心天使"——心智障碍者职业教育计划单一来源采购项目结果公告》，中国政府采购网，2017年3月9日，http://www.ccgp.gov.cn/cggg/dfgg/zbgg/201703/t20170309_7987345.htm。

支持。中原区慈善总会通过拨款捐资等形式支持二七区汇爱社会工作服务中心等开展"爱星职业能力加油站"等心智障碍者职业转衔相关服务项目[①]；金水区南阳新村街道党群服务中心则主动提供场地人员支持，联合梓闻社会工作服务中心开展"护童行动之阿甘成长训练营"项目等[②]。

其次，河南省越来越多的企业积极参与心智障碍者的就业帮扶活动。近年来，河南省关爱心智障碍者就业的企业参访活动持续开展，部分企业与包括社会工作服务机构在内的社会组织开展合作，通过带领心智障碍者进行实地参访、感知企业文化、体验生产运营等，加深了他们对职业的理解与认知。部分企业开始关注心智障碍者的就业问题，有意识地为心智障碍者开放入口，提供宝贵的就业机会。这些举措成为全省范围内心智障碍者就业的突破口。

最后，为了维护残疾人群体的就业权利、改善心智障碍者的就业状况，一些社会组织通过不同形式为河南省心智障碍者就业贡献力量。阿里巴巴公益基金会、字节跳动公益平台、深圳壹基金公益基金会、北京市晓更助残基金会等民间基金会不断加大资金支持，通过保障活动资金、增强地区交流的方式持续推动多种爱心志愿帮扶活动的开展，促进了河南省心智障碍者就业服务水平的提升。与此同时，河南省多地社区组织不断开展合作，帮助心智障碍者及其家庭链接教育培训与就业资源，探索更好支持心智障碍者及其家庭的新方式。

## （四）社会关注日益增长

近年来，随着公益理念的推广和宣传动员活动的开展，河南省逐渐重视心智障碍者的就业问题，社会大众也不断提高对心智障碍者的理解与接纳程

---

[①] 《郑州一家烘焙店专门支持心智障碍者就业：让更多人了解"心青年"》，腾讯网，2022年3月4日，https://new.qq.com/rain/a/20220304A041QJ00。

[②] 《金水区梓闻社会工作服务中心举办心智障碍儿童自信心提升小组活动》，郑州社会组织信息网，2023年4月4日，https://www.hnzzmjzz.com/NewsInfo.aspx?id=5B375FF83C6158FF。

度。在课题调研中，005JB（河南省郑州市）家长在谈及孩子上学经历时说："我们孩子小学入学时想随班就读是比较困难的，不太容易被接纳。但是现在我觉得这方面真的好很多了，我看现在有的学校还支持融合教育，特地提供专门的老师和资源。"（JB，女，18岁，孤独症，过去在进入普通小学时遇到一定困难，难以融入学校环境，班里其他家长也对她的入学表现出一定的抗拒。）

在公益宣传方面，河南省通过广播电视、报纸和新媒体等平台开展了多样化的宣传活动。例如，借助就业援助月、全国助残日、残疾人大学生双选会、民营企业招聘月等重要时间节点加大残疾人就业的宣传力度，开展"残疾人就业宣传年"系列就业助残活动，提高了公众对心智障碍者就业问题的关注度。在课题调研中，012WJB（河南省郑州市）家长说："我们之前就尝试过就业，有个服务机构推荐我们孩子去了一个洗车行，那个洗车行老板非常好，主动给这些特殊孩子提供实习机会。去的时候安排了老师傅，既会洗车又会修车，专门来给孩子们做实习培训，效果非常好。只是后来他想继续上学，我们就不在那里工作了。"（WJB，男，18岁，智力障碍，中专毕业，曾经在洗车行工作，后来参加了为期三个月的职业康复项目，收获了不错的效果。目前，已经通过某高等职业院校的单独招生考试，即将进入大学学习。）

在减少社会歧视方面，河南省主流媒体重视宣传残疾人就业创业扶持政策与帮助残疾人就业的社会责任，引导公众消除对包括心智障碍者在内的残疾人的就业偏见。相关企事业单位也积极参与，通过组织残疾人职业技能大赛、创业大赛等活动，扩大残疾人就业的影响范围。部分街道办、社区、地铁站与民间基金会等积极创新宣传形式，通过开展爱心集市活动、主题徒步打卡活动等，增进公众对心智障碍者的了解，引导社会各界关爱心智障碍者的成长，为心智障碍者的就业营造和谐的社会氛围。在课题调研中，020XM（河南省郑州市）是社会工作服务机构的工作人员，她在谈及带领心智障碍者外出的真实感受时说："我觉得现在社会上对于心智障碍这个群体的接纳度挺高的。比如我们带着孩子们去企业、学校参访、去社区实践，人家那边的工作人员都特别欢迎，互动时对孩子们也特别耐心、细心。在带着孩子们外出时，我们总能感受到外界的善意。"（该工作人员所在的服务机构经常能够链接资源，带着服务对象到企业、社区以及高校等进行参访或职业实践，服务对象的能力在参访或职业实践过程中获得了提升。）

## 三 河南省心智障碍者就业服务存在的问题

近年来，河南省心智障碍者就业服务内容不断完善，服务水平不断提升，就业服务取得了一定成效。在就业服务过程中，心智障碍者个人能力得到了一定程度的提升，部分心智障碍者在外界支持下初步实现就业目标。然而，当前河南省心智障碍者就业服务尚处于初步探索阶段，仍存在一些需要解决的问题。

### （一）就业服务观念存在误区

随着河南省对心智障碍者就业服务开展的一系列实践探索，社会公众逐渐认识到心智障碍者就业服务所具有的社会价值，但心智障碍者就业服务观念仍存在一定的误区。

#### 1. 对心智障碍者就业领域认识存在局限

对于心智障碍者，大多数人认为他们能力十分有限，只能通过流程化的培训从事一些简单的程序化的工作。当前，河南省心智障碍者所接受的就业服务往往是指向某些固定领域，如清洁、烘焙等，就业类型较为单一。在课题调研中，004ZZT（河南省郑州市）家长谈到孩子适合的就业方向时说："咱们这样的孩子也不指望他能干个啥，有个事儿就不错了，像洗车工、保安、环卫工等这种内容相对简单的工作其实比较适合他们，太复杂的、需要和他人沟通的不太适合咱们的孩子。"（ZZT，男，19岁，智力障碍，初中毕业，家长准备让其接受就业服务，并考虑到了他未来可能的发展方向。）在这一观念的驱使下，现有的就业服也指向这些领域。008JX（河南省郑州市）家长提及："现实中针对我们孩子这样智力残疾群体的支持性就业很少，基本上都是提供一些打扫卫生、收拾餐桌的工作，岗位选择非常有限，名额非常少。"（JX，男，17岁，孤独症，即将初中毕业，妈妈希望他毕业以后接受就业服务。但是，现有的就业服务类型较少。因此，妈妈苦恼于他未来的发展方向。）这意味着仅能接触到固定类型培训服务的心智障碍者的就业领域非常有限，进而降低了他们寻找更多适合自己的工作的可能性。

2. 对心智障碍者就业状态认识不足

心智障碍者往往会在行为、情绪、社交等方面存在一定的短板，很难通过后天的治疗和训练完全补齐。因此，进入职场以后，心智障碍者仍然会表现出一些与常人相异的行为。虽然这些行为大多不会产生明显的负面影响，但是心智障碍者却常常因此受到误解和排斥。访谈发现，一些心智障碍者即便在掌握了一定的劳动能力实现就业后，仍然会因为自身在行为、语言等方面的问题得不到周围人的理解而失去工作。如002JYJ（河南省郑州市）家长就谈到孩子被辞退的经历："我孩子的障碍类型属于智力发育迟缓，她从育智学校毕业前我就开始考虑她的未来。后来通过朋友的关系让她进入一个小超市当理货员，去了一周后老板就把她辞退了，理由是她不能和周围人有效沟通，情绪上来的时候控制不住自己，多次与周围同事、顾客发生冲突。"（JYJ，女，20岁，孤独症，未接受就业服务，曾经尝试过就业，但由于自身情绪问题，多次受到客户投诉，也难以融入工作环境。因此，就业未能持续。）因此，大众对于心智障碍者工作状态缺少理性认识与接纳也是阻碍心智障碍者实现就业的重要原因之一。

### （二）缺乏相对完善的就业服务体系

尽管河南省心智障碍者的就业服务内容逐步完善，但当前仍缺乏相对完善的就业服务体系，各就业服务阶段衔接性不强、就业服务内容不聚焦以及欠缺持续跟进和辅助环节都会影响就业服务的实际效果。

## 1. 各就业服务阶段衔接性不强

按照生涯发展的观点，个体在不同的人生阶段有其特定的发展任务，且前一阶段任务达成的情况会直接影响后一阶段的发展，并且生涯的发展不是一蹴而就的，而是一个终身发展的过程。然而，当前心智障碍者的就业服务却呈现零散化、碎片化的特征，各个阶段所提供的服务供给、开展的能力培养呈现割裂状态。与此同时，为心智障碍者提供怎样的就业服务以及服务的具体需求等尚不清晰，缺乏相对完善的就业服务体系。正如006ZYW（河南省郑州市）家长所言："我觉得培训的时间太短了，比如这次参加这个烘焙活动，孩子学了一点刚刚入门，这个培训活动就结束了，时间长了孩子就忘记怎么做了，很可惜。要是后面能长期上这个课，让孩子真的能掌握一门技术就好了。"（ZYW，男，22岁，唐氏综合征，初中毕业，刚刚结束一个阶段的职业转衔服务。其家长希望他能够继续参加职业培训，学得一技之长，同时希望他能够得到一个工作机会，真正实现就业。）这种服务的零散化和碎片化不仅不利于资源的充分利用，也不利于心智障碍者个人综合能力的持续提升。

## 2. 就业服务内容不聚焦

尽管国内一些理念先进的服务机构对心智障碍者的就业服务已经展开了初步尝试，但总体而言服务效果不够理想。究其原因主要是就业服务内容不聚焦、就业服务目标缺乏针对性。当前开展的就业服务主要围绕自我发展、自主生活和职业技能培训三个维度。对于心智障碍者而言，他们受个人能力的制约，一时间很难实现多维度能力的提升。此外，服务过程的套路化、模式化也忽略了个体之间的差异性。在课题调研中，019RT（河南省郑州市）心智障碍者服务机构工作人员说："我们现有的就业服务在种类上有些单一了，这些心青年（心智障碍者）能接触到的就业培训只有清洁、烘焙这些类型，我觉得这样有些限制他们的发展了，因为不是所有孩子都适合这些工作。"（该工作人员所在的服务机构主要面向适龄心智障碍者开展烘焙技能培训，但是并非所有参与活动的心智障碍者都喜欢或擅长这一领域，因此导致了个别服务对象的工作技能提升不明显。）每一位心智障碍者在障碍方面的表现不尽相同，开展统一的、无差别的就业服务活动，效果势必大打折扣。正如003FSY（河南省郑州市）家长所说："我们目前只接受过一次就业转型的服务，主要是关于烘焙技能的内容。我希望就业服务这一块儿的形式内容更多元化一些，让孩子有更多机会参与更多不同的技能服务，更好地发掘孩子在哪方面有优势。"（FSY，女，18岁，唐氏综合征，在职业转衔服务中学习了清洁打扫和烘焙技能。妈妈是其接受就业服务的社会工作机构的社工，希望她能够尝试更加丰富的技能服务。）

**3. 欠缺持续跟进和辅助环节**

从全生命周期支持的角度来看，心智障碍者终身都需要不断地获得干预和支持，才有可能最终达成实现社会融入、自我价值的终极目标。但就目前所开展的就业服务而言，缺乏对于心智障碍者实施"全链条式"的就业服务体系，缺乏对于服务后续的持续跟进和辅助环节。在课题调研中，011XH（河南省郑州市）家长提及："这个服务结束了以后，好像孩子的就业问题还是没有得到很妥善的解决。其实，我们孩子的能力还是不错的，就是我们家长没有这方面的资源，也不知道怎么去给孩子找一个合适的工作。所以，我们现在也很迷茫，不知道孩子下一步要怎么走。"（XH，男，21岁，智力障碍，接受完职业转衔服务以后，仍然没有找到工作。）当前，河南省的一些心智障碍者就业服务活动浮于表面，仅仅是为了完成服务任务指标而开展的，并未构建起"需求调研—能力培养—供需对接"等一系列持续跟进的就业服务支持，使服务效果大打折扣。

## （三）参与主体之间协调不足

当前，虽然心智障碍者就业服务的各个参与主体都在力争为心智障碍者就业提供更优的支持与服务，但在就业服务的供给方面仍然存在以下一些问题。

**1. 各参与主体发力不够**

一是国家扶持力度尚不足。近年来，国家陆续出台了一系列相关的政策法规，以保证心智障碍者合法权利能够得到保障。但整体而言，针对心智障碍者就业服务的政策倾斜度较小，相关的政策亟须完善。二是企业就业支持有限。当前，部分企业的社会责任意识还相对较弱，为心智障碍者提供的就业岗位较少。三是公众接纳度较低。心智障碍者虽然逐步受到社会各界的广泛关注，但是社会对于该群体的整体接纳程度还较低。四是家庭长期支持供给不足。家庭化、常规化、生活化的能力提升支持对于心智障碍者来说至关重要。然而，受到多种因素的制约，心智障碍者家庭往往难以坚持为心智障碍者提供长期有效的支持。一些心智障碍者在就业服务过程中习得的能力往往因在家庭中缺乏持续的练习和强化而逐渐丧失。在课题调研中，016JL（河南省郑州市）工作人员说："现在咱们河南省对于就业这方面的支持还是不多，这些项目能够开展但是没办法持续。因为政府或者基金会只能支持一两期的项目，项目一结束，这个服务的费用只能让家庭承担。这么一笔不小的开销，又没有政府补贴，很少有家庭能够承担得起。"（该工作人员所在的服务机构在政府和基金会资金的支持下开展了一系列就业服务项目，取得了较好的效果。但在项目结束后，服务机构在尝试独立开展持续性的就业服务时遇到了阻力，一些家长表示每月的服务费用对于家庭来说是一笔不小的开支。因此，这一计划也未能成功开展。）

### 2. 参与主体之间缺乏统筹协调性

当前，河南省心智障碍者就业服务的参与主体之间缺乏统筹协调的机制，未能形成统一、规范、系统的就业服务支持体系。这不仅影响了就业服务的进程，也在一定程度上造成了资源的浪费，使得整体就业服务效果下降。在课题调研中，018YJ（河南省郑州市）工作人员说："有时候我们也能联系到一些工作机会，但是用人单位那边会要求有人陪同。咱们这边的工作人员实在有限，没办法过去陪同。我们就跟家长沟通，让家长陪同，但是家长也比较忙，去不了，后来这些机会就浪费了。"（该服务机构曾经联系到XX医院的后勤岗位，但用人单位要求家长或工作人员陪同。由于能力合适的心智障碍者家长缺少空闲时间，该服务机构的工作人员也不充足，最后这个工作机会便浪费了。）

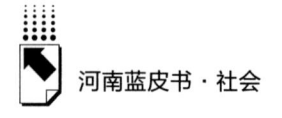

## （四）就业服务监督评估机制不健全

健全的监督评估机制有助于服务计划按照预定方向推进，同时能够有效保障服务的质量和效果。当前，河南省心智障碍者就业服务尚缺乏独立且完备的就业服务监督评估机制，难以获得较为理想的效果。

**1. 评估体系缺乏针对性**

心智障碍者往往在学习能力、情绪控制以及社交等方面存在一定的障碍，该群体在接受就业服务的过程中会遇到更多的挑战，服务效果也不明显。当前，河南省心智障碍者就业服务在接受外部评估时，所参照的评估体系无法充分考虑该领域的服务特点，不能准确地评定服务成效。017YJ（河南省郑州市）工作人员说："我们这个领域的服务比较特殊，因为想在我们的服务对象身上看到很明显的能力提升，或者让他们完全实现就业是比较困难的。但是，我们提供的服务除了培养他们的就业能力，也使他们更好地融入社会，比如企业参访培养了其他方面的能力，像自我管理、出行能力，我觉得这也是我们提供这个服务的意义。"（该工作人员所在项目结束以后，接受服务的心智障碍者中仍有相当一部分的能力不足以就业，但这些心智障碍者在社交、表达、情绪行为控制等方面均有明显进步。）

**2. 监督主体安排不合理**

虽然政府购买的一些服务项目会委托第三方监督评估机构对服务进行评估，但从整体上看，河南省心智障碍者就业服务在很大程度上仍然是以内部监督为主，难以保证监督评估的公正性和客观性。此外，第三方监督评估机构在对服务项目进行评估时，评估队伍中多缺少心智障碍领域的专业人员，对于服务过程中出现的问题不能准确及时地识别，由此提出的指导建议也欠缺专业性。

**3. 监督方式安排不科学**

当前，对心智障碍者就业服务的监督往往关注服务过程中记录的文字资料，不太重视对服务过程进行实地考察监督。这会导致某些服务过于追求文字资料上的完善，忽视了服务开展的实际效果。此外，调研发现当前河南省心智障碍者的就业服务缺少全过程监督，这就无法对服务过程中出现的问题进行及时纠正，以至于不能有效达成设置监督机制的初衷。

## 四 河南省心智障碍者就业服务发展的策略

由前文可见，河南省心智障碍者就业服务发展在取得一系列成效的同时，存在一些不可忽视的问题。为此，需要从以下几个方面探讨促进河南省心智障碍者就业服务发展的有效策略。

### （一）重构就业服务观念体系

当前，社会大众对于心智障碍者就业服务观念尚存一些偏差。因此，为了实现心智障碍者就业服务的良性发展，需要重构心智障碍者就业服务观念体系。

1. 树立专业服务观念

构建心智障碍者就业服务观念体系，要从树立专业服务观念入手。首先，要强化专业服务意识。这就要求心智障碍者就业服务提供者切实站在心智障碍者的立场去考虑他们的求职需求，为心智障碍者顺利就业创造机会和条件。其次，要有专业的工作态度。这就要求心智障碍者就业服务提供者注重培养自身的专业能力，进而能够精准地把握心智障碍者的个人特点、性格偏好、能力情况等，提供高质量的就业服务。

2. 打破就业壁垒

河南省对心智障碍者的就业服务已经开展了一系列实践探索，社会大众对此有了一定的了解，但当前仍存在对心智障碍者就业的刻板认知。要打破就业壁垒，首先应向社会大众普及心智障碍者群体特点，增强社会大众对这一群体的了解和包容，从而消除对该群体就业的刻板认知。其次，应以更加开放的视角看待心智障碍者的就业问题，让他们充分探索自己的就业发展领域。

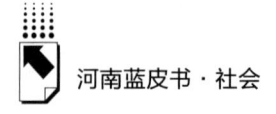

### 3.秉持长远服务观念

就业指导服务是一项影响深远的长期性工作,应以心智障碍者的成长和长远发展为中心,着眼于培养心智障碍者就业能力,立足于心智障碍者的需求,主动为他们提供服务。心智障碍者就业指导服务应将长远服务观念贯彻落实到整个就业服务过程中,为心智障碍者提供长期的就业咨询与就业帮助,以满足心智障碍者长期发展的需要。

### 4.接受群体差异观念

作为残疾人中的一类特殊群体,心智障碍者的就业难度相对较大,需要给予更多的接纳和帮助。尊重心智障碍者与常人的不同之处,相信他们有学习和成长的可能,让他们拥有更多的发展机会。因此,无论是服务提供方还是接纳心智障碍者的就业单位,都需要对心智障碍者的特殊行为方式和语言表达方式有正确的认识,从整体上提升就业环境对于心智障碍者的接纳度和包容度。

## (二)统筹系统化就业服务

针对当前河南省心智障碍者就业服务衔接性不强的问题,应当统筹心智障碍者就业服务的各个环节,推动各服务阶段有效衔接。

### 1.服务准备期

首先,招募服务对象。选择程度较轻的心智障碍者作为服务对象是保证服务资源使用效率最大化的前提。其次,开展服务需求调研,了解目标群体的服务需求和服务期待,进而在服务内容的安排上能够做到有效回应服务对象的需求,并为每个服务对象制订个性化的就业服务计划。最后,在服务正式开展前,通过正式沟通增强家长的意识,从而加强家庭在整个服务过程中的支持与回应。

### 2.服务实施期

第一阶段:职业转衔。职业转衔阶段主要包括职业转衔课程的开展、课程结束后的能力评估、个人职业培训规划的制定等。首先,在开展职业转衔课程时,应更加注重将普遍性的课程模式与心智障碍者的个人特点和发展方向相结合,灵活机动地开展服务。其次,在课程结束后,应对心智障碍者进行能力评估。根据评估结果，同心智障碍者及其家长共同探讨适合从事的职业并制定相应的个人职业培训规划。

第二阶段：就业培训。就业培训阶段对心智障碍者进行定向的职业技能培训和职业素养强化，并为其提供实习机会以巩固所掌握的技能。首先，应依据职业转衔阶段所确定的就业方向进行职业技能培训。综合考虑就业市场的需求情况，选择相关专业人员协同开展职业技能培训，并设定具有一定挑战性的服务目标，以此引导心智障碍者不断发掘自己的潜力。其次，在心智障碍者结束职业能力学习进入实习阶段后，仍需继续提供专业指导与支持服务，以帮助心智障碍者适应真实的工作环境。

第三阶段：就业指导。就业指导阶段主要是与心智障碍者共同制定职业生涯规划，帮助其掌握必要的求职技巧并链接就业资源，以实现就业。首先，职业生涯规划的制定需要工作人员、服务对象及其家长共同参与，也要注重发挥心智障碍者的个人优势和潜力。其次，就业服务机构应加强与社会各界的合作，多渠道入手为心智障碍者链接合适的就业资源。最后，就业服务机构应针对心智障碍者的个人情况和目标岗位进行求职技能辅导，提供就业指导。

第四阶段：就业支持。在就业支持阶段，就业辅导员的角色在实现心智障碍者持续性就业中起着决定性的作用。首先，在心智障碍者进入就业岗位之前需要配备就业辅导员，并应对就业辅导员进行专业培训。其次，在心智障碍者工作初期，就业辅导员应提供比较密集的支持，包括工作技能指导、社交技能训练等，以构建良好的就业环境。最后，随着心智障碍者对工作的适应，就业辅导员可以逐渐减少介入的频率，直到心智障碍者能够完全胜任工作。

3. 服务结束期

就业辅导员的退出并不意味着就业服务的终结。要想保证心智障碍者实现长期就业、持续性就业，就业辅导员应与服务对象保持联系，以便后续开展定期的跟踪回访服务，并以回访的结果、反馈促进服务升级优化，从而实现良性循环。

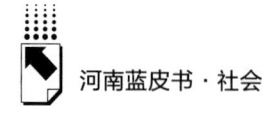

## （三）构建多元协同的就业服务支持体系

心智障碍者就业问题的解决离不开多方力量的支持。基于此，本文提出协调各个服务参与主体，整合支持资源，共同建立多元协同的就业服务支持体系，助力心智障碍者就业的高质量发展。

### 1. 政府宏观引领，增强政策保障

无论心智障碍者选择何种就业类型都需要高水平、长时间的服务支持来实现，这就有赖于政府在政策法规等方面的大力支持。为此，政府应将就业服务内容纳入保障心智障碍者的相关政策法规，如加强残疾人就业政策对心智障碍者的指向性、出台鼓励企业雇用心智障碍者的专项政策等。此外，政府还应加强对社会大众的宣传教育，消除对心智障碍者的就业歧视，营造包容和谐的社会环境。

### 2. 企业灵活回应，发掘专属岗位

企业要灵活回应心智障碍者的就业需求，联合多方主体发掘专属岗位，以减少心智障碍者的就业阻碍。首先，企业应强化社会责任意识，坚持社会效益和经济效益相统一，助力心智障碍者顺利就业。其次，企业应创设适合心智障碍者的岗位，根据心智障碍者的能力和需求，帮助他们实现人岗匹配。最后，企业应为心智障碍者提供更多的就业实践机会，多举措助力心智障碍者就业"起好步"。

### 3. 社会力量有益补充，提供专业服务

为帮助心智障碍者顺利就业，以社会组织为代表的社会力量应积极拓宽支持渠道，更广泛地链接和提供社会资源。此外，相关社会组织可以协助就业辅导员共同开发更具针对性和创新性的培训课程，培养心智障碍者所需要的职业技能，并链接岗位资源，帮助心智障碍者更好地适应就业市场，缓解就业压力。

### 4. 家庭积极融入，营造就业氛围

在心智障碍者就业的过程中，家庭应积极做好后备保障工作，努力成为心智障碍者就业的坚实依托。为此，心智障碍者家庭应做好以下工作：首先，家庭成员应对心智障碍者有充分的理解与包容，在日常生活中对心智障

碍者给予多方面的支持,调动心智障碍者的积极性,帮助他们渡过就业振荡期。其次,家长应积极发掘心智障碍者的潜能优势,有针对性地进行职业规划,为心智障碍者争取更多就业机会。

### (四)健全就业服务监督评估机制

为了保证就业服务得到客观、科学、全面的评估,应在原有评估机制的基础上建立专业化的评估体系,采用多元化的评估方式开展动态化的评估。

#### 1. 评估体系专业化

考虑到心智障碍者就业服务的特殊性,需建立专业化的服务效果评估体系,从评估主体到评估标准都应关注心智障碍者群体就业的特点。首先,应有专业化的评估主体。应选择具备相应的专业资质和服务经验、熟悉特殊教育等的评估人员参与心智障碍者就业服务的评估过程,以准确评估就业服务的效果。其次,应设计合理的评估标准。具体的评估指标应覆盖心智障碍者在基本生活能力提升、情绪管理、社会融入、职业技能学习等方面的内容,以全面反映就业服务效果。

#### 2. 监督主体多元化

要保障就业服务的实际效果,监督主体应多元化,外部监督与内部监督应双管齐下。首先,加强外部监督,构建多主体的监督队伍,将行业协会、社会公众等纳入服务评估体系之中。其次,强化内部监督,定期开展考核,由承接就业服务的机构内部自设人员进行监督,建立分层负责机制,以促进心智障碍者就业服务工作的不断优化。

#### 3. 监督过程动态化

心智障碍者的就业服务是一个动态过程,相应的监督也应当动态化。这就需要评估主体全流程参与心智障碍者的就业服务,随时考察职业培训活动的执行情况,调查参与者的培训体验,收集他们的意见。同时,关注用人单位对心智障碍者的就业表现反馈,及时发现问题,引导就业服务承接单位动态化调整就业服务内容,切实提高就业服务的有效性,以帮助心智障碍者更好地提升职业技能,促进自我发展。

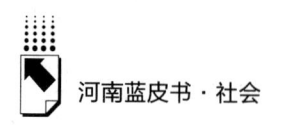

## 五　结语

作为社会中的一个特殊群体，心智障碍者的就业既需要多元主体的足够重视，也需要长期持续的服务支持，更需要包容接纳的社会环境。因此，要在正确的就业服务观念体系指引下，逐步构建政府牵头协调、企业支持配合、社会力量有序参与、心智障碍者家庭积极回应的就业支持体系，建立全方位、动态化的服务监督评估机制，提供系统化的就业服务，进而形成覆盖范围广、支持力度大、持续时间长、就业环境优的就业服务支持新格局。这既是助力心智障碍者实现高质量就业的有益尝试，也是不断满足心智障碍者对美好生活向往的有效回应。

# B.15 新乡市红旗区创新基层社会治理的实践探索

河南省社会科学院课题组*

**摘　要：** 新乡市红旗区创新发展新时代"枫桥经验"，探索基层社会治理"红旗模式"，创建"平安红旗""幸福红旗""法治红旗""德治红旗"，亮点纷呈，成效显著，不断增强人民群众的获得感、幸福感和安全感。红旗区探索基层社会治理的重大举措和经验做法为其他地市基层社会治理提供深刻启示，要构建现代化治理体系、创新治理理念和治理方式、干部下沉和多元共治，合力破解基层社会治理难题。

**关键词：** 创新基层治理　"红旗模式"　红旗区

治国理政重在基层。基层安则国家安，基层强则国家强。基层治理是国家治理的基石，是实现国家治理现代化的基础工程。国家历来重视基层治理。1963年，毛泽东同志对浙江枫桥的基层治理经验高度认可，并做出重要批示，要"各地仿效，经过试点，推广去做"。从此，"枫桥经验"成为全国各地政法战线和基层治理的一面旗帜。2013年，习近平总书记做出批示，要把"枫桥经验"坚持好、发展好，把党的群众路线坚持好、贯彻好。2023年9月20日，习近平总书记再次来到浙江枫桥，了解新时代"枫桥经验"的创新和发展，指出紧紧依靠人民群众，把问题解决在基层、化解在

---

\* 课题组成员：王承哲、魏建平、王宏源、刘宏锋、陈东辉、邵自卿、李如意、任玉强、王新涛、李国英、王元亮、崔学华、李建华。执笔：崔学华，河南省社会科学院副研究员，研究方向为乡村治理。

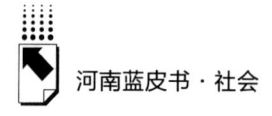

萌芽状态。这就要求各地必须深刻领悟"枫桥经验"的精髓，高度重视"枫桥经验"的价值，大力推广和不断创新"枫桥经验"，让"枫桥经验"在推动基层社会治理现代化的实践中焕发生机。

新乡市红旗区始终坚持和发展"枫桥经验"，坚持以党的建设高质量引领和保障社会发展，坚持依靠群众解决问题，坚持工作重心下移，始终立足区情民意，创建了一套科学有效的基层治理体系，打造了具有红旗特色的基层治理新模式，基层社会治理工作经验被新华社和《人民日报》《河南日报》专题报道；《党建引领 数智赋能"小网格"书写基层治理大文章》被收录在人民日报社2021~2022国家治理（基层党建）创新经验典型案例中，"1134"社区工作法被民政部收录推广，"3456"基层治理红旗案例被《人民日报》刊发。红旗区创新基层社会治理的一系列生动实践，值得认真调研、总结思考和学习借鉴。

河南省社会科学院课题组对新乡市红旗区创新基层社会治理情况进行了专题调研。调研主要围绕基层社会治理的做法与成效、经验与启示、思考与展望几个方面展开，调研方式主要采取座谈会和实地考察两种，并结合调研主题收集相关信息数据。座谈会由红旗区组织、政法、宣传、公安、民政、社会治理综合服务中心、教体文旅、卫健、人社等部门参与；实地考察红旗区社会治理综合服务中心、向阳街道、小店镇刘景屯村、诚城社区、龙湾社区、梦紫小区、红旗先锋馆、家风家教家训馆、牛秀丽调解工作室等，了解这些地方基层社会治理的基本情况。

## 一 基本情况

红旗区是新乡市的主城区和核心区，市委、市政府所在地。行政辖区面积共165平方公里，驻地有两个国家级开发区，分别是新乡高新技术产业开发区和新乡经济技术开发区；辖区有洪门和小店两个镇，有西街、东街、渠东、文化街和向阳5个街道，有1个省级开发区，即新乡市红旗区先进制造业开发区，共有41个行政村和38个社区，常住人口约有45万人。红旗区是新乡市政治、金融和教育的中心,全区人口流动频繁,矛盾纠纷具有主体多元、类型多样等特点,以往调解的矛盾纠纷主要为婚姻家庭、宅基地、邻里纠纷等类型,占矛盾纠纷总数的80%以上,现在随着经济的发展,"三跨"纠纷明显增多,即跨地区、跨行业、跨单位的劳动劳务、劳资纠纷。辖区地域广、人口稠密,社区治理面临一系列新形势、新情况、新任务。从所辖社区基本情况看,存在的发展难题包括各类组织多,力量凝聚难;治理主体多,利益协调难;新兴领域多,思想引领难;日常事务多,聚焦主业难;等等。从新时代社区治理现状看,红旗区面临社会主要矛盾转化、城市社区居民结构趋于复杂、互联网加速各类矛盾分化演进等挑战。目前,全区7个镇(街道)、79个村(社区)均建立了人民调解委员会,实现了人民调解全覆盖。洪门镇人民调解委员会荣获"全国模范人民调解委员会"称号,区法律援助中心被评为全省优秀法律援助中心,区公共法律服务中心被授予全市公共法律服务中心市级示范点。

## 二 做法与成效

调研发现,红旗区始终坚持"党建引领、政府主导、市场主体、群众参与、科技赋能、文明滋养、法治保障"的总体要求,强化前瞻思考、系统布局和整体推进,不断完善和创新治理体系,打造基层社会治理的"红旗模式",亮点纷呈,成效显著,人民群众的获得感、幸福感和安全感全面提升。

### (一)构建"党建+大数据+全科网格"体系,打造基层社会治理"红旗模式"

红旗区发挥党建引领基层治理"带头人"的作用,为基层治理工作奠定良好的群众基础。构建"党建+大数据+全科网格"体系,以"五星"支部创建为载体,深化"四全"党建工作法,落实"四标"工作理念,推进共建共治共享,打造基层治理"红旗模式"。一是创新"四全"党建工作法，基层组织更加坚强有力。在农村实施"固本强基"工程，开展"五好"镇（街道）党（工）委评选，42%的镇（街道）被市区评为"五好"镇（街道）；实施"回引培养"计划，动员感召一批农村在外能人回村任职；坚持"五个一批"选人，在2021年村级换届工作中，群众满意度评价位列全市第一。二是强化树标杆、定标准、创标志、当标兵"四标"工作理念，群众、企业获得感和满意度不断提升。以农村、社区党群服务中心为主阵地，高标准建设党组织服务阵地，加快实现养老、教育、文体社区服务在网格内集成共享。三是探索"1+2+3+4+N"新型智慧城市建设模式。打造1个智慧城市运营平台，形成一网通管、一网通办的业务能力，贯通区、镇2级政府，党务、政务、综合治理3类数据，区、街道、社区、网格4级管理体系，以及N个基于数字孪生的智慧城市应用场景，加快实现政务服务数字化、城市管理数字化、智慧生活数字化。四是全力推进"党建+大数据+全科网格"体系构建。合理划分四级综合网格611个、专属网格230个，制定区、镇（街道）、村（社区）、网格四级联动工作机制。依托区5G智慧城市运营中心、综治信息化平台、三级网格化服务管理实现实体化、实战化、实效化运转，红旗区的"3+N"网格化管理做法被全省观摩学习，成为新乡市加强基层治理工作的品牌，工作经验被中央、省、市媒体专题报道。

**（二）坚持和发展新时代"枫桥经验"，创建"平安红旗"**

坚持习近平总书记提出的以人民为中心的知民情、解民忧、纾民怨、暖民心"四民"理念，建设红旗区社会治理综合服务中心，整合平安建设促进中心、人民来访接待中心、公共法律服务中心、诉调对接多元化解中心等8个工作平台，由司法、信访、人社等12家单位常驻办公。同时，该服务中心根据各类矛盾多发节点，由教育、民政、卫健委等10家单位轮驻接待，为来访群众提供调解、援助、仲裁、信访等20多项服务事项，真正做到各类矛盾"一站式受理、多部门联动、全链条解决"，全力打造党建引领基层社会治理综合体。按照"简易矛盾村级调、复杂矛盾镇级处、重大矛盾区级解"的分层分级方式，构建区、镇、村三级矛盾纠纷"过滤"体系，统筹矛盾纠纷调处化解工作，切实把矛盾消除在萌芽、化解于始发，全区矛盾纠纷调处时间压缩62%，调解成功率达99.6%，治安案件下降15.3%，信访总量同比下降40.7%。各镇、街道以及区直各单位积极探索，让"枫桥经验"在红旗区落地生根、创新发展。区委政法委"三零"创建工作中的"134910"机制，即"五个1工作法、两个3保障措施、健全4级网格、聚焦9大领域、10个专项工作"被《河南日报》宣传报道，文化街司法所成功创建的河南省"枫桥式司法所"，是全市首个省级街道"枫桥式司法所"。小店镇派出所被命名为全省第二批"枫桥式公安派出所"。小店镇的"幸福积分""讲理堂"、洪门镇诚城社区的"三防三调机制"、文化街街道的"133护苗工程"、渠东街道的红色物业、西街街道的群众自治等都是新时代"枫桥经验"在红旗区的生动实践。2022年，红旗区公众安全感和扫黑除恶成效满意度居全市第一，荣获全省平安建设优秀县（市、区），实现矛盾纠纷70%以上在村级化解、20%左右在镇级化解、不到10%在区级化解的"721"工作目标，有力维护了全区社会大局稳定。

（三）探索形成"1134"社区工作法，创建"幸福红旗"

红旗区结合社情民意，立足"幸福红旗"建设目标，从破解社区治理难题入手，着力在基层自治、创新服务、完善机制上下功夫，探索形成了以高举"一面红旗"、建强"一个平台"、践行"三全服务"、营造"四大场景"为内容的"1134"社区工作法。"一面红旗"夯实社区治理党建引领。要建强"红色堡垒"，推动力量下沉。以机关党建"一筑四提"为载体，推动全区223名党委（党组）书记和班子成员全部建立基层党支部工作联系点，下沉参与基层治理，实现机关、社区双领域双提升。要引领群众自治。创新探索"四有两保"无主庭院基层治理新模式，先后成立居民议事会229个，选拔议事会成员884名，使小区"有人管事""有章理事""有地说事""有钱办事"，实现了无主庭院有主化。"一个平台"搭建社区治理智慧模型。全面打造基于新型数字技术的城市治理模型"红旗e岗通"，目前"红旗e岗通"注册用户达20.8万人，为红旗区率先实现新型智慧社区、开启智能城市生活提供了基础保障,实现了智能身份码、居民出入登记、智能服务通道、返程人员管理等多项功能,总计签发智能身份码近20万个,为辖区疫情防控提供了全方位助力。"三全服务"实现社区治理无缝衔接。通过"全岗都通、全年无休、全覆盖走访"的"三全服务"模式,进一步实现社区治理横向到边、纵向到底、全时覆盖、无缝衔接。"全岗都通"听民意、"全年无休"解民忧、"全覆盖走访"体民情,推动社区为群众办实事、干好事。"四大场景"拓宽社区治理全新路径。将"场景营造"作为社区治理的未来发展方向,结合辖区实际倾心营造"幸福餐厅""温馨客厅""学习厅""议事厅"四大场景,推进社区场景与居民对美好生活的向往精准匹配,使社区更加宜居、更有温度。通过"幸福餐厅"打造生活空间,为部分老年居民提供助餐服务,目前已投入使用助餐服务点12个;通过"温馨客厅"打造共享空间,为群众提供书法、舞蹈、亲子活动、图书阅览等10余项休憩娱乐公共服务。通过"学习厅"打造德治空间、通过"议事厅"打造自治空间,破解了部分社区"无人管事、无地说事、无章理事"的难题,取得了良好成效。

### (四)首创"法律服务扫街"活动,创建"法治红旗"

红旗区充分发挥法治在基层治理中的作用,运用法治思维防范风险、化解矛盾、维护群众合法权益。一是创新开展"法律服务扫街、普法宣传摆摊"活动。积极推进法律"六进"、"双百"、青年普法志愿者法治文化基层行活动。2022年,组织普法志愿者200余人,开展各类普法宣传活动230余场,开展法治讲座98场,普法受众人数达23000余人次。在2021年全省营商环境考核中,区委政法委牵头的"法治化营商环境,企业权益保护"指标,全市排名第一,全省排名第五。红旗区法学会连续7年荣获"全省法学会工作先进单位"。组织辖区12家律所到沿街门店开展法治宣传,提供法律服务,截至2023年6月底,走访商铺1724家,解答法律咨询581件,开展法治讲座11次,受益群众5000余人。二是开展"三零"创建工作。坚持"党政主导、公安主力、部门主责、镇村主体、多元共治"原则,大胆探索"134910"机制，推动"三零"创建工作走深走实。已累计治理安全隐患272个，各类警情环比下降35.5%，高校涉诈类案件连续3个月实现"零发案"，校内侵财类案件得到杜绝，全区"三零"创建工作整体达标率为98.85%。创新打造"法律七进""以案释法""法治宣传长廊""互联网+普法"等普法文化阵地，常态化送法上门，有效发挥法治在基层治理现代化中的规范、引领、推动和保障作用，不断提升新时代基层治理法治化水平。

### （五）拓展文明创建和以文化人活动，创建"德治红旗"

红旗区充分发挥道德教化在基层治理中的作用，深入挖掘中华优秀传统道德文化精髓，为基层社会治理现代化提供精神动力。一是强化德治教化，发挥基层"软治理"。建成红旗先锋馆、家风家教家训馆，升级红旗廉政文化教育馆；常态化开展典型选树活动，宣传邓志军等全国劳动模范、中国好人事迹；打造多功能村（社区）新时代文明实践站（所）86个，实现全覆盖。加强宣传引导，深化群众性精神文明建设，弘扬社会主义核心价值观；成立区融媒体中心，多角度、立体式唱响红旗声音。小店镇刘景屯村连续举办"兴家风、正村风、淳民风"国学讲堂158期，创新基层社会治理正循环，汇聚乡村发展正能量。以丰富的精神文化引领风尚，形成"文明红旗""教你一招"等红旗特色文化活动品牌，常态化、系统化开展一系列群众文化活动260余场。打造"星火红旗"志愿服务、"红色文艺轻骑兵"基层志愿服务、新时代文明实践志愿服务大集等志愿服务品牌。二是将新时代文明实践融入基层党建、乡村治理等工作，建设"城市书房"6个，举行"出彩红旗人"发布会，大力弘扬社会主义核心价值观。2022年5月，辖区居民王文洋荣登第一季度"中国好人榜"。同时，坚持以群众需求为导向，全区287支"星火红旗"志愿服务队开展医疗卫生、法律咨询、乡村振兴、帮扶救助、文明劝导、敬老慰老等志愿服务活动800余场次，为群众举办各类文化培训活动20余场、"乡村春晚"36场，送电影下乡2000余场次，通过以文化人，不断营造浓厚的德治氛围。

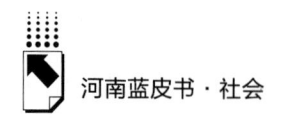

## 三 经验与启示

新乡市红旗区创新基层社会治理的实践探索，成效卓著，打造了富有时代特点和地域特色的红旗样板，治理经验值得各地参考和学习，也为其他地市基层社会治理提供启示和借鉴。

### （一）构建现代化的治理体系是实施基层社会治理的基础

现代化的治理体系能够增强基层治理能力、提高民主水平、促进社会和谐稳定，是实施基层社会治理的基础。红旗区通过创新社会治理模式，构建"党建引领、数智支撑和网格筑基"的服务管理体系，突出党组织领导、信息化支撑和精细化网格化服务，全方位提升社会治理能力，打通为民服务的"最后一米"，"幸福红旗"和"首善之区"建设取得扎实成效。全区政治生态风清气正，营商环境持续优化，在2021年河南省营商环境评价中，红旗区在全省54个市辖区中排名第三。全区社会和谐稳定，公众安全感连续3年位列全省前六；基层社会治理进一步优化，人民群众的获得感、幸福感、安全感更强。"党建+大数据+全科网格"体系着眼于以领导方式转变推进基层社会治理转变，坚持"党建引领、政府主导、市场主体、群众参与、科技赋能、文明滋养、法治保障"的总体要求，构建科学有效的基层社会治理体系，从理念思路、方法手段等不同维度入手解决基层社会治理问题，有效破解治理难题，是实施基层社会治理的重要探索和宝贵经验。

### （二）创新治理理念和治理方式是实施基层社会治理的关键

治理理念和治理方式的创新增强了治理的战略思维、辩证思维、创新思维和底线思维能力，制定相关治理方法、任务和标准，增强了公信力和执行力。治理方式的创新，极大地提高了基层社会治理成效，是实施基层社会治理的关键。近年来，红旗区大胆探索，不断创新基层社会治理方式，成功破解了基层社会治理难题，形成了大量富有特色的治理举措、机制和方式。比如矛盾纠纷多元化解、群众自治、红色物业等，利用互联网技术推动智慧社区建设，取得了良好成效；2021年采用的"1134"社区工作法，其中"创新场景拓宽社区治理全新路径"入选民政部办公厅公布的2021年度全国基层治理创新典型案例；红旗区推出的"11234"基层社会治理"红旗模式"是坚持和发展新时代"枫桥经验"，结合基层社会治理实际，敢于探索、勇于创新、生动实践全过程人民民主的结晶，聚焦矛盾纠纷多元化解，为实现最广泛、最真实、最管用的民主提供了生动样本；政府吸纳农户参与乡村治理的"积分制"治理方式、"三零"工作法等，都是红旗区在基层社会治理方面的发展和创新，为其他城市基层社会治理提供了有益的启示和借鉴。

### （三）招才引智、干部下沉是破解基层社会治理难题的有效手段

基层治理关键在人，关键在基层党组织和广大党员。红旗区实施"招才引智"工程和"回引培养"计划，吸引能人返乡、干部下沉，有效破解了基层发展振兴的难题。在农村社区，坚持"五个一批"选人，在2021年村级换届工作中，群众满意度评价位列全市第一；实施"回引培养"计划，动员感召10名有担当、有威信、有能力、有资源的农村在外能人回村任职，其中，小店镇殷庄村作为"五星"支部创建目标村，在新一届村委班子的带领下，已实现了村容村貌焕然一新、千亩田园综合体项目稳步推进。从调研中可以感受到，如果每个社区都能够吸引一两个返乡的能人，他们有能力、有资金、有经验、有奉献家乡的情怀，那么基层社会的振兴发展、和谐稳定必然会实现。另外，干部下沉也是破解基层社会治理难题的有效途径。红旗区统筹各方力量，推动人才、权力和资源下沉，保证基层事情基层办、基层权力给基层、基层事情有人办，不断推动治理重心下移取得新成效。干部下沉就是领导干部把自己作为基层治理的直接领导者，在掌握现实情况的基础上，把国家发展的大政方针落实到具体工作中。领导干部要经常去基层进行调研，深入生产生活的第一线，不断探讨基层经济建设各项工作中存在的突出问题，有效化解基层矛盾，解决基层人才不足的问题。

### （四）与时俱进、多元共治是实施基层社会治理的有力保障

与时俱进、多元共治能够激发基层治理活力。新时期要坚持"五治"融合，多元共治，推进基层社会治理现代化。近年来，红旗区综合运用政治引领、法治保障、自治强基、德治教化、智治支撑的"五治"融合治理方式，为全区扎实推进基层社会治理工作指明了方向、提供了动力。全区开展农村"五星"支部创建，筑牢基层堡垒。创成农村"五星"支部1个、"四星"支部7个，"三星"以上支部占57.5%，农村创成"四星"支部占比排名全省第一。开展全过程人民民主暨党群服务中心示范点建设，建强基层治理平台。在全省率先成立区级基层治理委员会，依托区社会治理综合服务中心，打造"红旗说事"品牌；选定小店镇刘景屯村、渠东办事处国悦城、洪门镇四季城等地，打造基层全域社会治理平台示范点。开展农村人居环境集中整治，扮靓乡村"颜值"。筹措区级资金推进"三通一规范"，加快补齐农村基础设施短板；实施治理"六乱"、开展"六清"行动，大力提升村容村貌。开展"万企兴万村"行动，激活乡村振兴动能。红旗区多元共治的治理经验值得借鉴。随着经济社会和科技金融的快速发展，多元共治已成为基层社会治理的有力保障。

## 四 思考与展望

红旗区创新基层社会治理的实践探索取得了显著成效，其重大举措和做法经验为其他地市基层社会治理提供了深刻启示。当今社会面临一些新的挑战和风险，百年未有之大变局加速演进，战略机遇和风险挑战并存，不确定、难预料因素增多，政法工作面临的形势更加严峻、任务更加繁重、矛盾更加复杂。一是敌对势力活动不断，形势十分复杂。红旗区高校较多，流动人口多，商业密集，境内外敌对势力渗透活动不断，反暴恐、反间谍、反渗透、反邪教、反网络诈骗等形势十分严峻。二是社会矛盾复杂交织，信访形势不容乐观。房地产领域信访矛盾突出，退役涉访人员时有串联，经济领域风险外溢趋势明显，涉灾类信访问题解决难度较大。三是社会治安形势纷繁复杂，公共安全风险易发难控。新型刑事犯罪占比较高、影响较大，防范、侦破、打击的难度较大、效果较差。重点人群管控难度较大，个人极端事件易发难控，稍有不慎就可能引发大的事端。四是基础工作尚存短板，能力水平尚需提高。基层工作落实需要更加具体，全科网格建设、基层矛盾化解效果尚需加强与提升。五是基层党组织带头人存在"无人选、人难选"和后备干部队伍青黄不接的问题。个别农村支部书记在破解难点、壮大集体经济方面的思路需要更加开阔，需要加强农村支部书记队伍建设，培养更多的基层干部，做好基层治理工作。六是基层社区"事多人少"的矛盾长期存在。受客观因素制约，城市社区治理中资源下沉与事项下沉未能同步的现象普遍存在，普遍面临"小马拉大车"的难题，表现为基层治理力量与服务人口数量不匹配、事项下沉与财政资源下沉不匹配。不同街道之间治理资源差异较大，部分街道经费保障不足，事项开展难。因此，要与时俱进，继续加强"五治"融合，多元共治，创新治理方式，提升治理水平，强化人财物更多向基层倾斜，强化干部下沉，选好基层治理带头人。

展望未来，信息化、智能化发展对基层社会治理提出了更高的要求。未来的基层社会治理将更加注重多元化和开放性的治理模式、更加注重法治化和规范化的建设、更加注重科技化和信息化的手段。综上所述，未来的基层社会治理有着广阔的发展前景。在多元化的治理模式下，基层社会治理将更加注重法治化和规范化的建设，并借助科技化和信息化的手段提高治理效率和水平，相信未来基层社会治理会取得更加显著的成就。红旗区要将乡镇（街道）、村（社区）纳入信息化建设规划，实施"互联网+基层治理"行动，加快全国一体化政务服务平台建设等。持续深化"放管服"改革，扎实推进基层治理与互联网、大数据、云计算等深度融合，努力提升基层治理信息化、智慧化水平，尽快满足人民群众多层次、差异化、个性化的新需求、新期待。

# B.16 河南省党建引领"村改居"社区治理研究
## ——以郑州市高新区堂李村为例

徐京波 徐玮海 徐文博*

**摘　要：** 随着城镇化进程加快，农村社区不断向城市社区转型，由此产生大量过渡型社区，有别于农村社区与城市社区，它是城乡二元结构作用下的特殊形态，学术界将其界定为"村改居"社区。村民上楼后打破了原有村庄结构的平衡状态，同质性强且人际关系紧密的村落共同体瓦解，村民之间的权力义务关系断裂。本文以郑州市高新技术开发区沟赵办事处堂李村为例，通过社会调查发现，堂李村在社区治理中形成了"堂李模式"，即三级网格，联动治理；志愿服务，多主体参与；交叉任职，创新红色物业；建立精细化租房制度，规范社区流动人口管理。该模式形成了以下成效：构建多级联动机制，有效处理公共事务和应急事件；居民社区参与度高，构建了完善的志愿者体系；"软硬兼施"合力解决了社区杂乱问题。该模式能够取得明显成效的原因是：建立了多级联动机制；党建激发居民主体性，破解居民参与难题；权责结构明晰，摆脱治理"悬浮化"的困境；发挥红色物业的纽带作用，摆脱公共服务无序混乱困境。

**关键词：** 党建引领　"村改居"社区　社区治理

---

* 徐京波，郑州轻工业大学政法学院副教授、副院长、硕士研究生导师，研究方向为农村社会治理；徐玮海，郑州轻工业大学社会工作专业硕士研究生；徐文博，郑州轻工业大学社会工作专业硕士研究生。

"村改居"社区治理中，党建引领的基本原则和价值观包括党的领导、人民立场、公正公平、共建共治共享以及服务意识。党的领导是确保社区治理有效进行的关键，党组织在社区中发挥核心作用，引领和推动各项工作的开展。人民立场意味着以人民的需求和利益为导向，尊重人民的权益，听取他们的合理诉求，真正把人民放在心中最高的位置。公正公平是党内政治生活的基本原则，要求党员干部在社区治理中做到公正公平，依法依规处理事务，确保社区治理的公正性和公平性。共建共治共享强调社区居民的主体地位，鼓励居民积极参与社区治理，共同管理社区事务，实现社区治理的民主化、法治化和智能化。党建引领还要求党员干部树立服务意识，将为人民服务作为首要任务，提供优质的公共服务，关注居民的生活需求，积极解决居民的困难和问题，提高居民的幸福感和获得感。这些原则和价值观的贯彻落实将为"村改居"社区的有效治理提供指导和保障，促进社区的和谐稳定发展。因此，本文以堂李村为例，探讨党建引领"村改居"社区治理模式。堂李村隶属于郑州市高新技术开发区沟赵办事处。辖区面积1.23平方千米，村级活动场所面积1100平方米。现辖5个居民组，居民641户2350人。村"两委"委员7人，其中党委委员5人，村委委员5人，交叉任职3人。堂李村党委以党建为引领，以"三个阵地"建设为抓手，构建党建引领基层发展共同体，汇聚红色力量共筑基层服务"同心圆"。

## 一 党建引领下的"堂李模式"

### （一）三级网格，联动治理

网格化管理是一项重要的工作，要想做好，首先需要以身作则，并建立一个凝心聚力的团队，以真正为群众服务。为了实现这个目标，从2022年开始，堂李村以"五星"支部创建为依托，建立了网格化管理制度，开展社区治理工作。堂李村的网格机制由三个党支部书记负责。堂李村现有三个党支部，它们是网格化管理的基础。党支部书记兼任网格长，负责管理网格

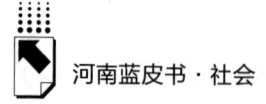

内的事务，发挥战斗堡垒作用。同时，选派优秀的志愿者作为网格员，他们负责处理社区消防安全问题和日常工作等。网格化巡查包括对小区环境、安全等方面的定期检查。堂李村要求每个网格员每周巡查1~2次，与物业联合进行社区消防安全和环境治理等检查。此外，还需要了解和处理群众的矛盾纠纷，将基层工作部署安排下去，并进行层层上报。堂李村每周召开例会，网格长将一周内发现的问题、解决的问题以及未解决的问题一一汇报。目前，堂李村有三级网络，一级网格负责管理C1区和C2区，二级网格负责管理C3区，三级网格主要负责管理亿达园区，每级网格内设有小组长，负责协助党支部书记工作。此外，堂李村还设立了24个楼栋长，他们作为三级网格内的微网格长，负责管理楼栋及其周边环境。目前，楼栋长都是志愿者骨干力量，他们也承担了微网格长的职责，工作主要涉及本单元的突发问题、矛盾纠纷和宣传工作，由微网格长负责向群众宣传、发信息。同时建立了微信群，每个单元都有一个。三级网格长负责督促微网格长履行职责，并组织人员开展工作。虽然有些问题还没有得到很好的解决，但社区秩序已经井然有序。堂李村总结了很多经验，包括队伍建设、领导班子的凝聚力以及网格化的联动机制。

### （二）志愿服务，多主体参与

堂李村在村"两委"的带领下建立了结构完整的志愿者服务体系，志愿者在日常生活中以及紧急事件应急处理中发挥了重要的作用。随着城市化进程的加速和社会问题的增多，社区治理的重要性日益凸显，志愿服务作为社区治理的一个重要组成部分，在社区建设中发挥了重要作用。堂李村志愿服务的作用体现在以下三个方面。第一，积极参与社区建设，为居民提供各种有益的服务。例如，开展环境卫生清洁、维护社区安全、组织文化活动等。第二，在社区建设中，可以提高居民对社区的认知和对社区建设的重视程度，同时可以增强居民的社区归属感和自我价值感。社区治理是维护社会和谐稳定的重要手段，社区志愿者队伍是社区治理的重要力量。堂李村的志愿者队伍通过开展志愿服务和参与社区议事，为社区治理提供有益建议和支持,使社区治理更加民主化,让居民更加愿意参与社会治理,进一步提高社区治理的民主化水平和治理效率。第三,增强社区凝聚力,堂李村志愿者队伍通过开展各种志愿服务活动,增加社区居民之间的交流和沟通,进一步增强社区凝聚力。同时,通过志愿服务活动的互动和交流,志愿者之间可以增进友谊,志愿者自身可以提高自我价值和满足感。

### (三)交叉任职,创新红色物业

在堂李村,物业以党建为创新引领,交叉任职,党员干部参与物业管理,督促并指导物业开展工作。村干部由于对物业工作有深入了解,能够解答群众对物业工作的疑惑,有效减少居民与物业之间的矛盾。红色物业以中国共产党的组织优势和政治领导地位为依托,能够较好地组织居民参与社区事务的决策和管理。同时,社区基础设施的建设和维护,包括道路、绿化、供水、供电等公共设施的管理能够真正契合社区居民需要。红色物业可以协调解决社区内的纠纷和矛盾,促进邻里和谐;可以提供调解服务,帮助居民化解争议,减少社会矛盾,维护社区稳定;可以组织开展各种主题的宣传活动,增强和提高居民的法律意识、环保意识与文明素质等,促进社区文明建设和精神文明建设;可以通过向居民宣传党的方针政策和法律法规,引导居民自觉遵守社会公德和法律法规,营造良好的社区氛围。

### (四)建立精细化租房制度,规范社区流动人口管理

堂李村属于"村改居"社区,社区内的外来人口较多,租户占比较大。如果人口流动缺乏规范化管理,将会影响社区治安和平安社区建设。因此,堂李村制定相关规定,精细化租房制度,租户入住前必须签订消防承诺书和正规的租房协议。租房协议由房东、租户和村委会三方签字盖章,使租房不再是个人行为,而是与社区治理密切相关。起初,村民对该制度置之不理,认为签字对自身没有好处,便绕过村委会私下租房。针对这一问题,村"两委"与属地派出所联合,社区租户在办理车牌出入登记、暂住证等时必须出示租房协议,从而使租户倒逼房东规范签订租房协议。通过"策略主

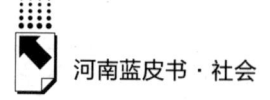

义"的方式使社区内群众主动向党委要求签订正规租房协议，并盖章，有效对社区流动人口进行管理，保障了社区群众的安全，减少了由租房带来的矛盾纠纷。

## 二 堂李社区治理模式的成效分析

### （一）构建多级联动机制，有效处理公共事务和应急事件

堂李村的多级联动机制以其独特和有效的危机管理能力引人注目。这个机制由村"两委"、物业、志愿者三个主要组成部分构成。在社区日常管理和应急事件的处理中发挥了巨大的作用。

村"两委"作为整个机制的决策核心，起着至关重要的作用。他们承担着设计整体策略的任务，并协调物业和志愿者具体执行。在堂李村的实地调查中，村"两委"人员表示："我们成立由村'两委'领导和物业、志愿者组成的领导小组，把握大局，指导和协调社区治理工作。"领导小组为应急事件的处理提供了强大的指导力量，同时为其他工作团队提供了必要的协调和支持。

堂李村设立了由物业和志愿者组成的专项工作小组，针对每个具体的应急事件进行处理。村委会主任解释："我们还成立了专项工作小组，由物业和志愿者具体执行，确保政策的落实。"这种做法保证了每个应急事件都能得到专业、细致的处理，从而最大限度地减少了危机对社区的影响。在"7·20"郑州特大暴雨期间，村干部亲自带领专业性较强的物业人员和志愿者砌高社区内水池，在一定程度上减少了社区居民的损失。

为了保证社区内工作的有序进行、保证社区内居民生活问题得到有效解决，堂李村每周都会召开一次工作会议。每周召开周例会，各个网格长将一周发现的问题、解决的问题和没解决的问题一一汇报。这种定期的交流和反馈机制保证了工作的进行和问题的及时解决，也为物业和志愿者提供了处理问题的机会和获取指导的平台。总的来说，堂李村通过建立村"两委"、物

业、志愿者的多级联动机制,有效地改善了社区的公共环境,处理了各种应急事件。

## (二)居民社区参与度高,构建了完善的志愿者体系

堂李村在加强社区参与方面展示了独特而有效的方式。通过建立志愿者队伍,成功地吸引并鼓励村民参与社区建设和服务。

堂李村通过发动村民参与志愿者队伍,鼓励他们参与社区建设。如访谈中所述:"我们联合物业组织村民参与志愿者队伍,共同为社区建设服务。"这种参与方式不仅使村民更加深入了解和参与社区的建设,还增强了他们对社区的归属感和责任感。而志愿者队伍的成立和运作,充分发挥了村民的主观能动性。志愿者队伍不仅承担了日常的社区服务工作,如环保清理、公共设施维护等,还成为村民们参与社区建设、表达社区需求的一个重要平台。

同时,堂李村通过对志愿者的激励和认可,激发了村民参与社区建设的积极性。在沟赵党工委的指导下,堂李社区的志愿者也经常去其他社区参与志愿活动。在三个党支部的引领下,社区将志愿服务常态化,结合志愿者队伍建立爱心超市,使志愿者可以通过志愿时长换购商品等,激发广大居民的志愿服务意识。还有的家庭将志愿活动作为教育的重要方式之一,一家三口来做志愿服务,通过小孩子来动员家庭成员。做志愿服务不是为了钱,而是体现一种价值。堂李村的党建领导下的志愿者队伍,是社区治理中重要的一环。总的来说,通过建立志愿者队伍,堂李村成功地提高了社区的参与度、促进了社区的发展。这个过程不仅提升了村民们的社区认同感,也使他们在参与社区建设的过程中得到了成长,为社区的长远发展打下了坚实的基础。

## (三)"软硬兼施"合力解决了社区杂乱问题

针对社区公共环境,村"两委"干部开展了针对社区乱象整治的行动。为解决社区内脏乱差问题、清理地下车库,书记带领"两委"班子采取了"零容忍"的强硬态度,不给任何人情面。同时以身作则,起到了很好的模

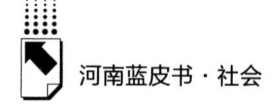

范带头作用，脚踏实地弯腰做事。村"两委"干部深刻认识到随着村庄向社区转变，公共环境的重要性将更加凸显。他们不仅为改善社区环境制订了计划，还积极地将计划转变为行动。

在增强社区群众认同感、增强社区凝聚力方面，采用了"柔性治理"的手段。群众到党群服务中心办理业务时，党群干事语气和善，回答群众问题时注意表达方式，杜绝权力异化，致力于打造干群友好关系。村"两委"的领导力和执行力在这个过程中得到了充分体现，为村庄的环境治理做出了贡献。在决策过程中，村"两委"班子始终以群众需求和利益为优先，这是他们深厚群众基础的体现。他们不仅关注村民的需求，也关心社区居民的需求。他们主动与居民沟通，了解居民的期望和需求，并将这些反馈融入决策。在文化建设和教育事业上，他们积极推动各种活动，使社区的文化氛围不断浓厚，并提升了社区居民的素质。村干部意识到随着村庄向社区转变，文化和教育的重要性会进一步凸显。因此，他们积极投入这些领域的工作，以提升社区居民的整体素质。

总的来说，堂李村"两委"班子在村庄向社区转变的过程中，通过有效的治理，展现了强大的领导力和深厚的群众基础。他们以"凝心聚力，为民服务，真诚永远，干就得了"为工作宗旨，时刻站在群众的角度发现问题、解决问题，为群众干实事，一切为社区群众的利益考虑，将提高社区居民幸福指数作为工作目标。在提升精神幸福指数的同时，抓群众的经济幸福指数，致力于打造集体经济，带动群众增收，为群众链接就业资源、提供就业指导，积极解决群众就业问题，充分发挥了村"两委"在社区治理中的重要作用。

## 三　堂李社区治理模式取得成效的原因

### （一）建立了多级联动机制

"村改居"社区作为由传统农村向现代城市社区过渡的特殊样态，存在

"亦城亦乡"的特点。村民生活环境突然变化，但受文化延续性、稳定性的影响，村民的很多生活习惯以及文化意识尚未随着生活环境的变化而变化。在堂李村，村民上楼之后，在新的村"两委"带领下，社区内形成了村"两委"与物业之间、不同网格之间、村"两委"与志愿者之间、志愿者与居民之间的多级联动机制。这种多级联动机制，有效地提升了社区治理工作服务效能。

通过建立多级联动机制可以增强居民参与社区事务的主动性和自治性，特别是通过议事会、三级动态分析会、志愿服务、数字平台等路径，让居民参与社区事务的决策、管理和监督，使居民的诉求得到较好回应、利益得到更好保护。同时，居民在参与社区事务的过程中，增强了对社区发展的认同感和归属感。

### （二）党建激发居民主体性，破解居民参与难题

"村改居"社区与城市商品房社区面临相似的"参与"困境，但"村改居"社区的情况更为特殊。村民在参与社区事务时，往往存在公私观念不清的问题，容易将个人利益凌驾于公共利益之上，导致缺乏参与社区事务的意识，参与能力和渠道也相对不足。然而，"村改居"社区也具备独特的治理优势，它们由村落共同体发展而来，居民之间相互认识，具备社区公共活动的社会基础，只需要基层政府积极引导和村"两委"有效动员，就会激发村民参与社区事务的积极性和主动性。

堂李村在成立红色物业后，创新的机制平台对摆脱村民的"参与"困境发挥了重要作用。首先，党建引领多元主体参与社区治理事务。村干部对党员进行动员，发挥党员的模范作用。党员再对村民中的积极分子进行动员，将其发展为志愿者骨干，培养志愿者参与社区事务的意识和责任。其次，在党建引领下，号召党员干部与群众互动，调整党群关系，提升了村民的主体性，增强了他们对社区的认同感，同时增强了村民参与社区事务的热情。堂李村将居民需求调查常态化，定期搜集居民生活中遇到的困难和需求，并积极回应解决。堂李村的书记介绍说："在面对群众意见和投诉时，村'两委'和物业都积极回应。通过与群众密切沟通，及时发现了许多问

题，及时处理了许多意见，并获得了群众的理解与支持。"这种密切联系和有效沟通有助于解决村民参与的问题。综上所述，尽管堂李村面临"参与"困境，但其利用独特的治理优势，通过党建引领和创新的机制平台，解决了这些问题，推动村民参与社区事务，实现社区秩序的有序运行。

### （三）权责结构明晰，摆脱治理"悬浮化"的困境

"村改居"社区处于转型阶段，受基层政府行政主导，难以发挥自治功能，面临治理动力不足的"悬浮化"困境。一方面，村民上楼之后，街道办事处面临行政任务增加，村委的工作重心集中在行政事务上。另一方面，物业治理事务相对复杂且需要专业知识，对社区治理提出了一定的要求，村委会的治理能力较弱，很难有效回应群众诉求。

堂李村之所以能够较好地改善社区环境、提高社区治理能力、摆脱治理"悬浮化"困境，是因为其村"两委"班子在建设之初就在村书记带领下脚踏实地为居民做实事，工作不浮于表面。村"两委"和物业交叉任职的做法，则具有介入物业治理事务的身份与能力，既可以监督物业治理行为，又能够动员党员干部与社区人员参与社区治理，使不同主体之间实现了有效互动。

同时，堂李村的三个党支部书记分别负责不同的具体内容，第一支部书记负责社区的消防工作，第二支部书记负责社区的民政、宗教领域工作，第三支部书记负责社区的宣传工作，权责分配明晰。综上，村干部脚踏实地的工作态度、明晰的权责分配，能够帮助社区摆脱治理"悬浮化"困境。

### （四）发挥红色物业的纽带作用，摆脱公共服务无序混乱困境

"村改居"社区物业治理模式不能简单等同于城市社区的市场物业管理模式。上楼村民缺乏现代物业管理意识，思想观念仍停留在农村社区时期的自我管理阶段，业主意识不强，导致物业费收缴成为"村改居"社区的治理难题，产生公共服务无序混乱的困境。堂李村党建引领下的红色物业成为社区主体协同共治的纽带，村干部在物业任职。一方面，赋予村干部物业服

务者的身份，发挥市场规则的治理优势；另一方面，运用权威治理方式动员村民，增强村民社区参与意识，形成自觉缴费的现代物业观念。从村"两委"、物业互动和治理主体嵌入的角度看，"村改居"社区干部的交叉任职不仅有效满足了社区公共服务和治理机制创新的现实需求，也通过发挥村干部个人权威、村干部与村民的亲密关系等优势，激活了社区化治理规则，实现"村改居"社区的治理重构。

## 四 结论与启示

"村改居"社区是中国农村城市化道路过程中的重要社区形态。"村改居"社区的治理效能关系到城市化进程与村民市民化的顺利程度。与传统农村社区与现代城市社区相比，"村改居"社区内在的过渡性与复杂性要求治理视角的实践性与适宜性。党建引领社区治理，通过思想、组织、道德、创新引领"村改居"社区的新治理模式。

堂李社区治理模式的成功主要得益于以下几个方面。首先，"村改居"社区中，领导班子需要有魄力，能够弯腰做事，才能有效推动社区治理；其次，社区治理不仅需要上级领导的推动，还需要社区居民的积极参与，建立和维护好群众基础、动员居民参与社区治理，是推进"村改居"社区转型的重要手段；最后，社区治理需要各级联动，形成治理合力，需要政府、村"两委"、社区居民、物业、志愿者等各方共同参与。

另外，堂李社区治理模式还有进一步拓展的空间。第一，"村改居"社区需要依托科技化手段进行社区治理。当前，数字化技术、人工智能和大数据等科技手段正逐渐渗透各行各业，为社区治理提供了新的思路和工具。在"村改居"社区治理过程中，可以利用数字化技术建立社区治理平台，通过大数据分析和人工智能技术，更加准确地掌握社区情况、更加高效地解决问题。此外，数字化技术还可以为社区治理提供更加便捷的通信工具和信息平台，方便居民参与社区治理。第二，"村改居"社区需要加强对社区治理人才的培养和引进。随着城市化进程的加速，农村地区的人才流失加剧，社区

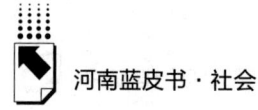

治理人才短缺问题也越来越突出。在"村改居"社区治理过程中，应该注重对社区治理人才的培养和引进，建立完善的人才引进机制，吸引高素质的人才加入社区治理团队。同时，应该注重对现有社区治理人才的培训，提高其专业素质和工作能力，发挥志愿者的中坚力量，为社区治理提供更加优质的服务。第三，"村改居"社区需要加强对社区传统文化的保护和传承。农村社区文化是中华民族传统文化的重要组成部分，也是农村社区发展的重要资源。在"村改居"社区治理中，应该注重对农村文化的保护和传承，加强对农村文化的挖掘和研究，建立健全文化传承机制，让农村文化在现代社区治理中发挥更加重要的作用。

# B.17 多元共治视角下社区志愿者队伍建设研究*

## ——以郑州市高新区紫锦社区为例

孙亚梅 吴珊珊**

**摘 要：** 社区志愿者是基层多元共治的重要主体。本文在回顾志愿服务与社区志愿服务相关研究的基础上，以郑州市高新区紫锦社区为例，从多元共治的视角分析了社区志愿者队伍的建设过程、特色和成效。紫锦社区通过组建、壮大、扎根、提升、内化和联建六个阶段，逐渐建立了一支群众基础好、响应能力强、分工明确的社区志愿者队伍。社区依托志愿者队伍取得了多个方面的治理成效，包括开发社区居民的参与潜能、达成志愿者队伍的自组织目标、实现社区事务的自我管理与服务、搭建社区积极养老的实践平台、提升社区的应急响应水平、增强居民的社区共同体意识。紫锦社区志愿者队伍建设的启示包括应注重志愿者队伍建设中的过程性与专业性、认识志愿服务脱虚向实的必要性、提供志愿者队伍建设的自主空间、明确志愿服务在社区治理中的能力边界。

**关键词：** 多元共治 城市社区 志愿者

党的二十大报告提出，要完善志愿服务制度与工作体系。在基层治理领

---

\* 本文系 2021 年度河南省高等学校重点科研项目"社会工作介入社区营造的制度与技术路径研究"（21A630036）的阶段性成果。
\*\* 孙亚梅，博士，郑州轻工业大学政法学院讲师，研究方向为城乡社会治理、青年研究；吴珊珊，北京市朝阳区亚运村街道办事处综合办公室副主任，中级社会工作师。

域，提升社区志愿者队伍建设水平与社区志愿服务质量是完善基层治理体系与提高治理能力的重要内容。以社区志愿者为代表的内生主体融入基层治理体系，为社区治理注入了强大的有生力量，是基层提升治理效能的坚实依托。在近几年的基层治理实践中，社区志愿者队伍在防灾减灾、应急响应等关键时刻迸发出巨大能量，体现了居民参与对社区治理的重要价值，更加凸显了建设共建共治共享社区的必要性。本文在回顾志愿服务与社区志愿服务相关研究的基础上，以郑州市高新区紫锦社区为例，从多元共治的视角分析社区志愿者队伍建设经验，为提高社区自治能力、提升基层治理水平提供有益启示。

## 一 志愿服务与社区志愿服务

### （一）社区志愿服务的发展历程

在西方，志愿服务由慈善活动发展而来，经历了由工业革命时期的友善访问、睦邻运动到逐步制度化和规范化的过程。在志愿服务逐步分工专业化的进程中，立足于社区的志愿服务已发展出一套成熟的模式。

在我国，志愿服务在社区落地始于20世纪90年代的社会领域改革，并随着单位制向社区制的转变逐渐探索发展。1989年，我国第一个社区志愿服务组织诞生；2005年，中国社会工作协会社区志愿者工作委员会组建；2011年，中华志愿者协会成立，我国社区志愿服务获得了长足发展。基于社区志愿服务发展历程的重要节点，学者将我国社区志愿服务划分为普及推广（1988~1994年）、初步发展（1995~2013年）、创新提升（2013年至今）三个阶段。[①] 也有学者根据社区志愿服务的动力机制，将社区志愿服务分为两个阶段："政府驱动"阶段和"社会嵌入"阶段。[②] 无论哪种划分方法，都基于一个共识，即随着我国社会治理重心的下移，社区成为社会治理

---

[①] 黄晓星、蒋婕：《治理现代化与社会建设：社区志愿服务发展的分析进路》，《中国志愿服务研究》2020年第2期。
[②] 陈伟东、吴岚波：《困境与治理：社区志愿服务持续化运作机制研究》，《河南大学学报》（社会科学版）2018年第5期。

创新的主要场域,包含社区志愿者在内的多元主体参与,是构建多元共治的基层治理体系的必要条件,社区志愿服务是与基层治理体系的完善协同并进、共同发展的。社区志愿服务的发展程度,折射了居民主体的参与程度和社区自治能力,也是社区治理水平的直接表现。

## (二)社区志愿服务相关研究的回顾

关于我国社区志愿服务的研究可以简要分为三个方向。第一,探讨社区志愿服务的运作模式,涉及志愿者动员、志愿者管理、与其他社区治理主体的互动方式等。例如,陈伟东等指出,调动居民的主动性是社区志愿服务持续运作的关键。[1] 随着社区志愿者数量的增加,志愿者的有效管理成为新课题,高风尘总结出"五环"工作法,针对社区志愿者管理问题提出解决之道。[2] 在社区治理场域,志愿服务组织如何在政府的统筹下做到政社协同[3]、如何与专业社工实现资源对接[4]等,也是学者关注的重点。

第二,讨论社区志愿服务的功能,包括面向社区和个人两个方面。对于社区来说,社区志愿者是"五社"联动助力基层社会治理共同体建设的重要力量。[5] 社区志愿服务是完善社区功能、弥补政府和市场服务失灵的有效手段,也是促进居民社区认同、积累社区社会资本、提高社区韧性的重要方式。[6] 对于志愿者个人来说,参加志愿服务是居民参与社区自治的途径,也是发挥才能、获得社会认同和实现价值的平台。

第三,探讨当前社区志愿服务存在的问题,集中在居民参与不足、行政

---

[1] 陈伟东、吴岚波:《困境与治理:社区志愿服务持续化运作机制研究》,《河南大学学报》(社会科学版)2018年第5期。
[2] 高风尘:《社区志愿者管理的"五环"工作法》,《中国社会工作》2019年第18期。
[3] 张强、张元:《中国应急志愿服务发展现状与前瞻——基于新冠肺炎疫情应对的观察》,《杭州师范大学学报》(社会科学版)2020年第4期。
[4] 王彦东、李妙然:《志愿服务在构建基层治理新格局中的功能及发展路径》,《齐鲁学刊》2020年第6期。
[5] 原珂、赵建玲:《"五社"联动助力基层社会治理共同体建设》,《河南社会科学》2022年第4期。
[6] 朱健刚:《疫情催生韧性的社会治理共同体》,《探索与争鸣》2020年第4期。

化色彩浓厚、志愿服务流于表面等。张帆用"麦当劳化"这一概念集中反映了当前社区志愿服务面临的困境,指出虽然近年来社区志愿服务迅速发展,但自上而下运动式的动员、基层社会运行的行政化以及志愿服务的技术治理模式,导致社区志愿服务重数量轻质量,损害了志愿服务理念,也未真正激发居民参与社区事务的自觉性。① 卢艳齐基于角色进阶理论指出,当前我国社区志愿者存在角色认知模糊、角色期待"悬浮"与角色互动失衡等问题,与社区治理的需求不适配,不利于中国特色志愿服务事业的长远发展。②

通过对我国社区志愿服务相关研究的简要回顾可以看出,在众多基层治理创新实践中,发展社区志愿服务具有重要地位,通过发展社区志愿服务提升基层治理水平是构建共建共治共享治理格局的重要议题。目前,关于社区志愿服务的讨论,集中于志愿服务和志愿者本身,对志愿者队伍建设的研究还有待继续完善。与一般的社区社会组织相比,社区志愿者队伍灵活性更强,更具利他性的特征,是关键时刻发挥社区自治能力的主要力量,也是社区能够成为居民利益和情感共同体的实践纽带。那么,如何才能建立真正符合共建共治共享理念的社区志愿者队伍?社区志愿者队伍能发挥哪些作用?社区志愿者队伍建设对于社区治理而言有哪些启示?本文将以郑州市高新区紫锦社区为例,讨论社区志愿者队伍的建设经验。

## 二 紫锦社区志愿者队伍建设经验

### (一)紫锦社区及其志愿者队伍概况

紫锦社区位于郑州市高新区沟赵街道,共管辖3个商品房小区。社区内共35栋楼52个单元5720户家庭,常住居民约两万人,辖区商铺182家。

---

① 张帆:《社区志愿服务的"麦当劳化"及其走向》,《兰州学刊》2020年第8期。
② 卢艳齐:《社会治理共同体视域下社区志愿者的角色困境与进阶路径》,《理论月刊》2023年第6期。

社区党委和居委会干部共9人，监委会3人，社区专职人员3人。社区党支部直管党员41人，流动党员约1200人。联建共建单位11家，包括小学、卫生院、大学相关学院、邻近社区等。紫锦社区既有商品房，又有公租房和商业街。楼院分散、人口密集、群体结构复杂，加上社区成立初期存在邻里信任基础薄弱、缺少公共活动空间、公租房燃气不通等诸多问题，造成该社区初期治理难度较大。

紫锦社区党委于2020年5月成立。自社区党委成立以来，发展社区志愿者、建设社区志愿者队伍成为社区治理重点工作内容。经过两年多的社区志愿者队伍建设，紫锦社区治理成效显著。紫锦社区成立了"红领先锋"志愿服务总队，下设政策宣讲、邻里守望、文明创建、爱心调解、绿色环保、民情关怀和平安巡逻七支特色队伍，共发展了千余名党员群众志愿者，涵盖老中青各个年龄段，共解决社区琐事3000余件。紫锦社区志愿者队伍从"小而散"发展到"多而聚"，且优化社区各级、各类志愿者队伍"平时服务、急时应急、战时应战"机制，荣获郑州市"优秀志愿服务社区"称号。在郑州遭受暴雨灾害期间，依托坚实的社区志愿者队伍，紫锦社区激发了群众参与灾害防御的热情，有效减轻了灾害损失，体现了较强的社区凝聚力，显示了较好的治理成效。

（二）志愿者队伍建设过程

1. 组建

紫锦社区志愿者队伍建设之初即与社区党建工作和基层网格化管理紧密相关。通过"社区—网格—楼栋"与"社区党组织—楼栋党小组—楼层党员"双网融合的组织架构，紫锦社区建立了以社区党组织为责任主体、以小区楼栋为管理单元、以党员楼栋长为骨干力量的社区治理模式。通过开展党员认领楼栋工作，每个楼栋至少有1名社区直管党员或流动党员负责该楼内日常的联络沟通工作。在全部52个楼栋单元中，经过选举程序，推举其中有威望、有责任感、有意愿的居民作为楼栋长，将"老邻居"转化为社区"微网格长"，充分发挥"熟人、熟事、熟路"的优势。这些党员群众是

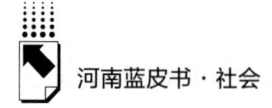

最基层的网格员，也是最先纳入志愿者队伍的成员。以楼栋长为核心的社区志愿者队伍，是紫锦社区"红领先锋"志愿服务总队的雏形。在志愿者队伍初创期，社区党委和居委会在其中发挥了主导作用，自上而下动员。

2. 壮大

在组建以楼栋长为核心力量的志愿者队伍之后，楼栋长就接过社区干部的接力棒，成为广泛动员居民的主干力量。在52名楼栋长的带领下，又有200余名党员群众志愿者加入进来，作为楼层联络人，负责更加精细化的沟通工作，使社区打通服务居民"最后一米"。开展志愿服务，如提供义务理发、家电维修过程中，原有志愿者继续开展志愿者招募工作，同时扩大志愿服务在社区中的影响力。在招募过程中，"老漂族"的志愿服务潜力被发现和发掘出来。"我们院里头有很多老年人，是给子女带孩子的。孩子们上学，他们没有事情干，爱打牌、打麻将，我们就把老年人发动起来，有愿意的，让他们积极参与活动，来社区做志愿服务活动，分散他们的精力，让他们换积分儿。"另外，社区成立了腰鼓队、太极队、合唱队等12支文艺队，有320名居民参与其中，全部居民加入志愿者队伍，有力补充和壮大了志愿者队伍。在志愿者队伍发展过程中，核心志愿者的带动起到了主导作用，社区潜在志愿者被挖掘出来，志愿者队伍逐渐发展成为具有规模化的自治力量。

3. 扎根

随着志愿者队伍的壮大，社区"两委"也为志愿者队伍建设积极拓展资源，为志愿服务争取更多的发展条件。他们发现了隐藏在小区某栋楼内的闲置空间，这里原本面积狭小，空间分隔不规整，难做他用。社区与物业商议之后，同意将这里交付社区进行装修改造。社区"两委"又争取了相关经费，作为装修改造资金，将这里改建成为社区的文化活动空间，同时作为社区志愿者队伍的基地。修整之后，社区志愿者队伍有了固定的落脚之处，随后在这里逐步建立了便民理发室、法律咨询室、矛盾调解室、图书阅读室等固定志愿服务场所，专门用于兑换志愿服务积分的爱心超市也设置于此。社区通过盘活存量空间资源，将闲置房屋转化为志愿者队伍大本营，为志愿者开展活动和展示风采提供了固定空间，使志愿者队伍摆脱了"漂浮"状态，成为扎根社区的群众力量。

4. 提升

自我培训是紫锦社区志愿者队伍建设的亮点之一，也是志愿者队伍实现自我管理、提升自组织能力的关键。随着志愿者队伍扎根社区以及相关志愿服务的深入开展，志愿者对志愿服务内容、权利与责任等专业知识有更多的需求。由社区干部牵线，社区核心志愿者去联建单位郑州轻工业大学参加了专门举办的志愿者培训讲座，学习了志愿者相关的专业知识，并就如何提升社区具体的志愿服务项目征求专业人士的建议。培训之后，志愿者代表从中得到启发，他们根据不同服务项目将志愿者队伍分类管理，将志愿者队伍细分为政策宣讲、爱心调解等七队，并根据各志愿队特点，挑选具有培训资格的志愿者老师对社区新登记志愿者以及需进行项目专业培训的志愿者，以各志愿者服务小队为单位分批进行自我培训。通过管理细化和自我培训，志愿者队伍实现了由社区"两委"主导的外部管理转向志愿者队伍自身的内部管理，自组织能力得到提升，有效提高了志愿者队伍的服务水平和效率，为社区强化自我服务功能提供了强有力的保障。

5. 内化

在社区志愿者队伍建设过程中，外部力量的推动和支持往往在建设初期发挥关键作用，而要想志愿者队伍稳定、志愿服务长久，来自志愿者队伍内部的、由认同感和荣誉感带来的精神力量支撑必不可少。在紫锦社区志愿者队伍建设过程中，志愿者的身份认同和志愿精神给居民带来的改变是较为显著的。在队伍建设初期，必要的激励机制对扩大队伍起到重要作用，如志愿服务积分可以在爱心超市兑换日用品等。随着社区服务的扎实开展，志愿行为本身的魅力逐渐显现出来，志愿者这一身份标签成为居民内化公益心理、提升行为标准的内在机制。如访谈中得知了一位居民在加入志愿者队伍之后的转变："有一位阿姨已经70多岁了，她说虽然她是文盲，但她在接孙女儿的时候不敢插队，因为她是志愿者，她觉得很光荣。"通过志愿服务的持续开展和队伍内部的自我培训，社区普通居民身份升级为社区志愿者，由志

愿者身份带来的内生动力，转化为志愿者队伍良性发展的持续机制。

6. 联建

为进一步支持志愿者队伍建设，紫锦社区充分发挥周边资源汇聚的优势，加强与周边高校、企业合作，构建了"互带互助、优势互补、资源共享、共同发展"的合作新格局。目前，紫锦社区党支部先后与沟赵卫生院、郑州轻工业大学、高新区网安馆等11家单位签订联建共建协议。在开展志愿服务工作过程中，社区与郑州轻工业大学多个院系取得了联系，进行良好配合，使得近200名学生志愿者参与其中。通过联建方式，一方面，给学生志愿者提供了良好的社会实践平台；另一方面，为紫锦社区志愿者队伍带来了新面孔，也为辖区群众带来了新气象，更为服务基层、服务群众注入了新活力。在卫生城市复审工作中，紫锦社区联合交警、城管部门，发动300余名社区志愿者对辖区周边道路开展交通秩序专项整治活动，效果良好。通过志愿服务搭建的联建桥梁，社区对周边资源进行了充分挖掘，为壮大社区志愿者队伍提供了有利契机。

## 三 紫锦社区志愿者队伍建设特色与成效

### （一）开发社区居民的参与潜能

紫锦社区通过挖掘居民中潜在的志愿服务力量，将有能力、有意愿、有时间的居民逐步吸纳进志愿者队伍，增强了社区的自治力量。第一，寻找热心的退休党员，使其成为志愿者队伍的中坚力量，"以点带面"发展核心志愿者。退休党员一般更重视社区的发展，与社区联系较为紧密，且自身具备较高的知识水平，在社区中具有一定的威望和号召力，可以发挥带头作用。第二，通过社区社会网络发展重点群体。社区也是一个小型社会，在重视人际关系的"熟人社会"中，紫锦社区中许多闲居在家的群众，送孩子上学后时间充足，有条件参加志愿服务，通过其他居民的口口相传，或者因家人、熟人的加入而成为志愿者。第三，发现社区能人，充实志愿者队伍，提高志愿服务的专业性。紫锦社区之所以能提供诸如法律咨询、心理辅导、电器维修等专业门槛较高的志愿服务，是因为获得了社区居民中专业人士的支持，能人的加入有效拓展了社区志愿服务的功能。第四，创造条件持续动员社区志愿服务的潜在人群，不断更新社区志愿服务的有生力量，如利用周六、周日及寒暑假开展活动，吸引上班族、学生群体等参与。应当注意的是，志愿者动员效果要看社区干部在志愿者队伍建设过程积累的群众基础和取得的居民信任。紫锦社区干部通过面对面交流和定期入户走访，获知居民需求、尊重居民意见、解决居民问题，获得了居民的信任，为开展志愿者队伍建设工作奠定了良好的基础。这种方式让紫锦社区的志愿者队伍迅速壮大，目前社区登记在册的志愿者超千人，且人数不断增多，队伍的发展不断成熟，趋向稳定，为紫锦社区的发展服务。

## （二）达成志愿者队伍的自组织目标

紫锦社区志愿者队伍实现自我管理、自我服务、自我监督、自我更新，达成了居民参与社区治理的自组织目标。志愿者相关制度建设在紫锦社区培育志愿者队伍自组织能力中起到重要作用。紫锦社区目前建立了一套包含志愿者管理、运行、培训、考核等的完整制度体系，包括《志愿者招募和注册制度》《志愿者关系转接制度》《志愿者培训管理制度》《志愿者服务队运行机制》《志愿者考核办法》等。这些制度保证了志愿者队伍即使在没有外力推动时，依然能实现自我有序运转。以安排培训来说，紫锦社区志愿者队伍从社区实际的服务需求出发，已自发组织了多轮培训。受社区资源和人员的限制，社区还不具备条件邀请外部专家面向全部志愿者进行培训，所以紫锦社区安排核心志愿者在外接受培训，回到社区后再在队伍内部进行自我培训。在社区组织培训阶段，根据不同志愿者的实际情况和条件限制，志愿者队伍自行商定培训对象、日期、地点等事宜。在这个过程中，社区"两委"干部仅提供协助，主力军是志愿者队伍本身。此外，紫锦社区用于文化活动和志愿服务的公共空间整修完成后，也直接交由居民志愿者管理，目的就是将志愿者队伍的功能、自治积极性充分调动起来，实现多元主体协同治理，促进社区治理创新。经过自组织能力培育，志愿者队伍能够自行解决社区中的许多问题，减轻了社区干部的工作压力，也大大提升了社区自治能力。社区干部表示："现在比去年好太多了，去年大热天的，天天矛盾超级多，那一个多月解决大大小小矛盾150多起。现在组织社区活动，有的甚至不用我出面，他们就已经安排得非常好了。群众能自我管理、自我教育，我们要激发他们这种正能量。"在社区治理中，激发居民参与的内生动力，是实现社区多元共治的关键，通常也是难点所在。紫锦社区通过不同阶段的志愿者队伍建设，逐步将居民从动员客体变为参与主体，变自上而下的推动为自下而上的参与，既减轻了社区干部的工作负担，也为居民自我服务创造了更好的组织条件。

### （三）实现社区事务的自我管理与服务

紫锦社区设计的"社区党建+志愿服务"六步工作法，将志愿者队伍建设成为居民自治的组织载体，基本实现了社区事务的自我管理和服务。六步工作法包括采集需求、设计项目和发布信息、招募注册和组织培训、加强管理和开展活动、提供服务和做好记录、建立台账和奖励嘉许+适度回馈。随着越来越多的志愿者加入，社区对志愿者队伍实行分流管理，并开始向专业化方向发展，目前已有七支特色队伍，分别负责社区公共区域管理、监督物业、家电维修、爱心义剪、垃圾分类、爱心义诊、代审年卡等志愿服务，在很大程度上为社区居民提供了便利，减轻了社区干部的管理压力。其中，志愿者在社区矛盾调解工作中的成效较为突出，建立了"1+3+N"常态化纠纷调解小组。"1+3+N"指由1名社区书记、3名社区工作人员和N名志愿者组成"爱心调解小队"。"爱心调解小队"中的志愿者成员不是随机选取的，而是有选择地挑选社区中有威望、能够让居民信服的志愿者加入，注重调解过程中的专业能力："调整矛盾不是谁都能去做的，尤其是说话的方式方法，都要有一定的标准。不管是大矛盾还是小矛盾，我都会冲在前面，但是我的精力是有限的，现在就是发动我们的老年党员，能说一点的、德高望重的、语言表达能力比较好的、善于做群众工作的。他们成立了20多人的小组。"随着律师等专业人士的加入，

"爱心调解小队"的能力大增，调解效率和成功率大大提高。随着社会治理重心的下沉，基层社区既要承接上级指派的行政任务，又要直面异质性较强的居民的多样化需求，单靠社区专职干部难以实现社区良好发展，对于具有陌生人社区特点的城市商品房社区更是如此。紫锦社区通过将居民纳入志愿者队伍，积累社区社会资本，实现社区内部事务的自我管理和服务，是提升社区多元共治能力的有效模式。

### （四）搭建社区积极养老的实践平台

在紫锦社区志愿者队伍中，身有余力的老年群体是主力。老年人加入社区志愿者队伍，充实了社区志愿服务力量，也是社区老年人力资源再开发的过程，是社区推行积极养老模式的有益探索。在以紫锦社区为代表的城市商品房社区中，有两类老年人值得关注。一是退休老年群体，他们退出了主流社会经济生活领域，生活半径逐步缩短到社区空间，自身价值感降低，容易引发身体及心理不适。二是迁入子女小家庭帮助带孩子的老人，他们脱离了原有的社会网络，面临新社区的适应问题，较易出现孤独无助等消极心理。在社区积极养老模式的推行下，这两类老年人不再是被动的服务对象，而是可以通过志愿者队伍建设成为主动有为的社区治理主体。

紫锦社区老年人对参与志愿服务的积极反馈，充分体现了志愿服务的益处："人闲着，要找点儿事儿干，一闲着这个人就垮了。第一，锻炼身体；第二，为大家做了贡献，从内心来说也很高兴。我也有私心，私心就是为了锻炼身体。我原来190斤，现在160斤，药也不用吃了。"一方面，老年人通过参与志愿服务，锻炼了身体，也间接减轻了子女和社会的养老、医疗负担；另一方面，老年人加入志愿者队伍，利用自己的能力和经验帮助居民解决相关问题，使自我价值感得到增强，而且通过志愿服务搭建的社会网络有助于他们拓展社会关系，增强心理支持。其实老年志愿者们对参与志愿服务的诸多价值有清晰的认识，一位志愿者用四句话对此进行了总结："服务了社会，陶冶了自己，锻炼了身体，和谐了家庭。"随着深度老龄化社会的加速到来，社区将承担更多的养老职能。积极开发老年人力资源，吸纳老年人

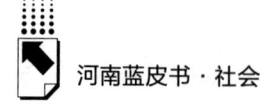

加入社区志愿者队伍，搭建积极养老平台，是紫锦社区在志愿者队伍建设过程中探索出的社区积极养老路径。

### （五）提升社区的应急响应水平

在面对重大突发事件时，组建一支快速响应、沟通顺畅、高效运转的志愿者队伍，对于维持社区正常运转来说至关重要。城市高层社区人口密集，服务需求量大，一旦进入应急响应状态，单靠专职干部是无法应对的，必须发动志愿者的力量号召居民互助。在此前郑州遭遇暴雨侵袭，紫锦社区的志愿者队伍按照规定的"社区党建+志愿服务"的工作流程迅速组织起来。在社区居务群以及志愿者群发布招募应急志愿者的消息，经统计后将所有自主报名的志愿者交由楼栋长安排后续工作，包括志愿服务前的培训、具体工作内容等。此外，楼栋长还与其他各方支援力量如医护人员等进行协调，共同协商细化具体的服务内容。通过这种有组织、有效率的方式，志愿者队伍帮助社区完成多项工作。在应急响应期间，志愿者完成了装防汛沙袋、搬运物资、给空巢老人等特殊群体点对点送物资、清理须水河沿岸垃圾等一系列自救自建活动。在关键时刻，紫锦社区志愿者一呼百应，实现了社区"两委"与居民群众、行政力量与自治力量的默契配合，为守护社区树立了坚实屏障。紫锦社区志愿者在面对重大突发事件时的行动力，折射了其平时积累的扎实自治基础，也体现出有效调动居民自治的社区韧性。

### （六）增强居民的社区共同体意识

通过参与社区志愿服务，居民建构了志愿者的身份认同，培养了对社区的归属感和责任感，增强了社区共同体意识。在紫锦社区，居民通过加入志愿者队伍培养了基于志愿者身份的自豪感和责任感。"我们代表紫锦志愿者，我们志愿者就是一面旗帜，就是一个标杆，说起来我们不能给紫锦丢脸。"在志愿者的共同努力下，居民自觉维护社区的环境卫生，紫锦社区荣获"市级卫生社区"的称号。在评审之后，其中一位老年志愿者仍然坚持在社区内捡烟头，两个多月累计捡了上千个烟头。志愿服务的进行不仅建构了志愿者对自己身份的认同,也强化了志愿者对自己所处社区的认同。访谈中志愿者提起一个事例,当小区某楼栋出现高空抛物时,楼栋长、志愿者主动站出来维护现场,用绳子把周边围起来,并提醒过往居民,同时第一时间与相关人员取得联系,排查安全隐患。"现在大家都忙,可能选择不管它,认为肯定有人管,社区或者物业会出来管这事儿。如果都是这种思想,那咱的社会就没法更好地发展了。"在面对安全隐患时,社区志愿者并没有以一种"看客"的心态观望,而是主动采取行动维护安全,这就是对社区责任感的行动体现。在社区治理过程中,相较于社区环境等硬件建设,包括社区凝聚力、社区共同体意识等在内的"软环境"建设往往需要长期缓慢进行,并且更需要生活在其中的居民共同努力,而志愿服务提供了培养居民社区共同体意识的契机。

## 四 紫锦社区志愿者队伍建设的启示

从紫锦社区志愿者队伍的建设过程可以看到居民最大化参与社区治理的可行路径,为提升社区多元共治水平、建立共治共建共享社区提供了参考。建立社区志愿者队伍、开展优质社区志愿服务,不仅是对社区的赋能,也是对参与志愿活动的志愿者,尤其是老年志愿者的赋能。在紧急关头,一支效率高、专业性强的志愿者队伍,可以有效提高社区的响应能力,提升社区共同体对抗风险的韧性。紫锦社区志愿者队伍的建设经验,可以为提升基层治理水平提供诸多借鉴。

### (一)注重志愿者队伍建设中的过程性与专业性

对于社区志愿者队伍来说,社区"两委"及行政资源是外部支持,在地的居民志愿者自身的力量是内生动力。在志愿者队伍建设的不同时期,推动志愿服务运行的动力系统应有所转换。在志愿者队伍建设初期,社区专职干部的推动作用至关重要,而社区专职干部要赢得居民的支持,应扎根居民,为居民解决实际问题,获取居民对社区的信任,打下坚实的群众基础。

将志愿者队伍建设动力由外部推动转向内部动员，是建立可持续的社区志愿者队伍的关键环节。在促成社区志愿者队伍具备自组织特点的过程中，资源赋能是基础、定位"能人"是关键、制度建设是支撑。应注意到，志愿者队伍建设不仅需要居民参与，还需要专业知识的支持。在以老年人为主的志愿者队伍中，应关注志愿者的健康风险，明确权责，合理安排志愿服务工作。专业社会工作的介入能够提高志愿者队伍建设的有效性、持续性和安全系数，而这对社区基层工作人员的专业技能有更高要求。

### （二）认识志愿服务脱虚向实的必要性

志愿服务的有效性将强化志愿者的获得感，从而保证志愿者持续参与的动力。在紫锦社区，根据志愿者的反馈，他们可以感受到自身的志愿服务工作具有实际意义，能够通过参与志愿服务获得价值感，而不是一种浮于表面的形式主义。志愿者可能因为利他动机参与服务，也可能因为锻炼身体、扩展社会网络等利己动机参与其中，不管出于哪种动机，都需要能够产生服务效果的志愿活动作为载体。紫锦社区志愿者在抗洪救灾、灾后恢复重建和疫情防控中贡献了巨大力量，被社区微信群、地方新闻报道等记录和宣传，这对志愿者而言也是一种激励。通过发展社区志愿服务来扩大居民参与，是提高社区治理水平的共识，但一些地方将发展居民志愿者作为硬性任务指标，或过于强调对志愿服务的宣传而轻视了志愿活动本身的质量，反而有损志愿服务的价值，也降低了社区居民的参与热情。志愿服务的脱虚向实，不意味着放弃宣传，而是应该优先保证活动实效，在此基础上通过宣传如实反映效果，或通过适当的激励措施强化正向反馈。

### （三）提供志愿者队伍建设的自主空间

在社区多元主体共同参与治理的过程中，正式组织与志愿者队伍的双向信任和良性互动，是培育居民自治力量的要素。居民对社区的信任是参与志愿服务的基础，而社区对志愿者队伍的信任是形成自组织的条件。社区干部在建设志愿者队伍时需注意把握好社区管理与志愿者队伍自我运作二者之间的平衡。

一方面，需规范志愿者的加入以及培训等必要流程，如紫锦社区的居民要想加入社区志愿者队伍，需要到社区党群服务中心进行登记注册，通过志愿者队伍组织的基础培训，经社区发放志愿者证后才能正式成为志愿者。另一方面，志愿者队伍要想充分发挥其参与治理的潜能，需要社区正式资源的支持，以及足够的自我运作空间。社区在志愿者队伍建设过程中，需要给予充分的内部管理权，使其发挥自我调节功能，提升志愿者队伍的自适应能力和自组织能力，扩大社区志愿者的影响力，进一步提高居民参与治理的主动性和效能。

### （四）明确志愿服务在社区治理中的能力边界

志愿者队伍在社区治理中发挥着重要作用，但其仍然只是社区治理体系中的一类主体，存在资源和能力的限制，需要对各个主体的能力边界有清晰的认知，并且注意处理好各个主体之间的关系。居民志愿者参与提供的服务一般是自愿、无偿或低偿的，而物业在社区治理中扮演着市场盈利主体的角色，志愿者和物业提供的服务在社区空间中可能会出现交叉，如社区安全和卫生等，从而引发责任矛盾的风险。社区"两委"需要在居民志愿者与物业之间发挥调节作用，处理好志愿者与物业之间的关系，理性认识志愿者队伍的作用，注意志愿者队伍所提供的服务的性质，在与志愿者队伍交流时需把握好度，可以对志愿者队伍给予充分的信任，但不能过度依赖。只有社区干部、物业、居民志愿者等不同主体紧密配合，才能达到多元共治的效果。此外，加强社区与周边单位的联建，积极拓展志愿服务人员和资源来源，可以扩展志愿服务的能力边界，从而壮大社区多元共治力量，打造治理水平和治理能力现代化的基层社区。

**参考文献**

周堃：《志愿者参与社区教育治理：现实逻辑与推动路径》，《成人教育》2022年第7期。

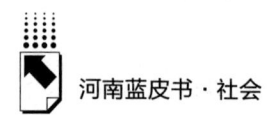

黄晓星、蒋婕：《治理现代化与社会建设：社区志愿服务发展的分析进路》，《中国志愿服务研究》2020年第2期。

陈伟东、吴岚波：《困境与治理：社区志愿服务持续化运作机制研究》，《河南大学学报》（社会科学版）2018年第5期。

高风尘：《社区志愿者管理的"五环"工作法》，《中国社会工作》2019年第18期。

张强、张元：《中国应急志愿服务发展现状与前瞻——基于新冠肺炎疫情应对的观察》，《杭州师范大学学报》（社会科学版）2020年第4期。

王彦东、李妙然：《志愿服务在构建基层治理新格局中的功能及发展路径》，《齐鲁学刊》2020年第6期。

原珂、赵建玲：《"五社"联动助力基层社会治理共同体建设》，《河南社会科学》2022年第4期。

朱健刚：《疫情催生韧性的社会治理共同体》，《探索与争鸣》2020年第4期。

张帆：《社区志愿服务的"麦当劳化"及其走向》，《兰州学刊》2020年第8期。

卢艳齐：《社会治理共同体视域下社区志愿者的角色困境与进阶路径》，《理论月刊》2023年第6期。

# 专题篇

## B.18
## 移动互联网时代河南省中年留守女性生活世界调查[*]

范会芳　张宝格　王旭冉[**]

**摘　要：** 随着工业化、城镇化的发展，农村劳动力外流导致农村社会结构发生了巨大变化。留守女性作为当前学界和政府最为关注的弱势群体之一，具有鲜明的群体特征，值得进行持续且深入的研究。同时，"70后"留守女性具有特殊的生平经历，即经历了改革开放之后我国四十余年的发展阶段，很有可能是"第一批留守女性"，因而更具有鲜明的研究价值。本文以1309份河南省"70后"留守女性问卷数据和28份深度访谈资料为依据，建构了研究河南省中年留守女性生活世界的指标体系，从日常生活世界、社会交往世界、精神世界三个维度展开研究。研究发现，移动互联网的确给中年留守女性的

---

[*] 本文系国家社科基金"移动互联网时代农村'70后'留守女性的生活世界研究"（21BSH075）的阶段性成果。
[**] 范会芳，郑州大学政治与公共学院教授、博士研究生导师，研究方向为城乡社会学、弱势群体研究；张宝格，郑州大学政治与公共管理学院硕士研究生；王旭冉，郑州大学政治与公共管理学院博士研究生。

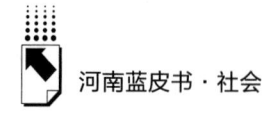

生活世界带来了明显的改变，如增加了她们的就业机会、改变了她们的消费方式、扩展了她们的社会交往范围和交往方式，同时丰富了她们内在的精神世界。

**关键词：** 移动互联网时代　留守女性　生活世界

## 一　问题的提出及相关文献综述

20世纪90年代以来，"三留守"问题就是政府及学界密切关注的重要社会问题。留守女性作为外出务工者的坚强后盾、留守儿童的事实监护人以及留守老人的赡养主体，在农村家庭的维系、农村社会的发展与建设中扮演着至关重要的角色。

从年龄特征来看，留守女性一般是指年龄在20岁以上同时丈夫外出务工超过半年的已婚妇女。出于家庭内部策略性考虑，她们最终选择在家照顾老人、子女以及从事农业经营（王洒洒、罗丞，2014）。关于留守女性群体的规模，学术界有不同的统计口径。有学者依据中国2000年人口普查0.95%的人口抽样数据进行估算，认为2000年我国留守女性的规模约为1085万人（周福林，2006）。白南生则利用2005年1.3亿农村外出劳动力的数据进行推算，认为2005年我国农村留守妇女的规模为4700万人。[①] 但也有学者认为上述数据过高估计了外出务工男性劳动力的数量，由此导致4700万名留守女性的数字不够准确（段成荣等，2017a）。段成荣通过对第五次、第六次全国人口普查数据以及2000年、2005年全国1%的人口抽样数据进行比对，推算出2010年全国留守女性的规模约为3600万人。2010年之后，全国范围内留守女性的规模开始逐年下降。2010~2015年，留守女性共下降16.5%，2015年农村留守女性的规模约为1717万人（段成荣等，2017b）。截至2020年10月底，全国

---

① 中国人民大学白南生教授在2006年接受《中国经济周刊》记者张俊才采访时的回答。

外出务工劳动力数量为2973万人，是2019年外出务工劳动力数量的108.9%（罗卫国、唐永霞，2021）。由此可以推断，近年来农村留守女性的规模较2015年有了一定幅度的上升，但由于农民外出务工具有一定的季节性以及流动性特征，目前学术界还没有最新的统计数据。

为何是女性留守，学术界有不同的解释。有学者认为，一方面女性在家庭中扮演的角色和发挥的功能具有不可替代性；另一方面"男工女耕"的分工体现了传统性别观念的影响，是中国农村劳动力转移的结果（高小贤，1994；许传新，2009）。男性外出务工可以实现家庭经济与家庭福利的最优化，女性留守可以分散家庭风险，减少男性外出务工的不确定性以及不连续性对家庭经济的影响（梁栋、吴惠芳，2017）。

关于留守女性的生存困境，学术界也有较多的关注。从社会结构的视角来看，城乡二元结构和现代化进程是女性留守和无数家庭"分离"的主要原因（廖全明，2015）。此外，丈夫外出、女性留守在一定程度上降低了婚姻的质量，甚至导致婚姻关系脆弱、离婚率高，留守家庭的生计被迫重构、生计策略发生转变（杨照，2011；任义科、杨力荣，2014）。留守女性的生存困境还表现为社会参与不足、社会支持匮乏、精神压抑及情感缺失等（吕芳，2013；王洒洒、罗丞，2014；廖全明，2015；汪淳玉、叶敬忠，2020）。

上述研究为了解当下留守女性提供了极为重要的参考。随着移动互联网在农村的普及，农村留守女性的生活世界在当前背景下发生了非常明显的变化。其中既有互联网技术革命带来的直接影响，也有新时期社会结构和社会发展阶段导致的群体特征改变。相较于之前的相关研究，从生活世界的视角对农村留守女性进行审视，不仅具有时代价值和现实意义，也具有较强的学术创新性。

## 二 理论依据及核心概念

### （一）理论依据：生活世界理论

将现象学引入社会学是阿尔弗雷德·舒茨最为卓越的贡献。舒茨在

20世纪30年代发表的《社会世界的现象学》可以算作现象学社会学的奠基之作。其中，舒茨从批判马克斯·韦伯概念中的含混不清开始，借助柏格森之桥重新解读了"世界"的概念，进而提出生活世界理论。在本文中，生活世界既是分析留守女性的理论依据，也是透视该群体生存状况、社会交往以及物质与精神世界的独特视角。具体而言，生活世界不同于现象学视阈中抽象的存在，是指日常生活层面的现实存在，不仅包括行动者所赖以生存的物质基础、外部环境，也包括行动者内在的精神世界和社会交往世界。

### （二）核心概念

**1. 移动互联网时代**

移动互联网时代通常以智能手机的广泛使用为标志。截至2006年底，我国农村网民规模仅为2310万人，互联网普及率为3.1%；截至2023年6月，我国农村网民规模达3.01亿人，互联网普及率上升至61.3%。[①] 结合官方公布的互联网相关数据以及学术界的有关界定，本文将2010年作为划分前互联网时代和移动互联网时代的时间节点。2010年之后，农村进入了所谓的"移动互联网时代"，以农村居民使用移动互联网的人数迅速增加、农村地区互联网普及率快速提高为标志。

**2. 中年留守女性**

在个体的生命历程中，中年是指介于青年和老年之间的生命历程，在年龄上对应35~55岁。根据研究需要，本文以1970~1979年出生的农村留守女性为中年女性的代表，并面向该年龄段女性展开调查。

理由如下：第一，"70后"女性的生平经历具有一定的特殊性，她们正好经历了我国改革开放之后四十余年的发展阶段；第二，她们经历的留守时间相对较长，部分人可能是"第一批留守女性"，是留守女性群体的重要组

---

[①] 《第51次〈中国互联网络发展状况统计报告〉》，中国互联网络信息中心网站，2023年3月2日，https://www.cnnic.net.cn/n4/2023/0303/c88-10757.html。

成部分，具有较强的代表性；第三，目前她们尚未进入老龄化阶段，受移动互联网的影响较为明显。

## 三 研究过程、研究方法及样本基本情况

### （一）研究过程及研究方法

为全面了解河南中年留守女性生活世界的全貌，课题组于2023年6~7月启动问卷调查，结合研究主题设计调查问卷及访谈大纲。考虑到调查对象的规模较为庞大，同时该群体对于智能手机的使用较为熟悉，因此本次调查以问卷星为问卷发放的工具，采取在线调查的方式，时间为一个月，共收到来自省内5个地市的1309份有效问卷。此外，在实地调研中获得28份深度访谈资料。

调查问卷分为三个部分：第一部分为个人基本情况，包括年龄、文化程度、留守状态、家庭收支情况等；第二部分涉及受访者的社会交往、精神状态、情绪处理方式；第三部分为受访者对于智能手机的使用情况及功能的认知。

研究方法为混合研究法。具体而言，以定量研究法为主。通过问卷收集第一手资料，在此基础上进行统计分析。此外，对于访谈所获得的质性资料采用质性研究方法进行编码和处理，作为定量资料的有效补充。

### （二）样本基本情况

**1. 本次调查共获得"70后"留守女性样本1309份**

"70后"是指出生于1970年1月1日至1979年12月31日的群体。问卷第一个问题首先明确了受访者的年龄区间，以此对调查对象进行精确的筛选和甄别。结果显示，1970~1973年出生的受访者共552人，占42.17%；1974~1976年出生的受访者303人，占23.15%；1977~1979年出生的受访者454人，占34.68%（见表1）。

表1 受访者的出生年份分布

单位：人，%

| 年份 | 人数 | 占比 |
| --- | --- | --- |
| 1970 | 204 | 15.58 |
| 1971 | 91 | 6.95 |
| 1972 | 129 | 9.85 |
| 1973 | 128 | 9.78 |
| 1974 | 107 | 8.17 |
| 1975 | 118 | 9.01 |
| 1976 | 78 | 5.96 |
| 1977 | 75 | 5.73 |
| 1978 | 89 | 6.80 |
| 1979 | 290 | 22.15 |
| 总计 | 1309 | 100.00 |

## 2.受访者主要来自省内5个地市

考虑到留守女性具有一定的同质性，因此本次调查主要以郑州、洛阳、新乡等地为重点调查区域。从受访者的区域分布情况来看，来自郑州的留守女性共583人，占44.54%；来自洛阳的共567人，占43.32%；来自新乡的共65人，占4.97%；来自许昌的共41人，占3.13%；来自商丘的共38人，占2.90%；其余15人零星分布于省内其他地市（见表2）。

表2 受访者的区域分布情况

单位：人，%

| 地市 | 人数 | 占比 |
| --- | --- | --- |
| 郑州市 | 583 | 44.54 |
| 洛阳市 | 567 | 43.32 |
| 新乡市 | 65 | 4.97 |
| 许昌市 | 41 | 3.13 |
| 商丘市 | 38 | 2.90 |
| 其他地市 | 15 | 1.15 |
| 总计 | 1309 | 100.00 |

### 3. 超过六成的留守女性当前正处于留守状态

根据研究需要，本次调查对于留守女性的操作化定义包括：当前正处于留守状态的中年女性以及曾经处于留守状态的中年女性。只要年龄符合，便可作为本次调查的合适对象。数据显示，受访者中共有811人正处于留守状态，占61.96%，其余498人曾经处于留守状态，占38.04%（见表3）。

表3 受访者的留守状态

单位：人，%

| 留守状态 | 人数 | 占比 |
| --- | --- | --- |
| 正处于 | 811 | 61.96 |
| 曾经处于 | 498 | 38.04 |
| 总计 | 1309 | 100.00 |

### 4. 近八成的留守女性为初中及以下文化程度

数据显示，"70后"留守女性中，初中文化程度的占47.21%；小学文化程度的占25.13%；高中及以上文化程度的占22.69%；没上过学的受访者较少，占比为4.97%（见表4）。整体来看，受访者中没上过学的占比较低，高中及以上文化程度的占比也较低（仅为两成多），初中及以下文化程度的占近八成，"70后"留守女性文化水平有待进一步提高。

表4 受访者的文化程度

单位：人，%

| 文化程度 | 人数 | 占比 |
| --- | --- | --- |
| 没上过学 | 65 | 4.97 |
| 小学 | 329 | 25.13 |
| 初中 | 618 | 47.21 |
| 高中或中专 | 218 | 16.65 |
| 大专及以上 | 79 | 6.04 |
| 总计 | 1309 | 100.00 |

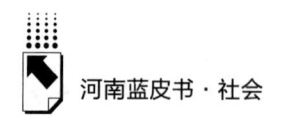

## 四 研究框架及研究发现

生活世界是一个比较抽象的概念。根据研究需要，本文将生活世界进行操作化定义，分为三个维度，以此构成研究框架。一是日常生活世界维度，二是社会交往世界维度，三是精神世界维度。其中，日常生活世界维度包括物质基础（家庭的收入构成、消费支出等）、日常的工作情况、承担家庭责任的情况等；社会交往世界维度则由交往的范围、交往的对象以及交往方式等构成；精神世界维度则包括打发闲暇时间的方式、情绪的变化及调整方式等。下面将结合问卷数据对河南省留守女性生活世界进行描述和分析。

### （一）留守女性的日常生活世界

个体的日常生活世界离不开物质基础。家庭的收入来源、收入水平以及消费支出等指标既构成了留守女性日常生活的经济基础，也间接反映了其物质生活水平。

**1. 超半数家庭的人均年收入为5000~9999元**

数据显示，超过一半（50.27%）的"70后"留守女性家庭人均年收入为5000~9999元；22.77%的受访者家庭人均年收入为10000~19999元；人均年收入为20000~49999元的受访者家庭累计占21.39%，人均年收入为50000元及以上的受访者家庭相对较少，占比仅为5.58%（见表5）。结合2022年《河南统计年鉴》的数据可知，2021年全省农村家庭人均年收入为21154元，低收入户家庭人均年收入为11480元，中等收入户家庭人均年收入为18625元（见表6）。本次调查的数据与统计年鉴的数据存在较大偏差可能与以下两个原因有关。第一，家庭收入是一个较为敏感和隐私的话题，一般情况下受访者不愿意透露真实的信息。当不得不填写时，她们往往倾向于瞒报或者少报。第二，关于人均年收入的理解和统计口径之间存在不一致的情况。统计部门往往把土地上收获的农产品、家庭养殖的家禽、副业经营的产品等都计入家庭收入；农民则往往把家庭收入理解为现金收入和扣除成本之后的纯收入，非现金收入以及农业收入往往不予计算。

由此可见,调查所获得的留守女性家庭人均年收入虽然低于官方统计数据,但能够在一定程度上反映农村留守女性家庭人均纯收入的大致情况。

表5 受访者的家庭人均年收入

单位:人,%

| 人均年收入 | 人数 | 占比 |
| --- | --- | --- |
| 5000~9999元 | 658 | 50.27 |
| 10000~19999元 | 298 | 22.77 |
| 20000~29999元 | 170 | 12.99 |
| 30000~49999元 | 110 | 8.40 |
| 50000元及以上 | 73 | 5.58 |
| 总计 | 1309 | 100.00 |

表6 2021年河南省按收入分组农村家庭人均年收入

单位:元

|  | 人均年收入 |
| --- | --- |
| 低收入户家庭 | 11480 |
| 中低收入户家庭 | 14237 |
| 中等收入户家庭 | 18625 |
| 中高收入户家庭 | 24232 |
| 高收入户家庭 | 43824 |
| 全省 | 21154 |

资料来源:2022年《河南统计年鉴》。

**2. 多元的生存状态及多重家庭责任并存**

调查发现,"70后"留守女性日常主要的生存状态包括务农、在家带孩子或照顾老人、在当地务工、从事个体经营、其他等(见图1)。结合实地调研可知,留守女性的生存状态往往不是单一的,而是多元的。也就是说,她们不会单纯的在家务农或者务工,而是在务农的同时承担照顾责任,或者在承担照顾责任的同时在当地务工等。比如,在务农的724人中,有125人同时在家带孩子或照顾老人,有17人同时从事个体经营、有63人同时在当地务工(见表7)。

在1309名受访者中，有94人选择了"在外地务工"。这部分受访者反映了少数"70后"女性在子女成年后的现实选择，她们之前曾经长期留守，在承担农业劳动责任的同时，需要照顾家中的老人和孩子。但是当照顾责任暂时告一段落之后，她们向往村庄以外的生活。选择外出既体现了她们对于城市生活的向往，也可以在客观上增加家庭现金收入，体现女性经济价值。

值得强调的是，许多留守女性家庭依然将农业收入作为重要的收入来源，同时务农是她们重要的生存状态。这与社会认知存在一定的出入，结合实地调研可知，许多"70后"中年女性对于土地有一定的依恋情结，同时务农可以给她们带来一定的经济收入以及价值感，这也就是她们依然将务农作为重要的生存状态的原因。

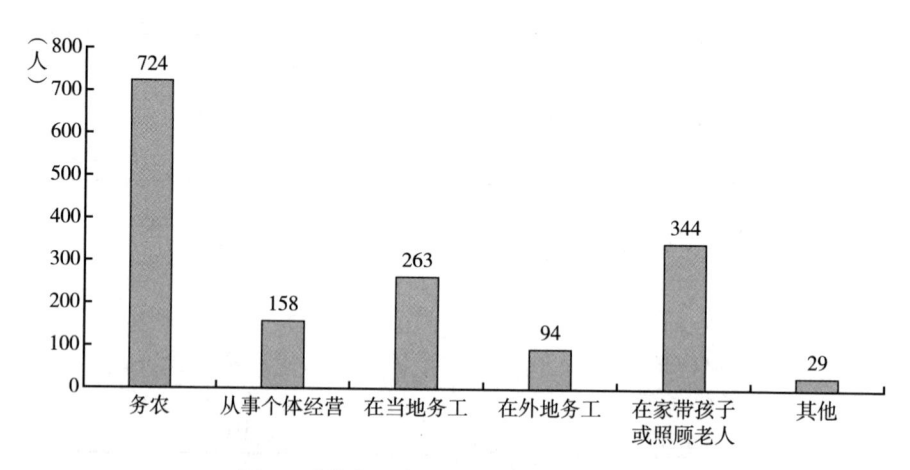

图1 受访者日常主要的生存状态（多选）

表7 受访者在务农的同时存在其他生存状态的情况

单位：人

| 生存状态 | 人数 |
| --- | --- |
| 从事个体经营 | 17 |
| 在当地务工 | 63 |
| 在外地务工 | 13 |
| 在家带孩子或照顾老人 | 125 |
| 其他 | 6 |
| 总计 | 224 |

### 3. "70后"留守女性家庭两大主要收入来源为务工性收入与经营性收入

由图 2 可知,受访者家庭的主要收入来源首先是务工性收入,其次是经营性收入,转移支付收入和其他收入占比较低。经营性收入包括第一产业、第二产业、第三产业收入。根据 2022 年《河南统计年鉴》的数据可知,经营性收入在河南省农村家庭人均年收入中占比最高(41.41%),其次是工资性收入(31.65%)(见表 8)。

对比统计年鉴的数据可知,务工性收入和经营性收入构成了家庭两大主要收入来源。至于究竟是务工性收入为家庭最主要的收入来源还是经营性收入为最主要的收入来源,不同家庭存在一定的差异。本次调查对象是农村中年留守女性,对于该部分群体而言,家庭务工性收入要略高于家庭经营性收入。

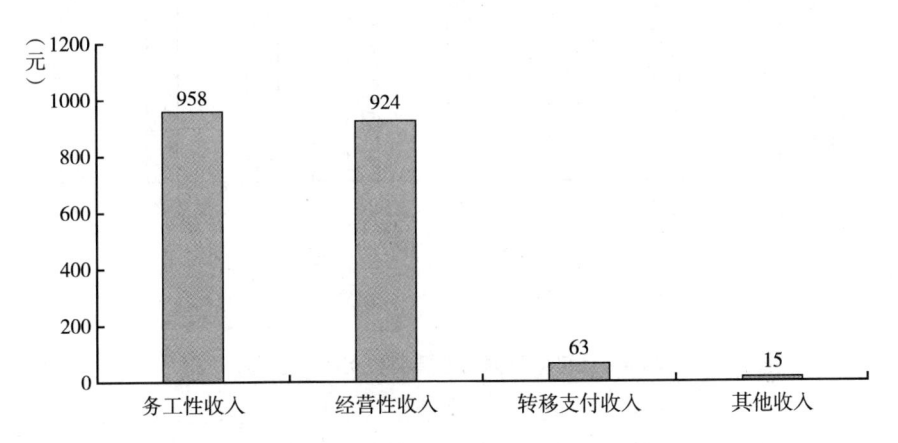

**图 2 受访者家庭的主要收入来源(多选)**

务工性收入:958;经营性收入:924;转移支付收入:63;其他收入:15（单位:元）

**表 8 河南省农村家庭人均年收入及其结构**

单位:元,%

| 收入来源 | 人均年收入 | 占比 |
| --- | --- | --- |
| 工资性收入 | 6695 | 31.65 |
| 经营性收入 | 8759 | 41.41 |
| 财产性收入 | 275 | 1.30 |
| 转移性收入 | 5425 | 25.65 |
| 总计 | 21154 | 100.00 |

资料来源:2022 年《河南统计年鉴》。

**4. 生活用品及服务、食品、人情往来支出构成了受访者家庭消费支出的主要内容，网络消费成为超过六成留守女性家庭的消费方式**

数据显示，生活用品及服务（898人）、食品（868人）、人情往来（668人）是受访的"70后"留守女性家庭消费支出的主要内容，排前三位。此外，医疗保健、衣着以及教育、文化、娱乐等在家庭消费支出中也占据较为重要的位置；占比较低的为交通通信支出及居住支出（见图3）。

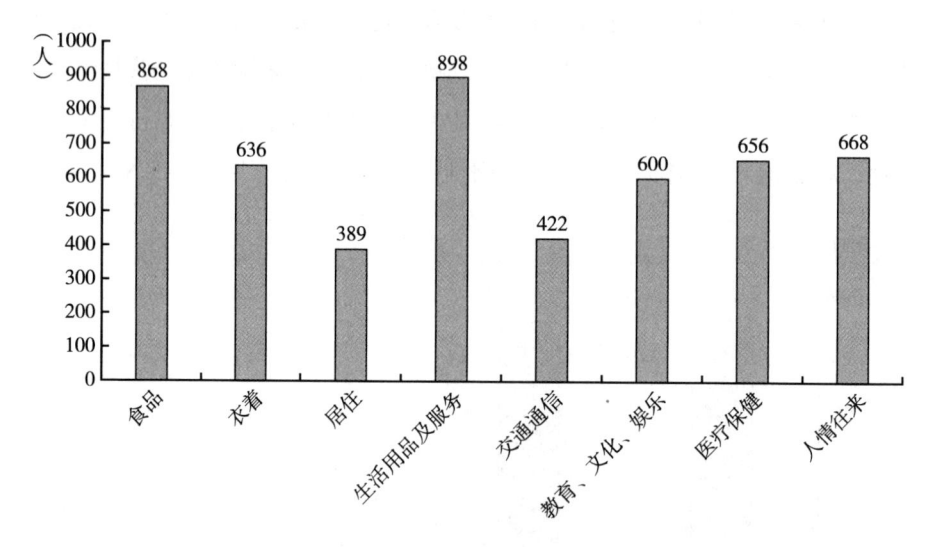

| 类别 | 人数 |
|---|---|
| 食品 | 868 |
| 衣着 | 636 |
| 居住 | 389 |
| 生活用品及服务 | 898 |
| 交通通信 | 422 |
| 教育、文化、娱乐 | 600 |
| 医疗保健 | 656 |
| 人情往来 | 668 |

图3 受访者家庭的主要消费支出（多选）

随着移动互联网的普及以及农村电商的快速发展，网上购物以快捷、方便等特性成为农村女性群体的选择。数据显示，截至2020年末，全国832个贫困县实现了电子商务网点的全覆盖。全国农村网络零售额由2014年的1800亿元增加到2020年的1.79万亿元。[①] 此外，调查数据表明，在1309名受访者中，有网上购物习惯的有802人，占61.27%（见表9）。有网上购物习惯的人在网上最常购买的品类主要包括日用品（60.47%）和衣服（21.32%）（见表10）。

---

① 《第47次〈中国互联网络发展状况统计报告〉》，中国互联网络信息中心网站，2021年2月3日，https：//www.cnnic.net.cn/n4/2022/0401/c88-1125.html。

由此可见，移动互联网时代，网络消费已经成为不少农村留守女性家庭的重要消费方式，同时网购成为农村留守女性日常生活世界中的重要内容。

表9　受访者的网络消费习惯

单位：人，%

|  | 人数 | 占比 |
| --- | --- | --- |
| 有网上购物习惯 | 802 | 61.27 |
| 没有网上购物习惯 | 507 | 38.73 |
| 总计 | 1309 | 100.00 |

表10　受访者在网上最常购买的品类（多选）

单位：人，%

| 品类 | 人数 | 占比 |
| --- | --- | --- |
| 日用品 | 485 | 60.47 |
| 衣服 | 171 | 21.32 |
| 药或保健品 | 19 | 2.37 |
| 孩子的玩具 | 24 | 2.99 |
| 孩子的学习用品 | 50 | 6.23 |
| 食品 | 47 | 5.86 |
| 其他 | 6 | 0.75 |
| 总计 | 802 | 100.00 |

**5. 超过六成的受访者家庭有两个子女，受访者同时要承担照看孙辈的责任**

数据显示，61.34%的受访者家庭有两个子女，21.85%的受访者有三个子女，独生子女家庭占16.81%（见表11）。

表11　受访者家庭的子女数量

单位：人，%

| 子女数量 | 家庭数量 | 占比 |
| --- | --- | --- |
| 一个 | 220 | 16.81 |
| 两个 | 803 | 61.34 |
| 三个 | 286 | 21.85 |
| 总计 | 1309 | 100.00 |

对于子女已经成家的留守女性而言，帮助照看孙辈成为她们不可推卸的责任，通过对农村留守女性特点的分析发现，"照料"已经成为农村女性留守的主要原因（汪淳玉、叶敬忠，2020）。调查显示，受访者中约三成（29.26%）的留守女性的子女已婚已育，为383人；已婚未育的有102人，占7.79%；子女未婚未育的有824人，占62.95%（见表12）。在子女已婚已育家庭中，有69.97%的留守女性表示，她们需要帮子女带孩子。这充分说明，当前情况下农村女性依然是家庭照顾责任的主要承担者，尤其是"70后"留守女性群体，随着生命周期的推移，留守女性可能前半生都在承担照顾的责任："照顾儿女""照顾怀孕的儿媳""照顾刚出生的孙辈"。有受访者直言："一辈子就是伺候人的命！伺候完大的，再伺候小的（指孙子、孙女）。"（2022-12-9-JMR）

表12 受访者子女的婚育状态

单位：人，%

| 婚育状态 | 人数 | 占比 |
| --- | --- | --- |
| 已婚已育 | 383 | 29.26 |
| 已婚未育 | 102 | 7.79 |
| 未婚未育 | 824 | 62.95 |
| 总计 | 1309 | 100.00 |

### （二）留守女性的社会交往世界

传统社会中，村民之间的社会交往通常遵循"差序格局"的原则。家人、兄弟姐妹、亲戚等构成了差序格局中距离原点最近的第一重人际交往世界，不仅构成了留守女性的社交圈子，还构成了她们重要的社会支持网络。

留守女性的第二重人际交往世界是基于地缘的同龄群体的社会交往。地缘接近、年龄相仿以及家庭状况相似成为留守女性之间密切交往的重要原因。而家庭琐事、子女成长以及村庄里的家长里短都构成了她们交往世界中分享和讨论的重要话题。

此外，其他熟人包括同学、同村人、邻村人、较为疏远的亲戚等构成了留守女性的第三重人际交往世界。

进入移动互联网时代，农村留守女性的社会交往方式有所改变，比如可以通过手机、微信等方式实现与亲人、朋友等的日常互动和即时联系，同时她们的交往范围可能有一定程度的扩展。上述三重交往世界中的群体可能会有亲疏远近的调整和变化。

**1. 丈夫是最主要的倾诉对象，但是朋友、闺蜜在受访者社会交往中发挥着不可替代的作用**

调查显示，当受访者心情烦躁、郁闷时，超过一半的人（726人）会首选丈夫作为倾诉对象，其次是朋友（485人）和兄弟姐妹（466人）（见图4）。较少人会选择向父母和子女倾诉。这充分说明了，丈夫和兄弟姐妹在留守女性的情感世界中占据较为重要的地位，同时朋友的重要性对于留守女性来说基本等同于兄弟姐妹。

留守女性的日常交往对象则主要是邻居（1017人），其次是亲戚（782人）与闺蜜（564人），相对较少的是网友（见图5）。由此可以看出，受访者的交往圈子以身边的人为主，血缘关系和地缘关系在日常交往中发挥主要作用。俗话说："远亲不如近邻。"在农村走访的过程中发现，当下乡村社会邻里之间依然紧密相连，村民生活中的大事和日常琐事都有邻居和亲友的参与。访谈中甚至有受访者调侃："我家的（指丈夫）一年回来最多歇俩月，我跟霞嫂子（指邻居家）见面都比跟他见面多！"（2022-11-3-HYT）

**2. 近七成受访者表示与丈夫"经常联系"，与丈夫"不常联系"的受访者身体状况明显较差**

数据显示，近七成（67.69%）的受访者表示"经常联系"，19.86%的受访者表示"有时联系"（见表13）。通过对问卷的回访了解到，"从不联系"的情况部分是丧偶、失联等造成的。与丈夫联系较多的留守女性主要通过微信与其分享日常生活，主要话题包括"今天家里做了什么饭"

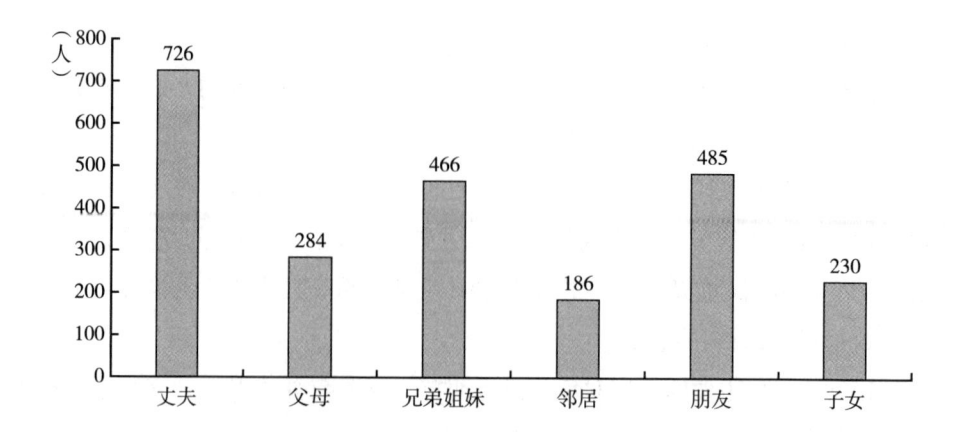

图4 受访者日常的倾诉对象（多选）

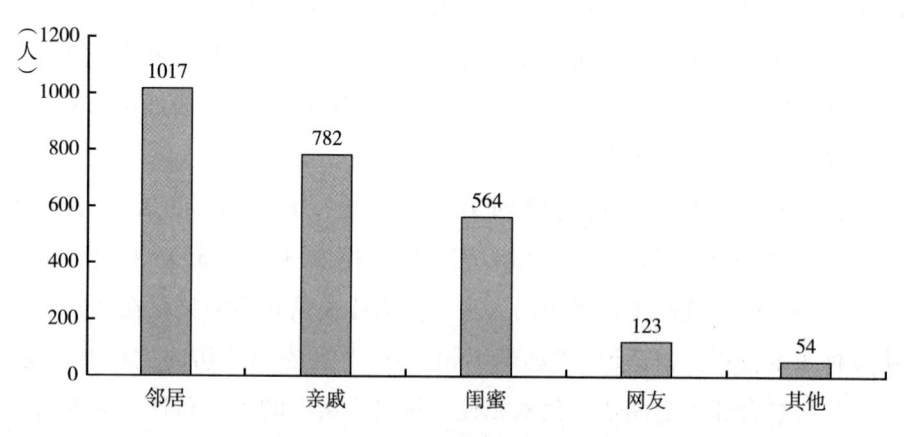

图5 受访者日常的交往对象（多选）

"孩子作业做得怎么样""谁家结婚了，随礼随了200元"等。正是在与丈夫日常的信息交流过程中，夫妻之间的婚姻关系得以维系、情感关系也较为稳定。进一步分析发现，与丈夫联系频繁的留守女性经常生病的占比明显下降，有36.91%的受访者表示自己"很好，基本不生什么病"。反之，与丈夫"不常联系"的留守女性，认为自己"很好，基本不生什么病"的占比仅为8.70%，同时"不太好，经常生病"的占比明显增加（19.57%）（见表14）。

表 13 受访者与丈夫的联系情况

单位：人，%

| 联系情况 | 人数 | 占比 |
| --- | --- | --- |
| 经常联系 | 886 | 67.69 |
| 有时联系 | 260 | 19.86 |
| 偶尔联系 | 100 | 7.64 |
| 不常联系 | 46 | 3.51 |
| 从不联系 | 17 | 1.30 |
| 总计 | 1309 | 100.00 |

表 14 受访者与丈夫的联系频次和身体状况交互分析

|  | 很好，基本不生什么病 | 一般，偶尔有些小病 | 不太好，经常生病 | 很不好，需要人照料 |
| --- | --- | --- | --- | --- |
| 经常联系 | 327 人(36.91%) | 487 人(54.97%) | 59 人(6.66%) | 13 人(1.47%) |
| 有时联系 | 60 人(23.08%) | 161 人(61.92%) | 36 人(13.85%) | 3 人(1.15%) |
| 偶尔联系 | 20 人(20%) | 59 人(59%) | 14 人(14%) | 7 人(7%) |
| 不常联系 | 4 人(8.70%) | 26 人(56.52%) | 9 人(19.57%) | 7 人(15.22%) |
| 从不联系 | 0 人(0.00%) | 5 人(29.41%) | 8 人(47.06%) | 4 人(23.53%) |

**3. 受访者平常主要关注家庭沟通群、村务交流群、好友群等微信群**

数据显示，在受访者关注的微信群中，家庭沟通群关注度最高（865人），其次是村务交流群（789人）和好友群（475人）（见图6）。微信群内的互动使家庭成员和亲朋好友之间能够打破时空阻隔，实现即时沟通和信息、情感的交流。此外，微信群也是留守女性寻找工作机会的重要途径之一。实地调研发现，以往留守女性要想"打短工"，需要向熟人、邻里打听，费时费力。自从建立微信群之后，信息发布和信息获取都变得更加便利和快捷了。村里许多留守女性通过关注村里的微信群而获得了在附近务工的机会。

调研发现，许多地方的村务交流群建立后，村民习惯时常关注群里的信息，及时了解与自身利益相关的各类通知。村务交流群由此成为凝聚村民向心力以及提升基层社会治理水平的重要工具和平台。

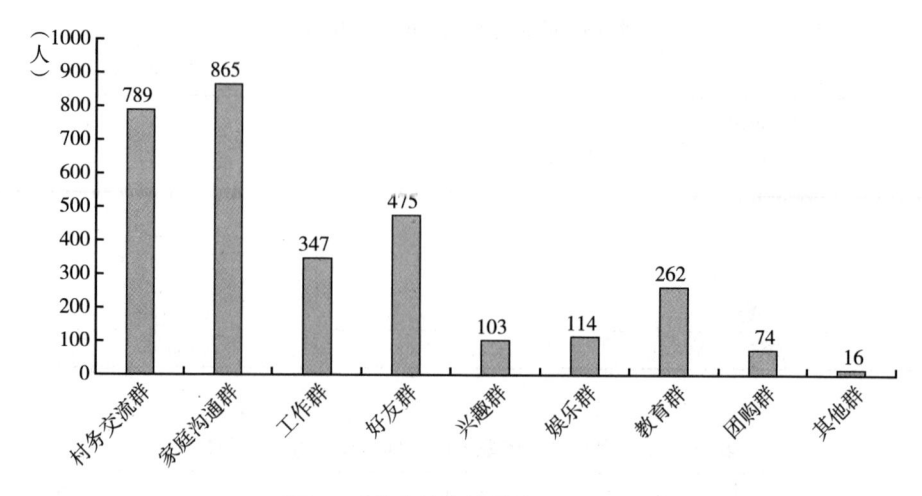

图6 受访者关注的微信群（多选）

数据（人）：村务交流群 789；家庭沟通群 865；工作群 347；好友群 475；兴趣群 103；娱乐群 114；教育群 262；团购群 74；其他群 16。

### （三）留守女性的精神世界

相较而言，留守女性的精神世界属于较为隐秘的领域，具有隐私性和隐形的特征，不易直接观察得到。但是从社会学的角度来看，精神世界可以借助相关指标进行间接测量。比如，通过询问受访者消极情绪出现的频率可以间接了解她们的内心世界；通过受访者对闲暇时间的安排以及娱乐方式可以了解她们日常关注的重点以及感兴趣的话题等。概言之，留守女性的消极情绪、娱乐方式等都在某种程度上反映了留守女性精神世界的脉络和轮廓。

**1. 超过八成的受访者在日常生活中会出现无助、孤单、难受等消极情绪**

因为丈夫在家庭中的缺席，留守女性独自承担农业生产、子女抚育、老人赡养等家庭责任，过重的家庭责任会加剧她们的心理负担及生存困境（叶敬忠、吴惠芳，2008）。数据显示，18.87%的受访者表示"经常出现"消极情绪，62.64%的人"偶尔出现"消极情绪，仅有18.49%的人表示"从未出现"消极情绪（见表15）。进一步分析发现，受访者消极情绪与丈夫归家频次之间存在明显的负相关关系。丈夫每月回家一次的受访者"经常出现"消极情绪的占比较低（15.07%）；丈夫每年回家一次的受访者

"经常出现"消极情绪的占比提高为30.07%;丈夫一年以上回家的留守女性"经常出现"消极情绪的占比更高(45.07%)(见表16)。由此可见,丈夫回家频次直接影响留守女性的精神状态。长时间被消极情绪笼罩且无法排解的留守女性,更容易陷入空虚、焦虑等心理困境。

表15 受访者出现消极情绪的频率

单位:人,%

| 频率 | 人数 | 占比 |
| --- | --- | --- |
| 经常出现 | 247 | 18.87 |
| 偶尔出现 | 820 | 62.64 |
| 从未出现 | 242 | 18.49 |
| 总计 | 1309 | 100.00 |

表16 受访者消极情绪与丈夫归家频次交互分析

| 归家频次 | 经常出现 | 偶尔出现 | 从未出现 | 小计 |
| --- | --- | --- | --- | --- |
| 每月回家一次 | 88人(15.07%) | 363人(62.16%) | 133人(22.77%) | 584人 |
| 两三个月回家一次 | 48人(17.33%) | 181人(65.34%) | 48人(17.33%) | 277人 |
| 每半年回家一次 | 36人(15.38%) | 154人(65.81%) | 44人(18.80%) | 234人 |
| 每年回家一次 | 43人(30.07%) | 86人(60.14%) | 14人(9.79%) | 143人 |
| 一年以上回家 | 32人(45.07%) | 36人(50.70%) | 3人(4.23%) | 71人 |

2.智能手机的使用大大丰富了留守女性的精神生活,同时改变了她们打发时间的方式

截至2022年12月,我国网民规模达10.67亿人,手机网民规模达10.65亿人,较2021年12月增长3636万人,网民使用手机上网的比重为99.8%;同年,我国农村网民规模达3.08亿人,占28.9%,占农村常住人口的62.73%。[1]

---

[1] 《第51次〈中国互联网络发展状况统计报告〉》,中国互联网络信息中心网站,2023年3月2日,https://www.cnnic.net.cn/n4/2023/0303/c88-10757.html。

调查发现，移动互联网出现后，农村留守女性的娱乐方式发生了明显改变。智能手机普及之前，留守女性主要的娱乐方式是看电视（854人）、聊天（798人）（见图7）。智能手机普及之后，玩手机成为该群体最主要的娱乐方式（817人），看电视（619人）、聊天（544人）则退居其次（见图8）。在实地调研过程中发现，多数受访者用智能手机上网打发时间。"一天可以不看电视，但是一天不看手机真不中，主要是现在干啥都得用手机。平时用手机刷刷视频，就不用开电视了。"（2023-8-12-LLY）

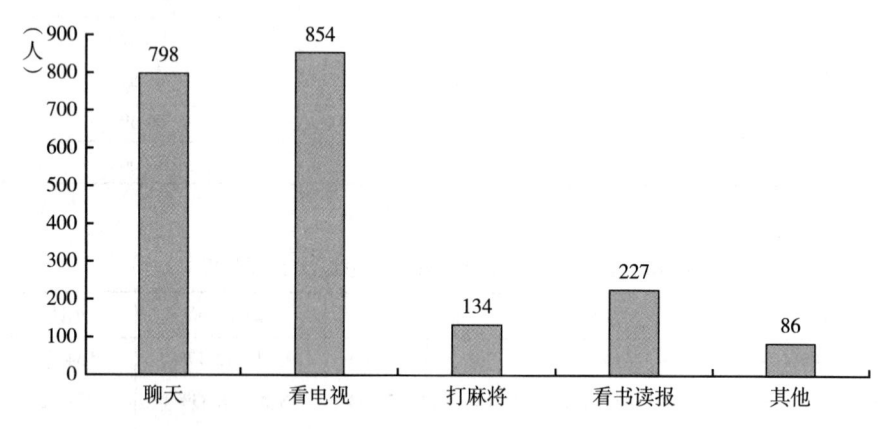

图7 智能手机普及之前受访者的娱乐方式（多选）

### 3. 受访者最常使用的手机功能是通信与娱乐

微信作为当下社会大众最常使用的社交软件，自2011年推出以来，迅速成为人们聊天、视频时首选的通信工具。"70后"农村留守女性与"50后""60后"农村女性相比，文化水平较高，因此在接受移动互联网时也较为迅速。调查显示，她们最常用的手机软件是微信（1223人），其次是抖音（934人）、支付宝（638人），拼多多（404人）、淘宝（363人）近年来也逐渐成为留守女性经常使用的手机软件（见图9）。此外，由于疫情期间子女需要在家上网课，部分留守女性下载了钉钉（261人）。概言之，智能手机已经成为留守女性生活中不可或缺的工具，不仅方便了她们与家人、朋友的日常联系，还丰富了她们的娱乐，丰富了她们的精神世界，尤其是抖音、快

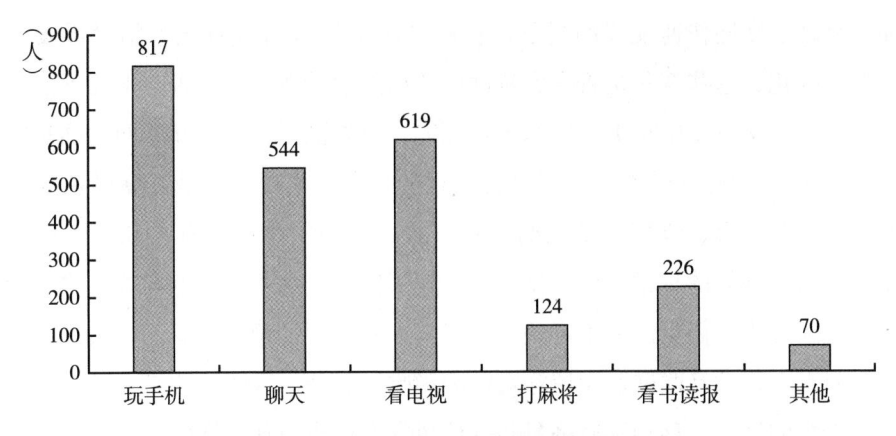

图 8 智能手机普及之后受访者的娱乐方式（多选）

手等手机软件的使用极大地开阔了她们的视野，使她们足不出户就可以了解外部的世界。

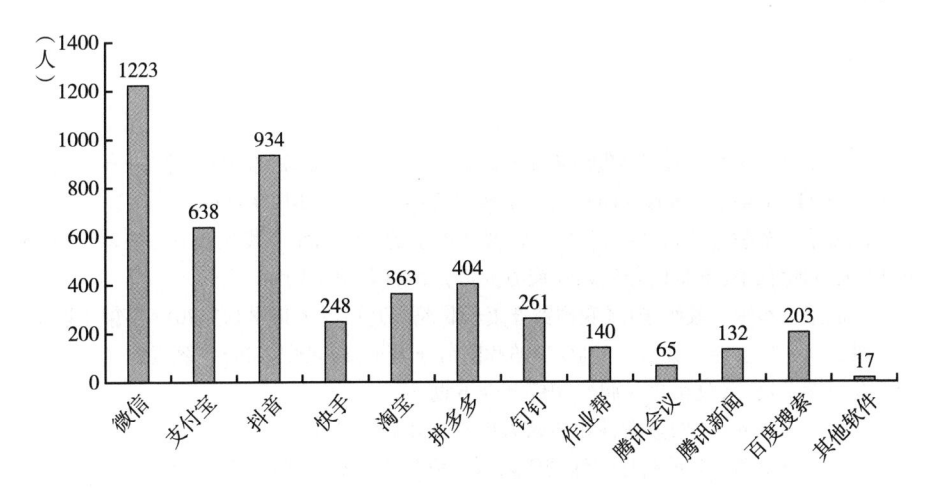

图 9 受访者最常用的手机软件（多选）

## 五 小结

之前国内学术界对于留守女性的研究，可以说议题多元、成果丰富。然而在移动互联网快速发展的当下，农村"70后"留守女性的生活世界发生了哪些变化，这些变化是否会影响她们今后的生活轨迹，是否会增强她们的现代性，本文试图围绕上述问题进行探究。结果证明，移动互联网的确对农村"70后"留守女性产生了明显且深远的影响，表现为移动互联网拓展了她们的就业机会、改变了她们的消费方式、增加了她们与家人和熟人的互动、丰富了她们的日常生活、使她们了解了城市生活及外部世界等。移动互联网正在成为她们生活中不可缺少的工具以及强烈依赖的对象。当然，也不能过分夸大移动互联网对于留守女性的影响。此外，现代性的增强是一个长期且缓慢的过程，移动互联网只是促使留守女性走向现代性的一个因素。她们的生活世界还将发生哪些变化，她们的个体因素又将如何影响她们今后的人生轨迹，这些问题有待于今后进一步深入研究。

**参考文献**

《第52次〈中国互联网络发展状况统计报告〉》，中国互联网络信息中心网站，2023年8月28日，https://www.cnnic.net.cn/n4/2023/0828/c88-10829.html。

段成荣、秦敏、吕利丹：《我国农村留守妻子的分布与生存发展现状——基于2015年1%人口抽样调查数据的分析》，《南方人口》2017年第2期a。

段成荣、秦敏、赖妙华：《我国留守妻子状况研究》，《人口学刊》2017年第1期b。

段成荣、程梦瑶、秦敏：《剧变中的我国留守妻子及其学术与公共政策含义》，《中国农业大学学报》（社会科学版）2017年第6期c。

梁栋、吴惠芳：《农业女性化的动力机制及其对农村性别关系的影响研究——基于江苏、四川及山西三省的村庄实地调研》，《妇女研究论丛》2017年第6期。

汪淳玉、吴惠芳：《乡村振兴视野下的困境留守妇女》，《中国农业大学学报》（社会科学版）2020年第4期。

罗卫国、唐永霞：《乡村振兴战略下农村留守妇女的新困境——基于甘肃省通渭县10个村庄的个案研究》，《北京科技大学学报》（社会科学版）2021年第4期。

舒茨：《社会世界的现象学》，卢岚兰译，桂冠图书有限公司，1991。

叶敬忠、吴惠芳：《阡陌独舞：中国农村留守妇女》，社会科学文献出版社，2008。

高小贤：《当代中国农村劳动力转移及农业女性化趋势》，《社会学研究》1994年第2期。

许传新：《农村留守妇女研究：回顾与前瞻》，《人口与发展》2009 年第 6 期。

廖全明：《转型期农村留守妇女发展问题的困境与突破》，《重庆大学学报》（社会科学版）2015 年第 5 期。

杨照：《留守妇女生计重构视角下农业农村发展逻辑和趋向》，《中国农业大学学报》（社会科学版）2011 年第 3 期。

任义科、杨力荣：《婚姻合约的脆弱性：留守妇女精神出轨和行为出轨》，《南方人口》2014 年第 3 期。

吕芳：《农村留守妇女的村庄政治参与及其影响因素——以 16 省 660 村的留守妇女为例》，《北京行政学院学报》2013 年第 6 期。

王洒洒、罗丞：《可持续生计分析视角下中国农村留守妇女研究》，《妇女研究论丛》2014 年第 2 期。

汪淳玉、叶敬忠：《乡村振兴视野下农村留守妇女的新特点与突出问题》，《妇女研究论丛》2020 年第 1 期。

周福林：《我国留守老人状况研究》，《西北人口》2006 年第 1 期。

# B.19 河南省老年农民工养老风险及其养老困境研究

谢娅婷 李亚文 王晨**

**摘 要：** 本文使用农村流动人口可持续发展课题组于2023年开展的"45岁以上农村流动人口养老情况调查"数据，从个体、家庭、社会三个层面，对河南省老年农民工的健康风险、养老金存储、照料风险、家庭规模小型化、养老资源、社会保障等现状进行描述性分析，进一步对老年农民工面临的各种风险进行归纳，总结出河南省老年农民工面临个体风险应对能力不足、家庭养老的物质与精神供给不足、农村养老资源供给不足、农村养老基础设施不足等一系列养老困境。在此基础上提出以下政策建议，以期有效规避老年农民工养老风险，探寻缓解人口老龄化的措施：转变养老观念，增强自养能力；鼓励老年农民工子女加强与其沟通，减少其孤独感；构建城乡统筹性的老年农民工社会保障体系；加大农村养老服务财政投入，完善养老基础设施。

**关键词：** 养老风险 老年农民工 人口老龄化

## 一 引言

人口老龄化是社会发展过程中不可避免的趋势，当前我国老年人口呈

---

\* 本文系2021年河南省哲学社会科学规划年度项目"河南省老年农民工的养老策略及生活福祉研究"（2021BSH004）的阶段性成果。
\*\* 谢娅婷，河南农业大学文法学院副教授，研究方向为养老问题、农村流动人口问题；李亚文，河南农业大学社会工作专业本科生；王晨，河南农业大学社会工作专业本科生。

现总量大、城乡发展不平衡等显著特征。截至 2021 年底，我国 60 岁及以上人口已多达 2.67 亿人，占总人口的 18.9%①，其中农村老年人口占 56.1%②。随着中国经济、社会和人口的快速转型，农村社会和家庭面临的不确定性越来越大，农村老年人养老脆弱性凸显，各种养老风险接踵而至。③ 而河南作为全国人口大省，65 岁及以上人口多达 1383 万人，占常住人口的 13.99%，已经接近深度老龄化社会，在河南省农村地区，随着青壮年的不断流出，农村地区呈现"空心化"特征，因此，农村地区人口老龄化程度加深。由于家庭结构核心化、老年人权威丧失等因素的影响，河南省农村地区传统的家庭养老功能被削弱，农村老年人的养老问题更为凸显。具有"老年人+农民工"双重身份的老年农民工本该安享晚年，却继续在城市中"漂流"，并在城市中面临更加严峻的就业形势，雇佣关系不稳定、收入普遍较低④，很难承担留城养老的成本。由于老年农民工长期"离土又离乡"进入城市打工，从空间上与农村人养老最重要的土地资源割裂开来⑤，返乡养老同样充满重重阻碍，"留不下的城市，回不去的乡村"更是让他们处于多重风险之中。

随着河南省农村老年人养老问题的不断凸显，学界对于河南省农村老年人与老年农民工养老问题的研究也不断增多，已有研究主要集中在养老意愿、养老模式、养老服务等方面。在养老意愿方面，大部分老年人更倾向于家庭养老，传统观念根深蒂固⑥；在自我养老、居家养老、家庭养老等养老

---

① 《民政部：截至 2021 年底我国 60 岁及以上老年人达到 2.67 亿》，人民网，2022 年 9 月 1 日，http://society.people.com.cn/n1/2022/0901/c1008-32517241.html。
② 苏建：《补齐农村养老服务短板 助推乡村振兴》，《中国人口报》2020 年 1 月 6 日。
③ 李树茁、张丹：《农村老年人养老风险感知现状与影响因素——基于安徽农村老年人福利状况的调查分析》，《北京工业大学学报》（社会科学版）2022 年第 1 期。
④ 靳小怡、胡钊源、顾东东：《谁是"高龄"农民工——基于流动人口监测调查的数据分析》，《管理评论》2018 年第 7 期。
⑤ 孟亚男、莫依萍：《断裂与绵延：第一代农民工返乡养老研究——基于舒茨现象学社会学的理论分析》，《老龄科学研究》2021 年第 5 期。
⑥ 李建新等：《中国农村养老意愿和养老方式的研究》，《人口与经济》2004 年第 5 期。

模式方面，有学者认为居家养老更适合农村经济的社会发展现状[1]；在养老服务方面，农村老年人养老服务需求较少、意愿表达不明显[2]；在养老服务供给方面，传统的家庭养老模式逐渐呈现不可持续性[3]，机构养老以及社区养老大多不被农村老年人接受，且农村养老服务的质量、队伍建设、标准制定等均存在一定问题[4]。尽管政府、社会和学界均意识到积极应对老龄社会问题的重要性和迫切性，但现有研究多关注农村老年人的生活状况，较少聚焦老年农民工的养老问题，且少有研究能够系统、全面地分析他们面临的养老风险。河南省作为人口大省，人口老龄化问题严重，其经济发展水平相对不高，进而出现更多老年农民工外出务工的现象。在种种现实情境的综合作用下，拥有双重身份的河南省老年农民工在步入老年之际究竟面临哪些养老风险、养老困境，为解答这些问题，本文以河南省老年农民工为研究对象，关注河南省老年农民工的养老风险，试图梳理出河南省老年农民工养老面临的现实困境，并在此基础上提出相应的政策建议，以期有效规避老年农民工养老风险，探寻缓解人口老龄化的措施。

## 二 数据与方法

### （一）数据来源

本文所使用的数据来源于农村流动人口可持续发展课题组于2023年开展的"45岁及以上农村流动人口养老情况调查"，调查使用配额抽样与方便抽样相结合的方式，调查对象为年龄在45岁及以上、户籍仍在农村、年内

---

[1] 刘培培：《河南省农村养老问题研究——基于驻马店农村的实地调研》，硕士学位论文，河南大学，2014。
[2] 刘嘉慧：《社会资本视角下农村社会养老服务问题研究——以河南省为例》，硕士学位论文，南京大学，2015。
[3] 周莹、梁鸿：《中国农村传统家庭养老保障模式不可持续性研究》，《经济体制改革》2006年第5期。
[4] 姚兆余：《农村社会养老服务：模式、机制与发展路径——基于江苏地区的调查》，《甘肃社会科学》2014年第1期。

在本地从事非农产业或外出从业6个月及以上的"乡城"流动人口。该调查招募生源地为河南省内、来自农村的在校大学生共计70名。每名调查员利用春节寒假返乡的时间在大学生所在村庄或邻近村庄调查过年返乡的外出流动人口不少于10人，要求调查员在性别、年龄和职业等方面力求多样，避免同质化。调查共发放问卷836份，回收有效问卷801份，有效回收率95.8%，最终在剔除关键变量缺失的样本之后，将798名老年农民工样本纳入分析。本调查共包括基本信息、生计情况、家庭与养老、公共服务与社会参与四个部分，为了解河南省老年农民工的养老风险及其养老困境提供了重要依据。

## （二）样本信息

表1描述了老年农民工的基本信息。在纳入分析的798名老年农民工中，女性老年农民工有315人，占39.47%，男性老年农民工有483人，占60.53%。此次调查对象为老年农民工，其中45~49岁的有244人，50~54岁的有245人，55岁及以上的有309人，占比分别为30.58%、30.70%、38.72%。婚姻状况方面，被调查的老年农民工无配偶的有38人，占4.76%，有配偶的有760人，占95.24%。流动范围方面，跨省流动的老年农民工有355人，省内跨市流动的有164人，市内跨县流动的有127人，本县内流动的有152人，分别占44.49%、20.55%、15.91%、19.05%。

表1 农民工样本统计性描述

单位：人，%

| 项目 | | 样本量 | 占比 |
| --- | --- | --- | --- |
| 性别 | 女性 | 315 | 39.47 |
| | 男性 | 483 | 60.53 |
| 年龄段 | 45~49岁 | 244 | 30.58 |
| | 50~54岁 | 245 | 30.70 |
| | 55岁及以上 | 309 | 38.72 |

续表

| 项目 | | 样本量 | 占比 |
|---|---|---|---|
| 婚姻状况 | 无配偶 | 38 | 4.76 |
| | 有配偶 | 760 | 95.24 |
| 流动范围 | 跨省 | 355 | 44.49 |
| | 省内跨市 | 164 | 20.55 |
| | 市内跨县 | 127 | 15.91 |
| | 本县 | 152 | 19.05 |
| 总计 | | 798 | 100.00 |

资料来源：2023年开展的"45岁及以上农村流动人口养老情况调查"。

本文主要采用描述性分析方法，通过频数分布表描述河南省老年农民工的健康风险、照料风险、养老金存储、家庭规模小型化、养老资源、社会保障等现状。在此基础上进一步对老年农民工面临的养老风险进行归纳与梳理，总结出河南省老年农民工养老的现实困境。

## 三 河南省老年农民工养老风险现状描述

### （一）个体层面

**1. 健康风险**

如表2所示，本文对老年农民工健康风险的评价以主观自评的方式进行，选项采用了李克特量表，将健康状况分为非常差、较差、一般、较好、非常好五个级别。老年农民工认为健康状况非常差的有5人，较差的有43人，一般的有294人，较好的有306人，非常好的有150人，占比分别为0.63%、5.39%、36.84%、38.35%、18.80%。数据显示，有42.86%的老年农民工的健康状况级别在一般及以下，说明老年农民工的主观健康风险较大。

表2　老年农民工健康自评情况

单位：人，%

| 健康状况 | 样本量 | 占比 |
| --- | --- | --- |
| 非常差 | 5 | 0.63 |
| 较差 | 43 | 5.39 |
| 一般 | 294 | 36.84 |
| 较好 | 306 | 38.35 |
| 非常好 | 150 | 18.80 |
| 总计 | 798 | 100.00 |

资料来源：2023年开展的"45岁及以上农村流动人口养老情况调查"。

如表3所示，没患慢性疾病的老年农民工有287人，占35.96%；患慢性疾病的老年农民工有511人，占64.04%。这说明老年农民工的健康状况比较差，健康风险比较大。

表3　老年农民工患慢性疾病情况

单位：人，%

|  | 样本量 | 占比 |
| --- | --- | --- |
| 患慢性疾病 | 511 | 64.04 |
| 没患慢性疾病 | 287 | 35.96 |
| 总计 | 798 | 100.00 |

资料来源：2023年开展的"45岁及以上农村流动人口养老情况调查"。

**2. 风险事件担心程度**

表4呈现了老年农民工对不同养老风险事件的担心程度。本文将不同养老风险事件的担心程度分为1~5分，分数越高，担心程度越高。老年农民工对"老了以后生活不能自理"和"老了就没有经济来源"的担心程度较高，担心程度的均值分别为3.459和3.142，对"将来没人给我料理后事"的担心程度最低，均值为2.385。总体上，老年农民工对经济风险、照料风险、精神慰藉风险等担心程度的均值都超过2.5，但标准差的差异较小，这

257

说明老年农民工对各种养老风险事件的担心程度都较高，但在老年农民工群体内部的认知差异较小，有较为相似的养老风险认知。

表4  老年农民工对不同养老风险事件的担心程度

| 风险事件 | 均值 | 标准差 | 最大值 | 最小值 |
|---|---|---|---|---|
| "老了就没有经济来源" | 3.142 | 1.266 | 1 | 5 |
| "临终时没有人在跟前护理" | 2.874 | 1.263 | 1 | 5 |
| "老了以后没有钱去医院看病" | 3.001 | 1.310 | 1 | 5 |
| "老了以后没人帮我干活" | 2.501 | 1.133 | 1 | 5 |
| "子女要是不要我了，没钱去养老院" | 2.642 | 1.293 | 1 | 5 |
| "将来没人给我料理后事" | 2.385 | 1.327 | 1 | 5 |
| "老了以后子女不给我生活费了" | 2.439 | 1.204 | 1 | 5 |
| "万一生病住院了，没人在医院照顾我" | 2.787 | 1.247 | 1 | 5 |
| "老了以后生活不能自理" | 3.459 | 1.197 | 1 | 5 |
| "老了以后没人陪我聊天解闷" | 2.650 | 1.074 | 1 | 5 |
| "老了以后子女不愿意听我讲心里话" | 2.667 | 1.044 | 1 | 5 |
| "老了以后和其他人的关系变得越来越疏远了" | 2.732 | 1.073 | 1 | 5 |
| "时代发展太快，害怕被时代淘汰" | 2.875 | 1.143 | 1 | 5 |

资料来源：2023年开展的"45岁及以上农村流动人口养老情况调查"。

### 3. 养老金存储

如表5所示，存储养老金的老年农民工有364人，占45.61%；未存储养老金的老年农民工有434人，占54.39%。老年农民工存储养老金的占比较低，说明老年农民工的养老意识较为匮乏。

表5  老年农民工存储养老金情况

单位：人，%

| | 样本量 | 占比 |
|---|---|---|
| 存储养老金 | 364 | 45.61 |
| 未存储养老金 | 434 | 54.39 |
| 总计 | 798 | 100.00 |

资料来源：2023年开展的"45岁及以上农村流动人口养老情况调查"。

## （二）家庭层面

表6呈现了老年农民工大致的家庭结构。家庭成员数量的均值为4.971，其中家庭成员数量的最大值为20，最小值为1，标准差为1.613，这说明大部分老年农民工的家庭成员数量差异较小。老年农民工的儿子数量的均值为1.197，最大值为3，最小值为0，女儿数量的均值为1.037，最大值为3，最小值为0，儿子数量的标准差最大，为3.505，这表明大部分老年农民工的儿子数量和儿子数量均值之间的差异较大。老年农民工子女数量较少，呈现家庭规模逐渐小型化特征。

表6  老年农民工家庭人口数量描述

| 变量描述 | 均值 | 标准差 | 最小值 | 最大值 |
| --- | --- | --- | --- | --- |
| 家庭成员数量 | 4.971 | 1.613 | 1 | 20 |
| 儿子数量 | 1.197 | 3.505 | 0 | 3 |
| 女儿数量 | 1.037 | 0.727 | 0 | 3 |

资料来源：2023年开展的"45岁及以上农村流动人口养老情况调查"。

## （三）社会层面

### 1. 社会保障

表7呈现了老年农民工的社会保障情况。有15人没有购买社会保险，占1.88%，购买社会保险的人数高达783人，占98.12%，但购买社会保险的数量集中于2份社会保险和3份社会保险，分别是309人和157人，两类共占58.26%，购买3份以上社会保险的老年农民工相对较少，这表明老年农民工参保情况较好，但保障范围较小，大多数为基本养老与医疗保险，且参保层次较低。

表7 老年农民工的社会保险购买数量

单位：人，%

| 社会保险购买数量 | 样本量 | 占比 |
| --- | --- | --- |
| 0 | 15 | 1.88 |
| 1 | 151 | 18.92 |
| 2 | 309 | 38.72 |
| 3份及以上 | 323 | 40.48 |
| 总计 | 798 | 100.00 |

资料来源：2023年开展的"45岁及以上农村流动人口养老情况调查"。

**2. 劳动合同签订**

表8呈现了老年农民工的劳动合同签订情况。签订劳动合同的农民工人数为382人，占47.87%，未签订劳动合同的农民工人数为416人，占52.13%，这表明老年农民工的劳动合同签订率较低，劳动保障不足。

表8 老年农民工的劳动合同签订情况

单位：人，%

|  | 样本量 | 占比 |
| --- | --- | --- |
| 签订劳动合同 | 382 | 47.87 |
| 未签订劳动合同 | 416 | 52.13 |
| 总计 | 798 | 100.00 |

资料来源：2023年开展的"45岁及以上农村流动人口养老情况调查"。

**3. 养老资源**

如表9所示，在养老资源类型中，老年农民工户籍地能享受养老机构的有394人，占49.37%，户籍地无法享受养老机构的有404人，占50.63%；户籍地能享受老年人食堂的有167人，占20.93%，不能享受老年人食堂的有631人，占79.07%；户籍地能享受老年人活动室的有282人，占35.34%，不能享受老年人活动室的有516人，占64.66%。综上所述，老年农民工户籍地的养老资源相对不足。

表 9　老年农民工获取养老资源情况

单位：人，%

| 养老资源类型 | | 样本量 | 占比 |
| --- | --- | --- | --- |
| 养老机构 | 能 | 394 | 49.37 |
| | 不能 | 404 | 50.63 |
| 老年人食堂 | 能 | 167 | 20.93 |
| | 不能 | 631 | 79.07 |
| 老年人活动室 | 能 | 282 | 35.34 |
| | 不能 | 516 | 64.66 |
| 总计 | | 798 | 100.00 |

资料来源：2023年开展的"45岁及以上农村流动人口养老情况调查"。

## 四　河南省老年农民工养老的现实困境

河南省是传统的农业大省，经济发展较为缓慢，尤其是在农村地区，年轻人务工渠道较窄，大量青年劳动力选择外出务工以增加家庭收入，而老年农民工出于"挣钱补贴家用""减轻孩子压力"等多种因素，在本该安享晚年时却继续在城市中"漂流"，且难以在城市中扎根。老年农民工面临城市难留存、返乡无归依的艰难处境，其养老问题凸显，具体体现在以下几个方面。

### （一）个体风险应对能力不足

第一，身体健康风险突出。受生理机能不断衰退、免疫力不断下降的影响，老年农民工与年轻人相比更容易被病痛困扰。已有研究表明，老年农民工在超过退休年龄后继续工作，从事的一般都是体力劳动，常年风吹日晒，缺乏劳动保护措施。面对劳动效率不如年轻人的窘境，他们甚至选择主动延长劳动时间来弥补劳动效率较低的不足。在长期高强度、长时间的劳动下，他们比普通老年人更容易受到健康威胁。此外，有学者指出，他们长期受到不同于城市居民的差别待遇，对他们的心理健康也会造成影响。因此，在外务工的老年农民工个体面临身体、心理双重风险。第二，经济能力弱化。研究发现，老年农民工文化水平普遍较低，难以从事技术水平较高的工作，加之现在国家的经济结构不断完善，对技术型人才的需求较大，而老年农民工群体较少接受职业培训，他们自身掌握的技术条件不足以应对现代化的生产，在就业机会减少的同时，失业的可能性不断提高。老年农民工的工作效率和健康水平与年轻人相比均不占优势，在劳动力市场上，老年农民工竞争力比较弱。老年农民工面临工作更加难找的情况，作为主要收入来源的工作面临重重困难，更会对他们的储蓄能力产生冲击，因此，这一群体的经济能力远远不如青年人，而且他们因经济水平受限，抵御风险的能力不足，难以抵抗外部风险的冲击。第三，缺乏养老规划意识。研究表明，老年农民工较为担忧养老问题，存储养老金占比较低，且有部分农民工"断缴"养老金，因此出现老年农民工年满60岁却无法如期领取养老金的现象。这种现象的出现一方面增加了老年农民工养老的困难，另一方面体现了老年农民工群体自身的养老规划意识较弱，较少为自己的养老问题考虑和规划。综上所述，在身体健康风险突出、经济能力弱化、缺乏养老规划意识的作用下，老年农民工个体养老风险突出，外部保障缺失，因而老年农民工个体层面抵御风险的能力相对不足。

### （二）家庭养老的物质与精神供给不足

河南省老年农民工在养老上普遍面临家庭养老的物质与精神供给不足，主要体现在以下几点。第一，家庭负担较重。老年农民工通常处于"上有老，下有小"的人生阶段，其父母大多数是传统的农村居民，在河南省农村地区，传统观念仍根深蒂固，家庭养老几乎是每个农村老人的首要选择，因而他们的养老仍主要依靠在外务工的老年农民工。而老年农民工的子女成长于城镇化快速发展的时期，出于获得更好的教育以及拥有更多的就业机会等需要，越来越多的年轻人期望在城镇安家落户，而在城镇扎根需要相当的经济基础作为支撑，这仍需在外务工的老年农民工为其助力，因此子女能够为老年农民工提供的物质供给较为有限。第二，家庭"分散流动"兴起。

自改革开放后，城市经济得到快速发展，农村大量青壮年劳动力为获得更多的就业机会、获取更多的收入以改善家庭经济状况而选择流向城市。近年来，河南省农村地区大量劳动力外移，但是许多流动人口处于与家庭成员异地分居的状态，他们或与配偶、子女，或与父母等家庭成员长期异地分居。[①] 研究表明，老年农民工在外务工时与其子女共同居住的比重较低，因此老年农民工无论是在空间上还是在时间上，与子女的互动都大大减少，在缺少家人的陪伴、交往圈比较狭窄的情况下，老年农民工在外务工的精神生活比较单调，家庭为其在外务工提供的精神供给相对不足。因此，在子女为老年农民工提供相对有限的养老支持的情况下，老年农民工难以靠体力劳动务工获得收入。种种因素的共同作用，使得整体看来家庭层面的物质与精神供给不足[②]，因而河南省老年农民工普遍面临家庭养老的物质与精神供给不足的困境。

### （三）农村养老资源供给不足

河南省老年农民工面临养老资源不足、无法在养老方式上进行多样化选择的困境。一方面，农村养老资源供给不足，主要表现在以下几个方面。第一，农村养老资金资源匮乏。近年来，我国已采取了一系列措施来改善农村养老保障状况，并不断增加对农村养老服务的财政拨款，但河南省在农村的战略部署中分配给养老服务的资金相对有限，用于农村养老基础设施建设的资金较少，加之河南省农村老年人口数量众多，政府的相关资金投入仍相对不足。第二，农村养老政策资源不足。农村养老制度设计的主动规划意识相对不足，政策不具备连续性，使政策呈现"碎片化"的特征，不利于农村养老服务的顺利开展。在养老市场中缺乏养老政策的保障作用，以至于农村的养老资源无法进入农村养老市场，从而导致农村养老资源供给不足。第三，农村养老人才资源匮乏。河南省农村养老服务十分缺乏专业化

---

① 韩慧连：《中国流动人口家庭化研究》，博士学位论文，吉林大学，2022。
② 宋川、周丽敏：《人口老龄化趋势下农村养老服务的优化对策分析》，《农业经济》2019年第6期。

的农村养老服务人员。为数不多的专业养老护理人员大多集中在城市中,农村专业养老服务人员稀缺。农村现有的少数养老服务人员大多没有经过系统的专业训练,并且薪资待遇低、工作环境差等现实问题制约着农村引进养老服务人才。另一方面,老年农民工在城市中"漂流",却难以享受城市的基本公共服务,进而难以在城市扎根。因此,农村养老资金、人才的匮乏,政策的不足使得农村养老资源供给不足。庞大的农村老年人群体能获取的养老资源相对不足,并且老年农民工在外务工时,受传统城乡二元结构的限制,在养老资源相对丰富的城市难以获取养老资源,这使得他们在养老上的选择十分有限,因而老年农民工面临养老资源供给不足的困境。

### (四)农村养老基础设施不足

河南省农村老年人面临养老基础设施匮乏的困境。我国受制于城乡二元结构,养老服务体系长期以来都是城市先于农村发展。农村的基础设施、公共服务以及社会事业和城市均存在一定的差距。有学者指出,我国城市中养老基础设施的覆盖率高达72.5%,而农村仅有6.5%[1],二者差距较大。河南省农村养老服务供给以政府为主体,市场化养老服务机构数量少、质量差,造成农村养老服务工作基础相对薄弱。[2] 该局面的形成一方面有政府限制市场进入的原因,另一方面是由于农村的消费能力有限,以营利为目的的养老服务机构入驻农村难以获利。大多数养老服务机构因现实生存需要,不得不考虑在农村经营的经济效益,加之农村老年人经济实力较弱,购买养老服务对他们而言存在一定门槛。也正因为农村的老年人用于购买养老服务的资金十分匮乏,即使有收费较低的养老机构,也存在规模小、服务质量差等问题。而我国农村现有的养老院等机构主要是由政府

---

[1] 刘智勇、贾先文:《传统与现代融合:农村养老社区化模式研究》,《江淮论坛》2019年第3期。
[2] 张志元:《乡村振兴战略下农村养老服务高质量发展研究》,《广西社会科学》2021年第11期。

主办，面对人口数量庞大的河南省老年群体，政府开设的养老机构承载能力十分有限。因而，河南省老年农民工回乡养老时无法享受完备的养老基础设施，且为数不多的养老服务机构无法为回乡养老的河南省老年农民工提供多样的养老选择，使他们处于养老基础设施匮乏的困境之中。

## 五 政策建议

老年人与青年人相比，其经济来源、身体健康状况、制度保障等方面均处于弱势，其工作、生活均面临较大的风险；相较于普通老年人而言，老年农民工在本该安享晚年的年纪却选择继续务工，且"工作难找""就业歧视""保障缺失"等现实问题使其在外务工困难重重。随着中国经济、社会和人口的快速转型，老年农民工个体和家庭面临的不确定性越来越大，老年农民工自身的脆弱性凸显，面临较大的养老风险。为有效规避老年农民工养老风险，需要探寻缓解人口老龄化的措施，并采取积极的方式应对。

首先，转变养老观念，增强自养能力。农村社会传统观念仍根深蒂固，家庭养老是农村老年人的首选。但河南省人口众多，已经接近深度老龄化，在家庭养老存在种种风险的现实情境下，单纯的家庭养老已经无法满足所有农村老年人的现实需求。因此，在社区养老、互助养老已经存在于农村地区的情况下，鼓励能够继续务工的老年农民工进行养老储蓄，一方面可以补贴家庭，另一方面可以为自我养老提供物质基础。另外，不与子女共同居住的老年农民工，在缺乏子女陪伴的情况下，常面临孤独困扰。因此，老年农民工在外务工的同时，可适当维持、拓展自己的朋友圈，以减轻自身的孤独感。鼓励老年农民工积极巩固自己的人际关系，加强与同村居民的往来，积极参与本村事务。在信息化时代，老年农民工可以学习使用智能手机，利用微信、抖音等手机软件加强与亲朋邻里的线上交流，在丰富自己的精神生活的同时，加强与亲朋好友的联系。

其次，鼓励老年农民工子女加强与其沟通，减轻其孤独感。同老年人一同居住的子女，应多关注老年农民工的精神需求，适时给予老年人必要的关心。年轻人可鼓励父母多进行社会参与，加强与村民、朋友的交流与联系，以丰富自己的生活。在外务工的子女应当加强和父母的沟通与联系，尽管有时不能当面表达关心，也可利用电话等其他方式。子女多和老年人进行沟通，加强与老年人的联系，可在一定程度上减轻老年人的孤独感，使得老年人在精神上更加富足，也有利于老年人的身心健康。有条件的子女可为在外务工的老年农民工提供一定的经济支持，减轻老年农民工的压力，同时为老年农民工实现自我养老提供动力。

再次，构建城乡统筹的老年农民工社会保障体系。政府部门应与专家团队联合起来不断探索构建城乡统筹的养老与医疗保障体系，推动城乡养老保险的均等化，减少异地缴费带来的不便。政府要不断完善服务体系，增强老年农民工的参保意愿，加大保障力度，达到缩小城乡差距的目的。政府应探索推进护理保险，并做好制度保障，保证城乡之间报销的公平性。通过立法、教育、优惠政策、经济激励等方式，培养各类企业的社会责任意识，规范企业用工行为，推动企业依法与老年农民工签订并履行劳动合同，尊重老年农民工的劳动权益，增强老年农民工的权益保障。

最后，加大农村养老服务财政投入，完善养老基础设施。在农村老年人占比不断增多且城乡养老服务发展不均衡的情况之下，政府应平衡好各产业的发展，适当增加对农村养老服务的财政投入，加强农村养老服务基础设施建设。同时注重不同地区之间的政策倾斜，做到因地制宜，实施差别化政策。充分把握乡村振兴的战略机遇，政府要在此背景下鼓励、引导、支持社会力量的参与，允许社会资本进入农村养老服务领域。建设不同层次的养老服务模式，为不同年龄、不同经济水平、不同养老需求的农村老年人提供不同的服务内容，不断优化农村养老服务的质量，为其养老提供充足的资源。

# B.20 家庭本位视角下河南乡村治理能力提升路径研究[*]

刘风 李小雨 白晨[**]

**摘　要：** 基于家庭本位视角，本文采用参与式观察法、半结构式访谈法相结合的方式调查了河南省5个村庄，并对58名村民、12名村干部进行了深度访谈。通过调研发现，由于社会结构的变迁，河南乡村社会治理在农村家庭参与乡村事务的主体缺失、农村文明乡风建设行动式微、农村人居环境整治不到位等方面具有脆弱性。为此，本文认为应从以下几方面提升河南乡村治理效能：第一，激发个体与家庭参与乡村事务的内生动力；第二，激活新时代乡风文明的新风尚；第三，改善村庄人居环境。由此，激发村民参与乡村社会治理的动力，从而增强其家庭乃至整个村庄的凝聚力，提升乡村治理效能。

**关键词：** 家庭本位　乡村治理　河南

## 一　绪论

### （一）研究背景与意义

党的十八大以来，习近平总书记多次提到家庭建设的重要性，他指出：

---

[*] 本文受教育部人文社会科学研究青年基金项目"家庭本位视角下社会工作巩固拓展脱贫成果的长效机制研究"（21YJC840011）、河南省教育科学规划2023年度一般课题"河南省农村儿童优质教育获得的影响机制与干预政策研究"（2023YB0033）、2023年河南农业大学本科教育教学改革研究与实践青年教师项目"社会工作专业研究性教学课程构建与教学设计研究"（2023XJGLX132）资助。

[**] 刘风，河南农业大学文法学院副教授、硕士研究生导师，研究方向为乡村治理与社会政策；李小雨，河南农业大学社会治理创新研究中心研究人员，研究方向为乡村治理；白晨，河南农业大学社会治理创新研究中心研究人员，研究方向为乡村治理。

"无论时代如何变化，无论经济社会如何发展，对一个社会来说，家庭的生活依托都不可替代，家庭的社会功能都不可替代，家庭的文明作用都不可替代。"[1]《中共河南省委 河南省人民政府关于做好2023年全面推进乡村振兴重点工作的实施意见》中指出，河南省是农业大省，要着力推进乡村发展、乡村建设、乡村治理，加快建设农业强省，建设宜居宜业和美乡村，为全面建设社会主义现代化河南开好局起好步提供有力支撑。

当前，我国处于从"乡土中国"向"城市中国"转变的关键时刻，原有的乡村社会秩序、组织结构和传统习俗都随人口流动而变化，社区中人们之间的关系连接式微，乡村社区从"熟人社会"变成"半熟人社会"。在这场巨变中，市场经济对河南乡村社会造成了巨大的冲击，迫使乡村适应城市发展。家庭作为社会的基本细胞，也在市场经济的冲击下焕然一新，从一个稳定的结构转变为一个灵活多变的结构。

为此，家庭是在构建基层社会治理新格局中的出发点和落脚点。一是在家庭内部建立平等、和睦的家庭关系，二是在家庭外部建立家庭友好型政策制度、完善家庭的社会支持系统，帮助家庭的可持续发展。从这两个方面着力，使家庭与社会和国家积极互动并形成共生关系，进而夯实国家治理体系和治理能力现代化的基础，有力地构建符合新时代要求、满足人民安居乐业新需求的基层社会治理新格局。

### （二）研究目标与研究方法

#### 1. 研究目标

为探究如何在家庭本位的视角下提升河南地区乡村治理的效能。本文从两个方面展开研究：一是从村民的角度了解个体的家庭结构、家庭决策方式、参与乡村治理的形式；二是从村庄的角度了解家庭现状、村庄的治理成效以及家庭参与乡村治理的作用。

#### 2. 研究方法

本文采用质性研究法，通过一定的资料分析与整理对现象背后的行为和

---

[1] 《习近平谈治国理政》（第二卷），外文出版社，2017。

意义建构提出解释性理解。在把握中国以及河南省乡村振兴发展的政策导向的基础上，有针对性地对农村家庭参与乡村治理的相关文献进行了整理。同时研究团队奔赴河南省多地农村地区，通过参与式观察法、半结构式访谈深入了解当地农村家庭及乡村发展的详细情况，获取丰富翔实的第一手研究资料。

（1）参与式观察法

参与式观察是指调查者直接深入被调查者的生活实际，但保持自身的客观性，去观察被调查者的日常生活、了解被调查者所处的社会文化环境。通过参与2023年的大学生寒假返乡调研，课题组4名成员通过30天的实地观察，收集村庄乡村治理和村民家庭结构的情况。调查地点分别是河南省洛阳市油坊村、安阳市赵庄村、信阳市刘畈村、信阳市何鹏村、驻马店市李湾村，共5个村庄。小组成员以"返乡者"的身份参与村庄的实际观察，并通过父母及其亲友的关系快速"入场"，深入收集第一手调查材料。

（2）半结构式访谈

半结构式访谈是事先明确需要向被调查者了解的问题，访谈者通过并使用开放性和封闭性的问题进行访谈的一种方式，可以不事先确定访谈问题的措辞。本次调查以乡村的村级干部和村民为访谈对象，其中暑假调研村级干部8人、村民36人；寒假调研村级干部4人、村民22人。小组成员采取半结构式问答方式，依照初步拟定的访谈提纲与当地村民进行访谈，并依据村庄的实际情况适时调整访谈问题。

（三）核心概念

1. 家庭结构

家庭结构指的是在微观层面的具体家庭中，具有不同身份的家庭成员的数量及其分布状况，也就是家庭关系的整合状态和程度，家庭关系的不同整合状态和程度构成了不同的家庭结构类型。我国社会学界根据家庭的结构特征，把当前家庭划分为三种主要类型，分别是核心家庭、主干家庭和联合家

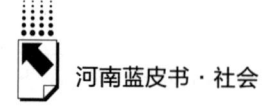

庭。当前，核心家庭是居于主导地位的类型，相关调查数据显示，中国家庭目前正呈现规模缩小化、结构核心化的趋势。

2. 家庭本位

中国家庭伦理强调家庭本位，意指在个人与家庭的关系上，更加注重家庭，强调家庭利益及它的生存与发展，要求个人服从家庭。作为社会细胞，家庭是人类物质生活和精神生活最微观的环境，是人类各种活动最基本的决策单位，也是社会关系中最核心的利益共同体。对家庭的强调塑造了中国人的处事风格和行为逻辑，从而为本文探讨基于家庭本位提升乡村治理效能奠定了基础。

3. 乡村治理

乡村是中国广大农村地区最基层的社会场域，治理是指对私人事务之外的公共事务的管理。因此，乡村治理可以看作在乡村社会的场域下，在一定制度架构下，国家权力主体、村庄自治主体以及利益相关主体，依据国家法律和村规民约对乡村社会的公共事务进行管理的过程，其目的是推动乡村事务参与、乡风文明建设、生态环境保护等，实现乡村社会和谐，促进城乡融合发展。

## 二 家庭本位：家庭在河南乡村治理中的公共价值

家庭价值结构如图1所示。

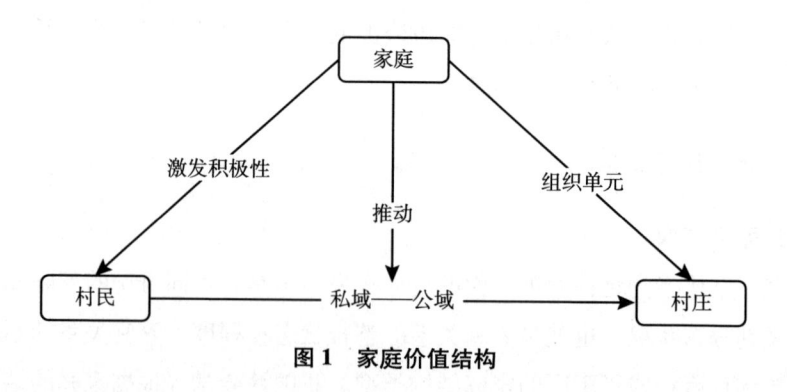

图1 家庭价值结构

## （一）以家庭为单位激发村民参与乡村事务的积极性

"家"在中国社会中占据非常重要的位置。从某种角度来说，中国人的道德价值观、伦理行动乃至生命价值都是以他与家庭的关系为基础建立起来，由此形成家庭本位文化。无论社会如何变迁、农村家庭结构如何变化，"家"始终是连接个人与社会的重要纽带，家庭治理始终是乡村治理中范围最广、投入和治理成本最低、预防和治理效果最佳的基本载体，也是社会治理的最佳层次、最基本单位、最佳切入点和最佳落脚点。

### 1. 树家风：家庭是连接个体与村庄的黏合剂

农村家庭是社会的基本单位之一，是把离散在四处的个体成员凝结为一体的最小组织单位，也是乡村社区治理的基本目标。在市场经济背景下，人口的大规模流动，给原本相对稳定的家庭结构类型带来了巨大冲击，家庭的概念也逐渐向"情境"转变。在生活领域表现为基于血缘或姻缘关系的成员相互在生活的连接和情感的纽带作用下成为一个生活共同体；在治理领域具化表现为以户为单位，在此基础上向那些缺席人员、户籍分立的血亲成员延伸。

> "我觉得家庭就是一个整体，一家出一个代表参加。"（20230119-CM01）

> "去年评了'好媳妇'，今年还没评，咱们队有两个'六美庭院'，就是家庭环境好、品质道德好、团结友爱，对国家有贡献的，各个方面都要好。需要群众提议、评选，得到群众认可，村委去走访，上面再进行考核，都是走'四议两公开'的程序。"（20230119-CM03）

值得注意的是，不同地区的家庭有不同的民情特点，这是不同地区独特风格赋予不同家庭和个体的特色。因此，在基于家庭本位视角进行探讨时，不仅要关注家庭的共同性，还应该尊重家庭的多样性和差异性。

### 2. 传家教：家庭是处理村庄事务的润滑剂

家庭是以婚姻和血缘为纽带的基本社会单位，包括父母、子女及生活在

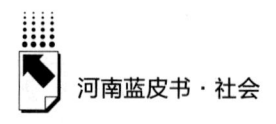

一起的其他亲属，家庭成员共同居住、共同生活、共同生产、共同消费、共享财产。家庭是乡村社区的基本构成单位，社区的变化直接作用于家庭这个共同体单位，涉及每一位家庭成员；家庭成员的变化会潜移默化地带动其他家庭成员的转变，直接影响社区的公共秩序和治理格局。

"家庭是乡村治理的重要参与者，家庭具有润滑剂、调节的作用。如果一个基层干部不注重家族、家庭的作用，那村庄治理就无法进行了。比如一个孩子让奶奶把扔在地上的垃圾捡起来，奶奶会听孙子的话，立马把垃圾捡起来，要是基层干部让她把垃圾捡起来，不但不会捡，不骂你就不错了。"（20230127-CZS01）

无论是在家庭的私人领域还是在村庄的公共空间，家庭本身所具有的稳定性，为基层社区创造了简约化治理的基础条件，并在处理村社内部的各类事务中起到了润滑剂的作用。

（二）以家庭为单位活化乡风文明建设的社会资本

1. 聚人气：宗族社会资本凝聚村庄内生力量

乡村的社会资本作为内生性资源，在乡村治理中发挥着重要的作用：一是规制村民日常生活行为，二是建构村庄秩序。市场化日渐消解了乡村的公共场域和公共价值，但在乡村社会仍旧保留传统伦理、"人情与面子"等较为厚重的社会资本，成为形塑乡村社会日常生活秩序的柔性机制。家族成员可以利用宗族社会资本中以血缘为纽带的家族社会关系网络，打造参与乡村治理的平台。在该平台中，家族成员参与乡村治理遵循共同的价值准则，成员间以信任关系为合作契约，将家训家风作为规范和约束家族成员参与乡村治理的社会规范。

"刘畈村，刘姓人口占70%，党员、组长占75%。大家会听刘姓家族长的话，我们组建的还有红白理事会，以家族为单位，上下传承，每

个家族商量移风易俗内容，如不要彩礼等。"（20230118-CZS01）

因此，宗族代表的"人情与面子"等社会资本不仅在处理宗族内部事务时扮演重要角色，还在整个乡村治理中发挥关键作用。通过增加宗族社会资本，激发多元权威主体尤其是宗族力量参与乡村公共事务的管理，从而更好地发挥乡村治理的柔性力量，降低乡村治理成本。

2. 谋发展：家庭集体参与增加乡村社会资本

"人情与面子"作为村庄内生性社会资本的一种，在村民日常行为习惯以及村庄生活秩序中发挥着重要的激励作用。如刘畈村激励外出成功人士参与家乡建设，通过"我为家乡装盏灯""我为家庭修口塘"的活动，推动村民参与乡村建设。获奖者在村民公开聚集场合和荣誉标识性较强的场所，公开上台领奖，满足其"面子"荣誉。此外，给予一定的奖品激励，并通过村内宣传栏或广播站进行宣传，极大地增强其精神满足感，形成强大的激励引导效果。通过对村民的评审、颁奖、宣传等活动，发挥传统伦理、"人情与面子"等社会资本无形的驱动作用，有效引导村民的日常生活行为，从而使村民养成健康文明的自觉行为。

"我们村还有'三星文明户'评选活动，有干净整洁星、勤劳致富星和孝老友善星。评选上的家庭有很多好处，如家里小孩可以优先评选优秀学生；全体家庭成员可以免全市旅游景点门票；如果是在本地打工的，雇主会抢着要。"（20230127-ZQ02）

公共舆论在乡村熟人社会中发挥重要作用，"三星文明户"的评选，表面上是挂牌的荣誉，潜藏的是"家风""脸面"。在村庄内部，提起"三星文明户"，村民会认为这户人家是有"身份"、有"脸面"的。因此，活化乡村社会资本，能有效规范村民及其家庭的日常生活行为，通过对家庭的赋能形塑村庄公共价值体系。

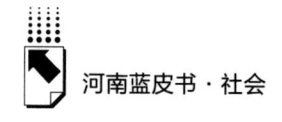

### （三）以家庭为单位改善乡村生态环境

**1. 整村貌：从家庭日常生活入手增强村民环境保护意识**

村民日常生活是村庄生活的基本领域，形成了乡村社会运行的基本模式。乡村社会治理的本质就是对村民日常生活进行治理，涉及村庄公共生活空间、生活观念和生活实践等诸多方面。而通过作为村民日常生活和情感实践的最基本单位的家庭这个突破口能增强家庭成员的环境保护意识，并通过家庭内部卫生环境的改善影响整个村庄的人居环境。如近年来各地相继实施的"厕所革命""美丽庭院"，都是改善人居环境的体现。这在本质上都是以家庭为治理单位，通过家庭成员之间的互相影响，将生态环境保护的价值观念、行为习惯融入家庭日常生活，推动村庄生态环境治理由私域向公域延伸。

> "环境变化还挺大，咱们村两头都是公路，之前回家路上都是灰尘，睁不开眼，现在没有了，绿化也漂亮了，新纪念馆盖得又大又漂亮，村里的路也干净了，有专门的垃圾桶和收垃圾的，村里人也不乱倒垃圾了，以前那条小水沟里都是乱倒的垃圾，现在沟里的污泥也清理了。路也比以前好了，泥巴路都没了。生活水平也比以前好多了，家家户户都是几层楼，除了村里的老年人，基本住市区吧，不管是为小孩上学还是为上班，租房买房的都比较多。"（20230119-CM04）

在乡村治理转型过程中，通过家庭这个主要抓手，在"生活小事"的点滴积累中逐渐培育村民参与乡村环境保护的主体性，引领千家万户用行动靓家园、美环境，释放乡村生态环境治理的活力。

**2. 美村容：以家庭情感凝聚乡村环境美化的合力**

现代化进程在一定程度上激化了乡村治理的矛盾，大量的村民选择外出务工，"熟人社会"情感有所疏离，这在一定程度上增加了乡村治理的难度。家庭有着丰富的情感，是人们返乡的动力，而返乡也是对乡村环境保护的激活和维系。面对村民凝聚力衰弱、家庭"不在场"造成的治理难题，可以通过凝聚家庭情感，推动村庄的人居环境治理变革。

"现在，房子盖得密密麻麻，但是没什么人气儿，只有逢年过节人多。村里看起来是干净的，但是弄了几个垃圾桶就能恢复生态了吗？环境真没有以前的好，我小时候村里的小河非常清澈，遍地都是青蛙，能去摸鱼抓虾，现在哪还有。"（20230119-CM06）

家庭本位的情感实践作为一种私人化的情感体验，可以作为一种情感动力转化为村庄环境整治的效能，以家庭"小美"带动乡村"大美"。以引导农村家庭清洁室内卫生、整治院内院外环境为村庄人居环境整治的"小切口"，推动广大村民共同参与乡村生态环境的保护，形成由点到线、由线到面，共建生态良好乡村的新局面。

## 三　脆弱性：农村家庭结构变迁下的乡村治理风险

中国乡村治理的主体由《中华人民共和国村民委员会组织法》以制度的形式确定，主要包括基层党组织、村民个体、由个体组成的村民家庭、村委会、村内社会组织等。该法规定"村民委员会主任、副主任和委员，由村民直接选举产生"。这一条规定明确了以家庭为单位的村民参与乡村治理的形式与机制，并借此明确了各个主体间的关系及权益。但受制于社会经济的变迁、农村人口外出务工、农村家庭结构趋于小型化、村民主体趋于原子化和个体化等诸多复杂因素，中国乡村面临一些治理风险。

乡村治理结构如图2所示。

### （一）农村家庭参与乡村事务的主体缺失

#### 1.村民个体及家庭趋向流动化

村民大量外流，乡村社会"空心化"严重。随着生活场所的转变，村

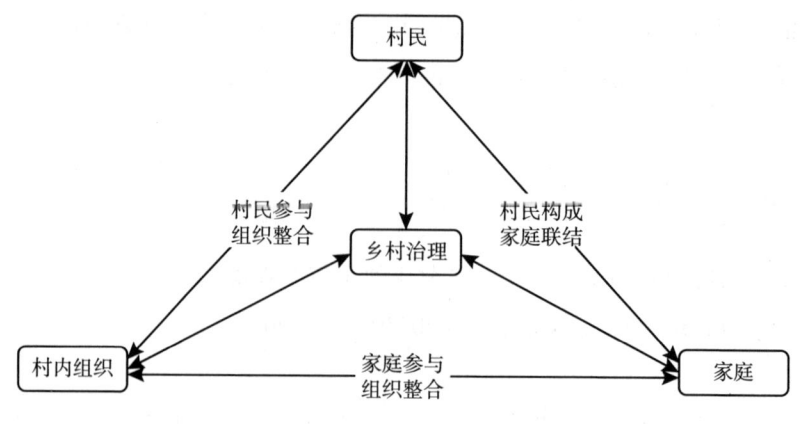

图 2 乡村治理结构

民的身心都已从乡村离场，难以有效地参与乡村治理。据访谈统计，M 村外出务工人口约占村内总人口的 62.78%，这意味着 M 村大量处于流动中的村民难以有效参与村内治理活动，且外出务工会削弱村民与村庄的连带关系，村民难免会对本村公共事务持冷漠的态度。在乡村治理过程中，村民个体的缺席无疑会造成主体结构的重大缺陷。

"目前村里一共有 2230 人，外出打工的有 1400 人，不出去的有 800 多人。"（20221214-CZS01）

"我觉得幸福感就是一种归属感，外出上学、工作，不管多穷过年我得回家，我父母在家、兄弟姐妹在家，回到家就是幸福的。现在的小孩长大了让他回老家，他回去干啥？"（20230119-CM04）

2. 农村家庭结构趋于核心化

从调查情况来看，村内家庭结构既有总体趋于小型化的一面，又有传统家庭形态稳定的一面。

"家里五口人，大女儿初中毕业没几年就出嫁了，现在同住的有四口人，爷爷、我和孩子爸爸，13 岁的女儿在上初一。"（20230119-CM01）

"我家里人很多,我和我老伴儿、儿子和儿媳、孙子和孙女,一共六口人。"(20230119-CM02)

"家里四口人,我就是打工的,大儿子大学毕业就一直工作,目前还没结婚,小儿子在上初三。"(20230119-CM03)

家庭结构的小型化意味着家庭关系从过去联合家庭乃至主干家庭的多方关系中置换出来,转向家庭内部的关系,家庭关系由以传统的父子关系为主轴逐步转向以夫妻关系为主轴,家庭内部越来越强调夫妻情感的维系,由此易导致家庭结构不稳定。这对基层治理提出更高的要求,让家庭成为个体完成社会化、培养社会关系的稳定载体,在源头上解决社会问题成为题中之义。

### 3. 农村家庭功能日趋弱化

家庭曾是兼有生产与消费的单位,随着工业社会的不断发展,家庭功能发生了剧烈的转变。家庭从一个内向的、自给自足的社会单位转向了外向的、与社会联合的社会单位,很多传统的家庭功能被外在机构与服务替代,如诸多托育所、养老机构等延展了家庭养育和养老的功能,社会化托育、养老服务等社会服务发挥着越来越重要的作用,甚至成为民生领域的重要议题和发展趋向。这使得家庭对基层治理提出更高的要求,基层治理面临更多的挑战。

"要想提升老百姓的幸福感,就要解决医疗、教育、房价,只要控制得住,马上幸福感'爆棚'。"(20230119-CM04)

## (二)农村乡风文明建设行动式微

### 1. 农村文化精神活动单一

随着网络的普及,除了农忙时节,逢年过节除了看电视、玩手机,许多村民把"小赌"作为农闲之余满足精神生活的主要消遣方式。有因打牌赌

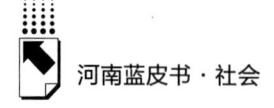

博而返贫的，也有因打牌赌博而引起治安问题的，这充分显示了农村文化产品供给不足。

"都是小孩没事去那玩玩，大人天天忙活哪有空，能出去的都出去了，打工的打工，剩点老人，领小孩打牌或在家门口聊聊天。晚上有的人去大塔那里跳广场舞，旁的也没其他娱乐活动，还是串门打麻将的多。"（20230117-CM01）

2.婚丧等传统旧俗影响日常生活

生孩、庆寿、丧葬、婚嫁等，请客送礼、大操大办、铺张浪费，比阔气、讲排场，甚至负债请客。少数河南村庄在红白事随礼上、红白事消费的烟酒菜品上，相互攀比，任性拉高标准，造成巨大浪费。

"谁家结婚生小孩办酒，一个村的人都去随礼，一家人去吃席，这办酒都是村里的大事，不能太不像话，平时该省省，这人情上的事，不求比人家都强吧，至少不能让别人说闲话，这都是一家的'脸面'。"（20230119-CM02）

3.乡风文明建设的重视程度不够

许多村集体资金较少，文化基础设施落后，而且现有的文化基础设施如村文化站、图书屋等长年上锁，没有发挥应有的作用，成为闲置的资源。各级财政投入的经费偏少，多数村的文化阵地建设仍然存在较大的困难和问题。

"因为疫情，咱村好几年都不演会了，今年放开，就去村子的庙里上个香，啥也没有，村里人本来就少，年轻人不愿意上，老人也不愿意动，没人领头组织，一到过年晚上，街里连个人都没有，都在家看手机，要不就是打牌、打麻将，旁的也没啥可玩了，越是过年越没意思。

咱村没有疫情的时候都没人家村热闹，虽然说咱村也年年收会费，但是买的衣裳花篮都多年没换过了。"（20230206-CM03）

## （三）农村人居环境整治不到位

### 1. 村民环境保护主体意识不强

村民现有的环境保护意识滞后，早已习惯了传统的居住方式，面对出现的新情况、新问题，村民滞后的环境保护意识无法让他们正确认识生态环境的重要性。环境保护知识宣传力度不足，村委会主动宣传的意识不强，只是简单地上传下达，群众不了解具体政策，参与度低，对破坏环境带来的危害感知不强烈，导致农村环境污染日益严重。

"村里清理垃圾的人都是政府安排的人，是给他们工资的，与我们没有关系。要说不让往后地倒垃圾，那家家户户都在那倒了几十年也没见咋着，总不能把垃圾天天留到家里吧，咱这农村跟城市里不一样，脏一点很正常。"（20230119-CM04）

### 2. 农村卫生基础设施建设和维护不够

当前，农村的卫生基础设施虽大量普及推广建设，但也存在很多的问题，例如在污水管网的建设上，因为很多行政村的自然村分散，在工程项目资金有限的情况下，只能对人口集中的自然村进行建设，不能覆盖偏远的、人口分散的自然村。

"清理道路、垃圾，修路、加宽道路，方便村民出行，修缮残垣断壁这里还没开始。咱们属于拆迁区，修村里的路，政府不让施工，像'厕所革命'也没有开展，很多工作都无法开展，项目计划也无法实施。"（20230127-CM03）

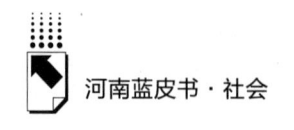

## 四 反脆弱性发展：基于家本位的乡村治理效能提升着力点

### （一）激发个体与家庭参与乡村事务的内生动力

随着市场经济的发展，许多村民外出务工，农村"空心化"现象加剧。而村民作为乡村治理主体的重要组成部分，大量流失，难以有效参与村内治理活动，影响村民自治制度的正常运转，从而影响乡村治理的实际效能。通过发挥新乡贤对村民家庭的示范引领作用，拓宽村民及其家庭参与乡村事务的渠道，运用互联网平台打破务工村民参与乡村事务的时空障碍，可以在一定程度上激发村民及其家庭参与乡村事务的积极性，促进乡村治理效能的提升。

1. 发挥新乡贤的示范引领作用

在村民参与乡村治理的过程中，发挥新乡贤积极参与的示范引领作用。新乡贤在其家族内部具有一定话语权，可以带动其家族成员积极参与村庄事务，从而提高村内其他家庭参与乡村事务的积极性。第一，畅通新乡贤参与乡村治理的渠道，因地制宜地培育新乡贤组织，建立清晰的乡贤能人信息库，整合新乡贤力量，完善新乡贤参与乡村治理的机制。第二，组织新乡贤与村民家庭的交流活动，以村民喜闻乐见的方式宣传新乡贤文化，增强村民对新乡贤文化的认同。第三，给予新乡贤物质和精神奖励，发挥新乡贤及其家庭对村庄其他家庭的示范引领作用，激发乡村的内生动力与家庭参与乡村事务的活力。

2. 拓宽村民参与乡村事务的渠道

拓宽村民个人及家庭参与村庄各类事务的渠道，主要在于充分利用现代互联网平台、大数据等技术手段，融入科学治理理念，有效发挥多方联动、系统整合的治理效能。以线上线下齐发力的形式，主动对各村党务、村务、财务进行"云公开"和实地宣传，接受村民监督，落实"有事您说"闭环办理机制,通过网上村民自治拓宽村民参与渠道,提升村民参与感和满意度。在提高乡村治理的智能化和专业化水平的同时,拓宽乡村治理的渠道,吸引村民个体及家庭参与乡村治理的实践活动,推动乡村治理效能的提升。

3. 运用互联网平台打破时空障碍

针对村民外出务工导致的个体化、分散化状况,可以利用数字网络打破时空障碍,打造"农村政务服务一网通"等数字化空间。通过创建乡村QQ群、微信群等"微平台",打破村民及其家庭参与乡村事务的时空障碍,使外出务工人员及其家庭能够及时了解村庄各种事务情况,提高乡村治理的效率。同时要遵循"以村民为中心"的基本逻辑,重视每位村民和每个家庭的需求,保留传统线下参与手段,实现乡村治理传统手段与现代媒介的结合,多层次巩固乡村治理基础,激发村民及其家庭参与乡村事务的积极性。

## (二)激活新时代文明乡风的新风尚

通过对访谈资料的分析发现,在个体与家庭层面,村民趋向流动化与原子化、农村家庭趋向小型化和核心化,这带来农村家庭结构的不稳定和家庭之间纽带松弛的问题;在村庄层面,乡村公共精神的淡化降低了村民参与村庄事务的热情,影响了家庭参与乡村治理的有效性。家庭是构成社会的基本单位,更是乡村治理最基本的单位。为此,将家庭作为乡村治理的切入点,多方面促进家庭参与乡村治理,能够为乡村"善"治提供思路。

1. 加大优秀家风的宣传力度

优秀家风的建设有利于发挥家庭的教育功能,使家庭内部树立正确的价值观,提高农村家庭整体道德素质,发挥村民参与乡村治理的主动性,同时有助于缓和矛盾、稳定秩序,促进乡村治理工作顺利开展。首先,加强优秀家风建设。新时代优秀家风的建设要体现社会主义核心价值观中的先进因素,提高村民的责任感和公德心,摒弃不良风气,增强村民的"公民权利"意识,激发村民参与乡村治理的主体性和能动性,促进家庭参与乡村治理。其次,宣传优秀家风典型案例。采用线上线下多种形式相结合的宣传渠道,发挥网络自媒体的优势,对优秀家风典型案例进行宣传,在潜移默化中使优秀家风深入人心，形成良好风尚，进而提高乡村整体道德水平，推动乡村治理的进步。最后，建立相应的奖罚机制，对优秀的家庭给予物质或精神激励，评选诸如"好媳妇""文明家庭"等奖项，激励优秀家教家风的形成，建立正向引导机制。同时以制度的形式对不良家教家风进行约束和规范，遏制不良风气，提高乡村的道德水平，促进乡村振兴。

2. 建立红白理事会助推移风易俗

建立红白理事会，坚持动之以情、晓之以理、管之以法，多用"育"的方式、"化"的手段，打通婚丧整治"最后一公里"，培育风清气正的新风尚。一是借助宗族力量成立红白理事会，制定婚丧事简办和村红白理事会章程等制度，将村民按照宗族分为村民小组，能够及时掌控婚丧事信息，从而进行监管；二是在婚丧事上，设定宴席标准，鼓励村民使用当地酒、家常菜来代替高档酒菜；三是建立红白理事会全程服务工作制，事主在宴席举办前向红白理事会汇报采购等事宜，红白理事会组织专人上门教育劝阻在红白事上大操大办、盲目攀比等行为，推动村庄实现移风易俗，推动乡风文明建设。

3. 丰富乡村文化活动

通过丰富乡村文化活动，加强农村家庭之间的彼此联系，从而培育乡村社会公共精神，激活新时代乡风文明新风尚。首先，村庄中要设立公共活动空间，如文化站、农家书屋等，完善公共娱乐文化设施，吸引村民及其家庭参与乡村公共娱乐文化活动。其次，要根据村庄内部实际情况，因地制宜开展群众喜闻乐见的公共文化活动，丰富村民的精神文化生活，在公共文化活动中促进村民沟通合作，增强群众对村庄的归属感，从而涵养乡村社会公共精神，培育新时代乡风文明新风尚。最后，结合农村实际情况，因地制宜采用宣传标语、广播等多种方式对村民进行价值观教育，引导村民参与精神文化活动，培养村民的公共意识，培育乡村社会公共精神，推动将家庭作为治理单位有效参与乡村治理的进程，弥补乡村治理主体的缺失，提升乡村治理效能。

## （三）改善村庄人居环境

家庭是构成城乡人居环境的细胞，要提高环境质量，每个家庭都必须贡献力量。因此，改善村庄人居环境可以通过宣传激励村庄的环境保护行动、完善村庄环境卫生的基础设施、发挥村规民约的作用等措施，以家庭为单位建设绿色家园，让良好生态成为乡村振兴的支撑点。

### 1.宣传激励村庄的环境保护行动

倡导环境保护新风尚，将环境保护宣传教育工作通过家庭这个场域深入田间地头，贯彻每个家庭。一是借助互联网平台进行政策宣传。通过社交平台、微信公众号、短视频等多种途径丰富环境保护宣传的手段，增强村民对环境保护的理解，并带动其家庭成员进行环境保护实践活动。二是在村庄内进行知识宣讲。广泛宣讲农药污染的危害和防治农药污染的措施、垃圾投放与分类的知识，提升农村家庭对环境保护的认识，推进农村环境综合整治。三是正向激励模范家庭。通过发放小礼品，对卫生良好的家庭进行鼓励，激发家庭参与人居环境整治的内生动力。通过家庭成员的环境保护行动影响家庭，从而引导越来越多的家庭投身农村人居环境整治，促进村庄生态环境治理效能的提升。

### 2.完善村庄环境卫生的基础设施

塑造乡村环境新风貌，完善村庄环境卫生的基础设施。在村庄生态治理中，注重农村垃圾及污水的处理整治，团结与汇聚村庄内部家庭和资源，尽快改变农村"脏、乱、差"现状。一是启动村庄清洁行动，构建垃圾收运体系，配备足够数量的环境保护垃圾桶，以家庭为单位建立村内道路环卫队伍，再由村委会监督管理，以此来解决农村生活垃圾乱堆乱放等问题。二是农村"厕所革命"是改善农村人居环境和卫生健康状况的重要举措，在各级补贴资金的支持下，按照因地制宜的原则推动村庄内每家每户改厕，对旱厕进行取缔和改造。三是实施污水处理管网改造，污水废水通过下水道集中排入地下城市管网，改变过去街道内污水横流的现象。村内的排污水道连接着村里的每一户家庭，从家庭生活日常的小事着手，可以改善各个家庭乃

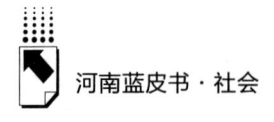

至整个村庄的人居环境。

3. 发挥村规民约的约束作用

"约"出美丽乡村新气象,把农村人居环境整治写进村规民约。通过不断完善村规民约,引导群众践行移风易俗,更改陈规陋习,不断提升村民整体形象和素质,进一步增强群众的获得感和幸福感。一是在村规民约中,纳入大量人居环境卫生整治的条目,明确列出人居环境整治标准、村民的责任和义务以及长效维护要求,以约束村民个人行为。二是通过家庭这一私域影响其他家庭成员的行为,在家庭内部讲卫生,养成文明卫生的良好习惯,同时不断提升群众的自治能力和水平,为村庄人居环境长效管护提供有力支撑。这不仅从思想上促进了村民环境保护意识的增强,还形成了强有力的行为约束,从而促进家庭内部卫生环境和村庄公共人居环境的改善。三是村规民约中要包含激励措施,通过"六美庭院""三星文明户"等各种评选活动褒扬卫生环境整治突出的家庭,鼓励村民进行自我教育、自我管理,激发个人与家庭参与卫生环境改善的积极性,从而实现乡村生态环境治理效能的提升。

## 五 总结与反思

家庭是构成社会的最基本单位,也是河南乡村社区治理的关键单位。随着城镇化进程的加快,农村家庭在空间上高度分散、农村家庭结构发生变迁。但基于家庭内部稳固的亲缘关系、高度统一的家庭信念,农村家庭仍具有超强的韧性,始终对河南乡村治理发挥着关键作用。那么如何激活家庭内生动力,使之主动参与乡村治理?

第一,激发个体与家庭参与乡村事务的内生动力。首先,因地制宜培育新乡贤组织,发挥新乡贤的示范引领作用,从而提高村内其他家庭参与乡村事务的积极性,由此激发乡村内生动力与村民自治的活力。其次,拓宽村民参与乡村治理的渠道,运用现代技术手段吸引村民及家庭参与乡村治理的实践活动,推动乡村治理效能提升。

第二，激活新时代文明乡风的新风尚。首先，村庄中要设立公共活动空间，结合实际情况开展群众喜闻乐见的公共文化活动。其次，对优秀家风典型案例进行宣传、激励。最后，借助家庭宗族力量成立红白理事会，推动村庄内部实现移风易俗，促进乡风文明建设。

第三，改善村庄人居环境。首先，将环境保护宣传教育工作通过家庭这个场域深入田间地头，通过多种途径丰富环境保护宣传的手段，增强村民对环境保护的理解。其次，以家庭为单位启动村庄清洁行动，改善村庄整体环境。最后，把农村人居环境整治写进村规民约，激发家庭参与人居环境治理的积极性，从而实现乡村生态环境治理效能的提升。

总而言之，家庭作为乡村社会最基本的单位，是基层社会治理实践的着力点。基于家庭本位的乡村秩序是沿着家庭内生动力进行动员的结果，不再仅仅是外推的家庭关系。在组织动员过程中，家庭不仅是乡村治理的对象，还是乡村治理的能动主体，面向生活的家庭动力由此凝聚并升华为乡村治理的内在活力。尽管改革开放以来，乡村社会悄无声息地发生着改变，但在这些改变的背后，家庭始终是河南乡村社会不变的底色，依旧在河南乡村社会治理中扮演着不可替代的角色。在新时代的乡村治理中回归家庭，不仅有助于回应村民对美好生活的需要，而且符合优化乡村治理格局、拓展乡村治理实践空间的内在要求。

**参考文献**

白现军：《乡村振兴战略下的乡贤文化传承与创新》，《北京社会科学》2021年第12期。

陈寒非、高其才：《新乡贤参与乡村治理的作用分析与规制引导》，《清华法学》2020年第4期。

陈向明：《质的研究方法与社会科学研究》，教育科学出版社，2000。

杜鹏：《家庭本位：新时代乡村治理的底层逻辑》，《社会科学研究》2022年第6期。

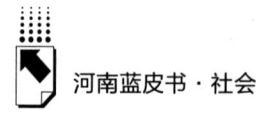

风笑天：《"四二一"：概念内涵、问题实质与社会影响》，《社会科学》2015年第11期。

付伟：《家庭本位与村庄治理的底层逻辑》，《中国社会科学评价》2021年第4期。

贺雪峰：《如何再造村社集体》，《南京农业大学学报》（社会科学版）2019年第3期。

焦若水：《家的复归与赋权：农村社会工作整合发展的文化基础》，《甘肃社会科学》2021年第2期。

李桂梅：《中西家庭伦理比较论纲》，《湖南师范大学社会科学学报》2007年第6期。

刘炳辉、熊万胜：《人口流入型地区社会治理研究述评》，《华东理工大学学报》（社会科学版）2017年第3期。

刘亚秋：《"家"何以成为基层社区治理的社会性基础》，《江苏社会科学》2022年第1期。

彭希哲、胡湛：《当代中国家庭变迁与家庭政策重构》，《中国社会科学》2015年第12期。

邬家峰：《生活化治理：乡村文化振兴的内源性路径转向与实践——基于"赣南新妇女"运动的考察》，《江海学刊》2022第3期。

吴帆：《第二次人口转变背景下的中国家庭变迁及政策思考》，《广东社会科学》2012年第2期。

杨菊华：《家庭转变与基层社会治理关系研究》，《社会发展研究》2022年第2期。

杨菊华、何炤华：《社会转型过程中家庭的变迁与延续》，《人口研究》2014年第2期。

周飞舟：《从脱贫攻坚到乡村振兴：迈向"家国一体"的国家与农民关系》，《社会学研究》2021年第6期。

# B.21 乡村振兴背景下河南农村困境儿童的社会保护研究[*]

## ——以杨桥社工站实践项目为例

殷玉如 雷蕾[**]

**摘　要：** 随着乡村振兴战略的实施，我国农村发展迎来了新机遇。然而，在这一进程中，农村困境儿童问题依然亟待解决。本文以河南省郑州市乡镇社工站困境儿童服务项目为例，探讨农村困境儿童所面临的问题以及社会保护实践情况。研究发现，河南省农村困境儿童社会保护存在服务形式单一、"儿童之家"可持续性差、缺乏专业工作者、家庭支持薄弱、教育资源相对有限等问题。为解决这些问题，需要政府主导，强化家庭责任，倡导社会参与，实施分类保障，并通过多方合作，共同为农村困境儿童的健康成长贡献力量。

**关键词：** 困境儿童　社会保护　社会工作

## 一　问题的提出

截至2022年11月，中国的脱贫攻坚目标任务已经全部完成，中国顺利

---

[*] 本文系2021年度河南省高等学校重点科研项目"新时代农村社会工作参与河南乡村振兴的行动研究"（21A630018）、2022年度河南省哲学社会科学青年项目"新时代河南省乡镇社会工作服务站建设研究"的阶段性研究成果。

[**] 殷玉如，河南农业大学文法学院讲师、硕士研究生导师，研究方向为农村社会工作；雷蕾，河南农业大学社会治理创新研究中心研究人员，研究方向为乡镇社工站建设。

进入小康社会，为我国未来发展铺平了道路，同时引领我国将城乡融合和乡村振兴纳入国家发展战略的重要议程。儿童是社会的未来，是每个家庭的希望，保护未成年人的权益是国家、社会、学校和家庭的共同责任。全社会都有义务为儿童创造一个安全健康的成长环境，培养他们成为国家和社会需要的、有能力的人才。然而，近年来，随着经济的快速发展，家庭在某些方面的功能被逐渐削弱，使得儿童面临更多的风险。

2021年，我国0~14岁儿童总数为2.46亿人，占总人口数的17.5%，少年儿童抚养比达25.62%①，其中河南省少年儿童抚养比较高，达到了34.8%。另外，《2017年社会服务发展统计公报》显示，全国共有孤儿40余万人，其中集中供养孤儿8.6万人，社会散居孤儿32.4万人。根据最新数据，我国事实无人抚养儿童，2020年为25.4万人，2021年为31.4万人，2022年为36.5万人。② 此外，还有重残重疾、患罕见病，甚至遭受虐待的儿童等，他们面临着生命安全、医疗健康、学习教育等诸多问题。他们所面临的不仅是贫困问题，还有很多影响深远的心理问题。

困境儿童和留守儿童的关爱保护一直备受社会关注，如何更好地解决这一问题与乡村振兴息息相关。2016年2月发布的《国务院关于加强农村留守儿童关爱保护工作的意见》，提出了推动社会力量积极参与农村留守儿童关爱和保护的工作，包括提供监护指导、心理支持、行为矫正、社会融合和家庭关系调和等专业服务。此后，2021年发布的《国务院未成年人保护工作领导小组关于加强未成年人保护工作的意见》以及《关于推进儿童友好城市建设的指导意见》都进一步强调了儿童权益和福利保障。

截至2022年底，广东、湖南、河南事实无人抚养儿童数量较多，分别

---

① 数据来源：2022年《中国统计年鉴》。
② 《全国"事实孤儿"数量达36.5万，政府救助亟待重视心理关怀》，"界面新闻"百家号，2023年9月6日，https://baijiahao.baidu.com/s?id=1776262548367780127&wfr=spider&for=pc。

达到2.9万人、2.8万人、2.8万人。[①] 因此，为响应中央号召，加强儿童权益保护和福利保障，河南省相继发布了《河南省人民政府办公厅关于加强孤儿保障工作的意见》《中共河南省委 河南省人民政府关于加强农村留守儿童关爱保护工作的实施意见》《河南省人民政府办公厅关于加强困境儿童保障工作的实施意见》等政策文件，对加强困境儿童保障做出了全面的制度性安排。这些文件的发布为困境儿童保障工作提供了指南和行动纲领，也为困境儿童的生存和发展提供了安全保障、福利保障和政策保障。

虽然国家对困境儿童的保护已经有了一定的政策规定和顶层设计，但是在实际的执行中仍存在一些问题。例如，基层组织缺少困境儿童服务的专业人员，困境儿童救助"最后一公里"服务输送中断，最终导致政策、法规难以得到有效执行。杨桥社会工作服务站（以下简称"杨桥社工站"）是在助力乡村振兴战略实施的背景下建立的，也是郑东新区唯一的乡镇（街道）社会工作服务站。本文以河南省郑州市郑东新区杨桥社工站困境儿童服务项目为依托，采用实地观察、走访和开展专业活动等方式对困境儿童进行全面调查与了解，明确目前乡镇政府、社区及社会组织等在困境儿童社会保护服务方面的不足，并提出相应的改善措施，以期为优化困境儿童社会保护服务提供依据或参考。

## 二　农村困境儿童及其社会保护状况

### （一）农村困境儿童

我国困境儿童的概念不断发生变化，对于这一群体的定义不断扩展。最初学者们将流浪儿童、残疾儿童、孤儿和贫困地区儿童视为困境儿童。后来又将弃婴、事实无人抚养儿童、留守儿童、艾滋孤儿和服刑人员子女

---

[①]《全国"事实孤儿"数量达36.5万，政府救助亟待重视心理关怀》，"界面新闻"百家号，2023年9月6日，https：//baijiahao.baidu.com/s？id＝1776262548367780127&wfr＝spider&for＝pc。

列入困境儿童范畴。从内涵和外延两个方面来界定困境儿童，从内涵上是指因基本需要无法得到满足而受到严重伤害的儿童，在外延上将他们分为生理、心理、行为、社会性和多重困境儿童。从综合致困因素思考，认为组成我国困境儿童群体的不仅有显性困境儿童，还包括隐性困境儿童。其中，显性困境儿童通常指的是处于困境中的儿童，包括困境儿童和困境家庭儿童。隐性困境儿童主要指的是在社会和日常生活中面临现实困境的儿童。例如，居住在农村社区的隐性困境儿童通常是指那些因家庭（如经济拮据、因病贫困、父母离异、父母去世而缺乏监护人等）或者儿童自身的残疾而在生活和心理等方面处于困境的儿童。

2016年出台的《国务院关于加强困境儿童保障工作的意见》指出，"困境儿童包括因家庭贫困导致生活、就医、就学等困难的儿童，因自身残疾导致康复、照料、护理和社会融入等困难的儿童，以及因家庭监护缺失或监护不当遭受虐待、遗弃、意外伤害、不法侵害等导致人身安全受到威胁或侵害的儿童"。国家对困境儿童的定义不断明确。本文以学术界和政策文件的定义为基础，将服务对象限定为生活在W镇的16周岁以下的困境儿童，其中困境主要是指家庭或外在的客观环境等不利于儿童健康成长和社会化的因素，最终导致他们脱离正常生活，表现为与他人交往过程中自卑内向、不敢主动与人说话、社交恐惧、缺乏人际交往的知识和技巧等。

### （二）农村困境儿童社会保护

近年来，国家对儿童福利与救助领域的关注度逐渐提高，并且出台了一系列保护困境儿童的政策。民政部在2006年发布了《关于加强孤儿救助工作的意见》，明确将困境儿童纳入儿童福利保障的范畴。2013年，《中共中央关于全面深化改革若干重大问题的决定》首次提出了建立分类保障制度以强调困境儿童问题。2016年发布了《国务院关于加强困境儿童保障工作的意见》，强调完善困境儿童关爱服务体系，健全保障措施。

学术界也有越来越多的学者对困境儿童的社会保护进行研究，他们对我国特殊群体儿童的社会保护现状进行了分析，认为困境儿童的社会保护存在制度滞后、应急措施匮乏、相关部门职能有限、儿童生命安全教育匮乏等问题。通过剖析现状了解到，在社会保护方面，目前我国的困境儿童还没有得到足够的关注，家庭中缺少对生命和生存的教育理念，儿童的自我保护意识不强，社会中没有形成一套完整而有效的儿童保护网络，国家也没有对儿童的成长发展进行专门的管理。

本文中的农村困境儿童社会保护是指，经验丰富且具备儿童保护专业知识的社会工作组织，在政府购买服务的基础上，与学校、社区等社会各方合作，逐步推动构建一种综合性的、三方合作的模式，包括家庭、社会、政府，以保障农村困境儿童社会保护工作。它们通过提供关爱、教育、保护和协助等服务，旨在预防儿童权益受损事件发生，促进农村困境儿童健康成长，并建立健全相应的社会保护机制。

## 三 社会工作介入农村困境儿童社会保护的具体实践

### （一）乡镇社工站困境儿童社会工作服务项目介绍

杨桥社工站是郑东新区 2022 年政府购买社会工作服务站之一，根据郑东新区社会事业局要求，2022 年杨桥社工站重点服务辖区内困境儿童、低保家庭及特困分散供养人员，具体包括困境儿童 79 人（含 9 人长期不在本辖区）、低保家庭 79 户 175 人、特困分散供养人员 39 人，民政服务对象较多。杨桥社工站采取"全覆盖"的调研方式，尽最大可能将服务对象的基本需求进行摸底评估，并依此进行服务设计。

杨桥社工站困境儿童基本情况如表 1 所示。

表 1 杨桥社工站困境儿童基本情况

单位：人

| | | |
|---|---|---|
| 性别 | 男 | 34 |
| | 女 | 36 |

续表

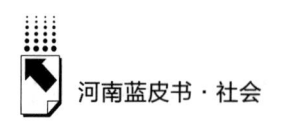

| | | |
|---|---|---|
| 身体状况 | 健康 | 54 |
| | 智力残疾 | 11 |
| | 肢体残疾 | 3 |
| | 聋哑 | 1 |
| | 先天性糖尿病 | 1 |
| 教育阶段 | 辍学 | 12 |
| | 幼儿园 | 3 |
| | 小学 | 27 |
| | 初中 | 15 |
| | 高中或职高 | 12 |
| | 特殊学校 | 1 |

注：不含长期不在本辖区的9名困境儿童。

### （二）乡镇社工站困境儿童面临的问题

**1. 家庭经济困难，缺乏关怀与照顾**

杨桥社工站辖区内困境儿童多是父母一方或双方工作能力不强、因残疾无法参加工作，或者是重残需要支付巨额药费导致经济拮据，或者是单亲家庭，父母一方、双方长期服刑，隔代抚养，家庭基本生活主要依靠政府的最低生活保障，经济压力大，监护人忙于生计无暇顾及。

**2. 教育资源紧张，学习成绩落后**

在农村地区，教学设施落后，师资力量不足，并且监护人文化水平普遍较低，为子女学习提供的帮助也比较少，因此相较于城市，农村地区儿童的学业水平相对较低。再加上困境儿童家庭大多经济困难，能接触到的课外学习机会很少，因此大多数困境儿童在学业上不太突出，有的甚至出现厌学、辍学等情况。

**3. 监护能力不足，存在安全问题**

由于监护缺失或缺乏有效的监护，很多困境儿童的生命安全面临很大威胁，有些困境儿童的监护人更是直接成为暴力行为人。在实际走访中发现，很多困境儿童生活在危房或年久失修的老房子中，生活用水与污水难以区分，还存在电线老化的问题，居住环境存在大量的安全隐患。另外，困境儿童监护人缺乏对儿童的生理安全知识教育，女童自我保护意识不强，有潜在的安全隐患。

4. 亲子关系紧张，产生偏差行为

在困境儿童家庭中，有些父母忙于谋生，缺少与孩子沟通交流的机会，父母对孩子不够了解，孩子无法体谅父母，从而导致冲突产生；有些是单亲家庭，对孩子过分纵容，从而失管失教，或者是将家庭的希望强加在孩子的身上，强烈的控制欲造成亲子关系紧张。在实地走访中发现，该辖区曾出现因为亲子关系紧张，孩子离家出走的情况，还有些父母把有缺陷的孩子托付给爷爷奶奶照顾，造成了亲子关系疏远。而与父母关系紧张的困境儿童，得不到父母的理解和关注，将更多的精力转向接纳自己的同辈群体，可能会因交友不慎、盲目模仿跟风，产生偏差行为，最终走上犯罪道路。

5. 存在心理障碍，人际交往能力较弱

由于家庭环境特殊，困境儿童往往会产生一定的心理问题和性格缺陷。一方面，儿童在成长过程中，由于自身的特点，应对挫折、困难的能力较弱；另一方面，大多数困境儿童父母忙于生计忽视了对子女的关心，而且还有一部分困境儿童实际监护人为年纪偏大的爷爷奶奶，由于缺乏亲子互动和亲情关爱，他们会出现自卑、内心封闭、孤僻等心理问题。

### （三）乡镇社工站困境儿童社会工作服务的具体实践

在社会工作介入困境儿童的实践中，要从整体上认识困境儿童因家庭功能失调引发的各种问题，要从个体生活的不同层面出发，通过个案服务模式、小组支持网络建设等，帮助服务对象建立社会支持网络，并且将各层面的支持体系联结起来，通过个人支持、志愿连接、社区互助，服务困境儿童。

活动一：青春期教育"懵懂少女心，贴心悦关怀"困境儿童生理健康教育活动。通过PPT课件演示，用通俗易懂的语言、生动形象的图片让女童了解自己的身体特点，引导她们正确认识青春期自身的生理变化，让她们

充分地了解做好自我卫生防护的重要性。

活动二：青春期教育"熟知防拐技巧，伴我安全成长"困境儿童防拐卖教育活动。通过真实案例再现的方式，分别从拐卖的种类、防骗招数、增强防范意识、如何逃生等方面，深入浅出、生动形象地为大家讲解如何预防拐卖，让儿童认识到被拐卖之后的严重性。

活动三："珍爱生命，谨防溺水，远离危险，平安成长"防溺水宣传教育。发放宣传手册，让孩子了解易发生溺水事故的危险地带、熟知防溺水相关的知识和自救自护的方法，给家长宣传一些需要注意的防溺水事项，避免孩子去附近的河道边玩耍。

活动四："守护花开，预防性侵害"女童安全教育活动。社工用新颖的方式开展防性侵安全教育活动，教育辖区困境儿童如何保护好自己的隐私安全，有效识别性侵害行为，正确预防性侵害。在讲解过程中，社工用浅显易懂的语言、情景模拟等方式让孩子学会辨别隐私伤害，把身体保护、安全防护的知识融入生活。

活动五："重视家庭教育，学做智慧家长"家庭教育主题讲座。向家长普及家庭教育知识，引导家长切实承担起家庭教育的责任；围绕"孩子，我该如何爱你"进行讲解，深入浅出地向家长剖析了家庭教育在子女健康成长过程中的关键作用，引导家长注重培养孩子在日常生活中的良好习惯和美好品德，并分析如何充实孩子的内心，包括无条件接纳、生命之重、安全感、价值感。

活动六："共助儿童圆梦，同赏河南文明"关爱未成年人游学活动。走进只有河南·戏剧幻城，讲解员带着孩子参观只有河南·戏剧幻城，以"幻城"特有的建筑形式，讲述"土地、粮食、传承"的故事，让孩子体会剧场文化的魅力，同时开阔他们的眼界、增加他们的阅历。

活动七："畅游郑东之美，激发奋斗之志"郑东新区2023年暑期关爱未成年人研学活动。研学第一站为《八角笼中》佳片观影，随后在智慧公交研学科普基地，开启智慧出行体验之旅。

活动八："光影童年，多彩夏日"未成年人暑期观影系列活动（4场）。

通过现场互动、知识竞答、观看爱国主义教育宣传片，实实在在地给未成年人上了一堂厚重且难忘的爱国主义教育课。

活动九："友你相伴，共同成长"人际交往小组。通过情景模拟、经验分享等方式，引导组员学习其他人在人际交往方面的经验和技巧，通过观察学习和替代强化，学会人际交往的方法和技巧，提高其人际交往能力，使其更好地融入社会。

"呵护成长"困境儿童服务项目如图1所示。

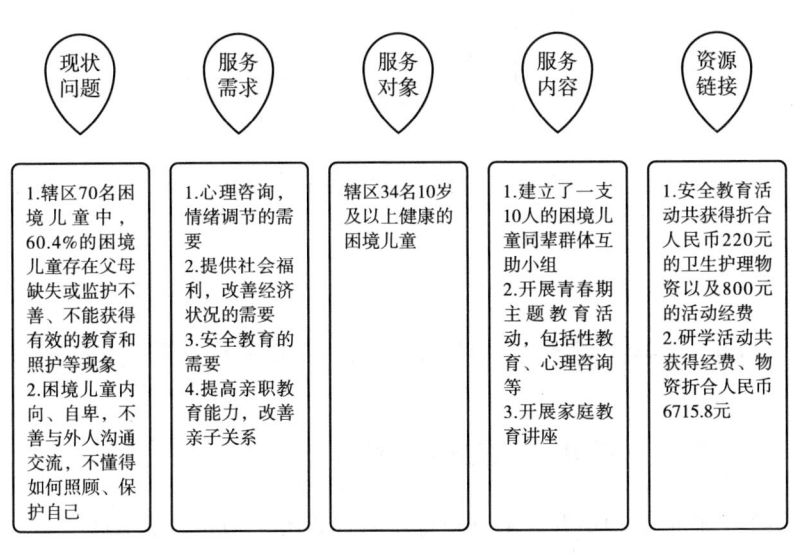

| 现状问题 | 服务需求 | 服务对象 | 服务内容 | 资源链接 |
| --- | --- | --- | --- | --- |
| 1.辖区70名困境儿童中，60.4%的困境儿童存在父母缺失或监护不善、不能获得有效的教育和照护等现象 2.困境儿童内向、自卑，不善与外人沟通交流，不懂得如何照顾、保护自己 | 1.心理咨询，情绪调节的需要 2.提供社会福利，改善经济状况的需要 3.安全教育的需要 4.提高亲职教育能力，改善亲子关系 | 辖区34名10岁及以上健康的困境儿童 | 1.建立了一支10人的困境儿童同辈群体互助小组 2.开展青春期主题教育活动，包括性教育、心理咨询等 3.开展家庭教育讲座 | 1.安全教育活动共获得折合人民币220元的卫生护理物资以及800元的活动经费 2.研学活动共获得经费、物资折合人民币6715.8元 |

图1 "呵护成长"困境儿童服务项目

此外，杨桥社工站整合内外部资源，建立"1+1+6+N"的服务模式，即组建1个专业社工团队、搭建1个街道级社工服务站、划分为6个服务网格、开展N项"志愿基础服务+社工专业服务"（见图2），对民政服务对象进行动态化管理，满足服务对象多元化需求。在"1+1+6+N"的服务模式指导下，杨桥社工站困境儿童服务项目的服务对象100%建档，共完成5个个案、5个小组工作，群体服务直接受益人达232人；帮助1名困境儿童重返校园实现再教育，并长期对其家庭进行困难帮扶、资源链接，缓解了他们的生活、学习压力，提升了他们面对生活的信心；增强了困境儿童的安全意

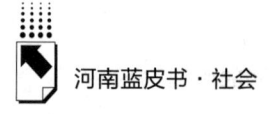

识、人际交往能力，培养了困境儿童的兴趣爱好，促使其养成了良好的生活学习习惯，促进他们健康快乐成长。

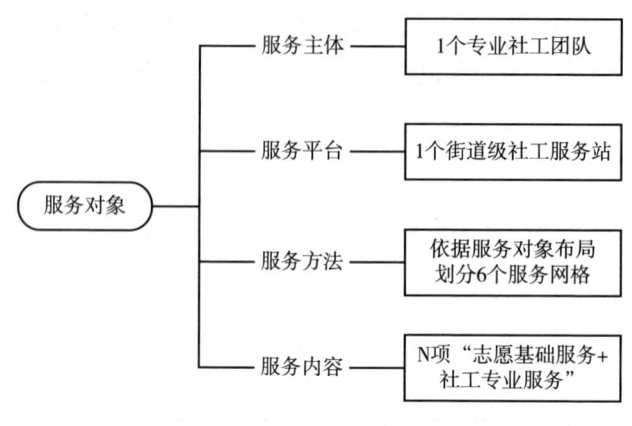

**图2　"1+1+6+N"的服务模式**

服务对象：
- 服务主体 —— 1个专业社工团队
- 服务平台 —— 1个街道级社工服务站
- 服务方法 —— 依据服务对象布局划分6个服务网格
- 服务内容 —— N项"志愿基础服务+社工专业服务"

## 四　河南省农村困境儿童社会保护存在的问题

### （一）服务形式单一，保护水平有限

当前，政府对困境儿童的社会保护责任重大，但多数地方政府在儿童保护方面的财政投入仍不够充分，尤其是在基础设施建设和社会保障方面，这体现在对服务机构和困境儿童本身的投入不足。服务的形式比较简单，以财政援助和服务项目为主。另外，当前对困境儿童的保护以生存权为重点，但不同类别的困境儿童的救助需求不尽相同，单靠国家对困境儿童的经济补贴不能完全解决问题。比如，身体有缺陷的儿童需要接受康复治疗、监护缺失的儿童需要特别的关怀、遭受家庭暴力的儿童则需要心理治疗。而政府当前提供的服务不能充分满足这些需求。

### （二）"儿童之家"可持续性差，协调联动困难

"儿童之家"是依托村（居）委会建立的，旨在为辖区内儿童提供福利

服务和关爱保护的平台。它不仅提供办公场所，还配置了适合儿童的文体娱乐设施，同时宣传儿童福利、保护和社会救助政策。这个平台的目标是及时了解和收集留守儿童和困境儿童的情况，充当基层儿童福利服务的"最后一公里"递送站点，以及服务资源的转介中心。然而，某些地区的"儿童之家"存在一些问题。首先，一些地方的服务场所设施不够完善，可能不符合儿童的需求，这会影响服务质量。其次，儿童福利主任可能缺乏足够的专业知识和技能，这可能导致对困境儿童的支持不够充分。

此外，困境儿童社会保护涉及多个部门，协调过程复杂，有时会涉及多个地区，这可能导致多部门之间的协同工作不够流畅。尽管河南省提出了建立信息共享和协调联动的工作机制，但在处理部门之间的协调问题时，特别是跨区域资源协调，仍然存在问题。这导致政府部门的职责不明确、相互协作不足，从而影响了服务工作的顺利进行，以及服务效果的保障。社会工作者需不停地往返于各部门，搜集资料、协调处理各种问题，大大降低了服务效率。

（三）困境儿童保护的专业工作者匮乏

一方面，杨桥社工站服务整个辖区，共6个村庄，困境儿童70余人，而社工站配备社会工作者7人（含两名社会工作专业实习生），持证社会工作者仅3人，再加上项目经费短缺、人员流动性大，在具体工作的开展中常常会出现人力不够的情况；另一方面，大部分一线社会工作者在儿童社会保护方面没有充足的专业知识储备，而是在实务过程中不断探索和积累经验，不能很好地帮助解决儿童社会保护方面的问题。

（四）儿童保护工作者无暇顾及儿童保护

一方面，乡镇社工站的服务范围不仅包括困境儿童，日常还需要进行社会服务咨询、社会组织孵化培育、志愿者队伍建设、残疾人支持、老年人关怀，以改善居民生活质量，促进社会稳定和发展为总目标。所以社区中的儿童保护工作者大多同时担任多个职务，既要负责困境儿童保护工作，又要负责民政、低保、社区社会组织等多方面的工作。另一方面，目前大部分的儿童保护工作者，只对自己管辖范围内的困境儿童和其家人的生活需求有初步的了解，而对更深层次的介入工作却力不从心，并且在困境儿童的发现方面，儿童保护工作者无法独自承担主动发现的重任，只能被动地实施保护。

### （五）家庭支持相对薄弱，亲职教育能力有待提升

家庭在农村困境儿童的成长中扮演着至关重要的角色。它是孩子的第一所学校，原生家庭对孩子的成长影响深远。在 W 镇，困境儿童家庭的情况非常复杂，主要包括低保、低收入家庭，残疾家庭和单亲家庭。这些家庭通常在经济和情感方面都缺乏对困境儿童的支持。

首先，这些家庭可能面临经济上的困难，导致他们难以为孩子提供足够的物质支持。其次，一些家庭在对困境儿童进行管教时可能采用不当的方法，这也是普通家庭的一个共性问题。困境儿童家庭的教育方式和内容可能更加有限，无法获得外部资源。最后，父母与子女之间缺少适当的交流技巧。困境儿童的家庭通常是弱势群体，他们在缓解家庭矛盾和需求表达方面的能力不足。因此，家庭对于困境儿童的支持通常相对薄弱，这是需要关注和改进的方面。

### （六）学校关注不全面，教育资源相对有限

学校在困境儿童的成长过程中扮演着关键角色，因为它是知识获取和个人发展的主要场所。然而在农村地区，一些地域性限制可能导致教育资源的匮乏和教育管理上面临挑战。

首先，农村学校的教育资源相对有限，包括教材、设施和师资。这可能导致困境儿童在获取知识方面面临困难，无法获得高质量的教育资源。其次，学校在解决困境儿童问题时通常集中在提供物质支持，而提供的心理健康和社会技能方面的支持相对较少。这可能导致困境儿童的认知和行为出现问题，使困境儿童难以正确判断自己的行为，难以与同龄人社交互动。最后，教师在这一情境中也面临挑战，因为他们需要具备高水平的专业知识和

教育技能，才能满足困境儿童的需求。因此，加强农村教师队伍的素质和能力培养至关重要，只有具备足够经验和专业素养的教师，才能更好地帮助困境儿童，为他们提供全面的教育支持，帮助农村困境儿童实现健康成长。

## 五 农村困境儿童社会保护优化建议

### （一）社区设立专业未保干部，完善困境儿童发现报告机制

社区在基层组织中扮演着关键角色，应在困境儿童的发现和报告中发挥重要作用。首先，需要进行困境儿童社会保护的宣传，以转变居民的观念，确立以困境儿童的权益和利益最大化为核心的保护理念，同时开展社会参与，为困境儿童提供更广泛的支持。其次，社区应与居民建立密切的联系，了解他们的生活状况，及时识别儿童可能面临的危险，采取行动排查潜在问题，以便进行早期干预，避免问题进一步恶化。对于疑似困境儿童或存在风险的家庭，应该立即关注并跟踪情况，及时报告给民政局，以获取相关援助或将他们转介给社会组织以提供必要的服务。

### （二）加大政府购买力度，调动社会组织积极性

政府购买社会工作服务是提高服务质量、解决政府资源和专业知识不足问题的有效方式。首先，专业社会工作服务机构擅长提供专业服务，政府购买服务可以通过市场机制提高服务质量，同时解决部分政府资源和专业知识不足的问题。其次，社会工作者本着"助人自助"的服务理念，链接社会资源，满足困境儿童的需求，增强对服务对象及其家庭的社会支持。所以，政府应重视对社会组织服务的购买工作，设立专项资金，鼓励社会组织积极参与投标，良性竞争，提高服务质量，调动社会组织积极性。

### （三）建立儿童服务中心，宣传儿童保护理念

在乡镇设立儿童服务中心，为儿童提供一个安全、平等的活动空间，并

使其成为困境儿童保护工作的核心平台。该中心可以提供一系列设施，如阅览室、心理咨询室（沙盘模拟）、补习班、爱心食堂等，同时组织与儿童成长有关的活动和培训。这包括邀请专业组织和专业人士开展培训，普及儿童保护理念，引导儿童积极参与社区活动。同时，该中心致力于与社区内的儿童、家长建立更紧密的关系，传授沟通技巧，提供解决儿童相关问题的正确方法，化解家庭矛盾。通过这些举措，儿童服务中心将促进儿童保护工作的开展，帮助儿童和家庭更好地适应复杂的社会环境。

### （四）提供多元的困境儿童社会保护服务

政府要改变以往只提供经济救助的方式，强化各类救助与保护政策之间的衔接，扩大现行社保体系的覆盖面。为不同类型的困境儿童提供有针对性的保护，满足他们的实际需求。这包括为患有严重疾病和严重残疾的儿童提供医疗援助、康复津贴；为遭受不法行为侵害的、有维权需要的困境儿童提供法律援助，保障其合法权益；对于没有监护人或受到虐待的儿童，政府应设立专职干部加强监管，必要时可强制干预；针对非义务教育阶段且入学困难的贫困儿童，国家制定统一标准进行学费减免，发放生活补贴。此外，还应加强对特殊学校的管理，完善社区矫正的教育救助体系，增强其针对性、实效性。

为处于困境中的各类儿童提供多样化的服务，将会直接影响到他们基本权利的行使。所以，困境儿童的社会保护服务应该是多元化的，要以实际情况为依据，服务范围扩展到医疗、教育、心理辅导、法律援助、亲职教育等多个方面，必要时按照需要，增加个性化的服务项目，让困境儿童在物质和精神方面的需要都得到充分满足。

### （五）强化家庭监护责任，提高监护能力

在社会生活中，家庭作为最基本的生存单位，家庭环境对于子女的健康成长具有重要意义。父母或监护人要意识到，家庭在儿童成长过程中所起的作用至关重要，保持良好的家庭互动关系，持续提高自己应对各类风

险的能力，并积极地寻求社会支持，避免将孩子置于困境之中。社会工作者可以为患病儿童的父母提供"喘息服务"、医疗康复知识，为单亲家庭父母提供亲职教育，为贫困家庭父母提供就业指导。此外，通过开展各种亲子活动促进亲子关系的改善，通过家庭教育讲座改变父母的教育理念、提高亲职素养，为困境儿童提供一个安全快乐的生活环境。对于监护不当的情况，应追究其监护责任，严重情况下可以采取行政处罚。对于缺乏监护人或监护能力的困境儿童，社工机构等第三方组织可以对困境儿童生活状况进行详细评估，依据评估结果与地方政府商议，决定是否变更监护权。

## 六 结语

农村困境儿童社会保护对于实现乡村振兴至关重要，解决农村困境儿童问题的关键在于促进城乡融合发展。在这一进程中，社会工作具备专业优势，可以对困境儿童心理、行为等方面进行有效干预，从而帮助这些儿童健康成长。河南省社会工作发展水平仍有提升空间，政府在社会工作领域的投入尚未达到理想水平，尤其是在解决困境儿童问题上存在较大的提升空间。

第一，强化家庭的第一责任主体地位，提高家庭的抚养和监护能力，敦促家庭认真承担法定监护责任；第二，坚持政府主导，相关政府部门需制定配套政策和措施，建立健全工作机制，有效整合各方资源，加速形成困境儿童保障工作的整体合力；第三，坚持社会参与，积极鼓励和引导社会组织承担社会责任，积极参与困境儿童的保护和关爱服务，培育全社会对困境儿童的关切和关怀；第四，进行分类保障，有针对性地应对重点问题，根据困境儿童自身和家庭情况采取差异化的政策措施，推动这些儿童健康成长。解决困境儿童问题需要各方共同努力，政府的主导作用至关重要，社会工作领域也可以发挥引导和协助作用，多方力量合作推动对儿童的关爱和保护，共同为农村困境儿童的健康成长贡献力量。

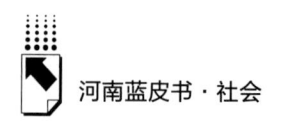

# 参考文献

高丽茹、彭华民:《中国困境儿童研究轨迹:概念、政策和主题》,《江海学刊》2015年第4期。

徐贝贝、胡艳华:《社会工作介入农村困境家庭儿童的社会保护研究》,《农村经济与科技》2022年第6期。

南方:《困境儿童关爱保护服务供给的影响因素及优化策略——基于四个地区的多案例分析》,《中州学刊》2021年第9期。

徐丽敏、徐永祥、梁毓熙:《需求与结构:现代家庭视角下困境儿童保护的政策研究——基于天津市第二批全国儿童社会保护试点区的案例分析》,《学海》2019年第5期。

丁建定、方之瑜:《中国心理性困境儿童社会保护和支持体系的构建》,《江汉论坛》2019年第6期。

薄春晓:《困境儿童社会保护服务机制研究——以N市三名困境儿童保护事件为例》,硕士学位论文,南京师范大学,2017。

冯晓丽:《困境儿童社会保护的实务研究——以南京市X机构困境儿童保护项目为例》,硕士学位论文,东南大学,2018。

陈鲁南:《"困境儿童"的概念及"困境儿童"的保障原则》,《社会福利》2012年第7期。

# B.22
# 乡村人才振兴背景下的河南农村教育问题研究

王静宜[*]

**摘　要：** 农村教育事业的良性发展是河南省乡村振兴的基础性保障，直接关系农业大省、人口大省的现代化建设。近年来，河南省委、省政府推行一系列政策推进教育公平、提升教育质量，为河南农村教育营造了良好的发展环境，取得了一定成效。但河南省农村教育还是在学习者、教育者、教育影响三个要素上存在不同程度的问题，应从创设农村教育新生态、推进农村教育内生发展、构建优质教育服务供给体系等方面全方位保障农村教育健康发展。

**关键词：** 乡村人才振兴　农村教育　河南

党的二十大报告指出，全面建设社会主义现代化国家，最艰巨最繁重的任务仍然在农村。党中央提出要全面推进乡村振兴，农村教育是乡村振兴的基础性支撑，也是全面推动乡村振兴的必要条件。作为全国的人口大省、农业大省，河南省加快建设高质量农村教育体系，发展素质教育，办好人民满意的教育，深受广大民众的关注和期待。

## 一　发展农村教育促进人才振兴的背景与意义

改革开放以来，国家对农村教育问题给予了更多的关注，通过制定政

---

[*] 王静宜，河南省社会科学院人口与社会发展研究所研究实习员，研究方向为教育学。

策、投入资金等倾斜性措施来改善农村的教学条件，使农村的教育事业有了很大发展。但目前，无论是在教育配置、师资力量上，还是在教育质量上，农村教育仍落后于城市，这不仅不利于推进教育公平，也在很大程度上拖慢了乡村振兴的步伐。百年大计，教育为本。农村教育事业的良性发展是乡村振兴的基础性保障，直接关系河南省的现代化建设大局，因此必须把农村教育事业摆在优先发展地位。

### （一）农村教育发展背景分析

新中国成立以来，我国的农村教育发展迅速，虽有波折，但整体趋势向好，取得了较大成就。河南省作为人口大省，也享受到了国家教育事业发展的政策红利。新中国成立之初，《中国人民政治协商会议共同纲领》提出，要有计划、有步骤地实行普及教育，1954年《中华人民共和国宪法》规定，中华人民共和国公民有受教育的权利和义务[1]，这些政策有效扭转了我国农村教育的落后状况。1966~1976年，我国教育受到了"文革"冲击，农村教育受到很大影响。[2] 改革开放以后，党和政府逐步恢复教学秩序，义务教育开始向法治化、规范化迈进，这为农村教育的进一步发展提供了法制保障。2006年，我国开始正式实施免费义务教育，不收学费、杂费的政策对农村教育的发展起到了基础支持和正向引导作用。[3]《国家中长期教育改革和发展规划纲要（2010—2020年）》对农村各阶段教育都做了相应的规划和指导，强调在财政拨款、学校建设、教师配置等方面向农村倾斜。《乡村振兴战略规划（2018—2022年）》提出要优先发展农村教育事业，均衡配置校际资源，建好建强教师队伍，提升乡村教学质量。这一系列政策的实施，为发展农村教育事业、提升农村教育质量提供了全面保障。

---

[1] 何东昌：《中华人民共和国重要教育文献（1949—1975）》，海南出版社，1998。
[2] 曲铁华、樊涛：《新中国农村基础教育政策的变迁及影响因素探析》，《东北师大学报》（哲学社会科学版）2011年第1期。
[3] 郭涛涛：《河南省农村基础教育的现状、问题与对策研究》，硕士学位论文，河南师范大学，2018。

## （二）发展农村教育事业的重要意义

在现代化和城镇化发展过程中，"三农"问题逐渐成为制约农村经济和社会发展的重要因素，成为阻碍城市与乡村协同发展的关键因素。乡村振兴战略通过破解"三农"问题，发展农村经济，缩小城乡发展差距，从而推动社会主义现代化建设。乡村振兴重在人才振兴，只有强化人才振兴，才能确保优质人才资源的供给，促进乡村建设的有序循环。但就河南省农村地区各类人才目前情况而言，在人才规模及人才综合素质方面，均与乡村振兴的内在需求存在一定差距。作为农业大省，2020年河南城镇人口比重为55.4%，城镇化尚未达到全国平均水平，农村人口占总人口的比重接近一半。[①] 由于教育水平相对滞后，河南作为农村人口众多的大省并没有将其巨大的体量转为独有优势，反而因教育程度不高造成了劳动力大量外出和人力资源严重浪费。如果乡村人才长期处于"亏空"状态，那么乡村振兴就是一句空话。因此，本文分析了河南省农村教育现状，剖析其问题，提出了发展农村教育的合理建议，对于提高河南农村教育质量、全面推进乡村振兴、建设现代化河南具有重要的现实意义。[②]

## 二 河南农村教育的发展环境

自改革开放以来，河南省大力支持农村教育，资金投入大幅增长、办学条件显著改善、教育公平不断推进。随着河南省贯彻实施《国家中长期教育改革和发展规划纲要（2010—2020年）》及乡村振兴战略规划，坚持落实创新驱动、科教兴省、人才强省战略，河南农村教育逐步迈上了科学化、数字化、现代化的发展道路。

---

[①] 数据来源于2020年第七次全国人口普查。
[②] 《以人才振兴助力乡村振兴》，人民论坛网，2019年10月9日，http://www.rmlt.cn/2019/1009/558675.shtml。

## （一）规划"十四五"教育事业，推动教育高质量发展

为加快推进教育现代化，构建高质量教育体系，建设教育强省，办好人民满意的教育，河南省研究制定并实施了《河南教育现代化2035》和《河南省"十四五"教育事业发展规划》。这些政策更加关注农村教育、教育公平问题，按照"乡村优先、城镇为主、城扩乡优、城乡一体"原则，统筹配置教育资源，力争让每个孩子都能享受公平而有质量的教育。此外，针对家庭经济困难学生、留守儿童和随迁子女，河南省健全关爱与精准帮扶责任制，针对学习困难学生，建立学生个性化学习帮扶机制，并继续加强乡村小规模学校和乡镇寄宿制学校建设，逐步缩小区域、城乡和校际差距。①

## （二）建立经费保障机制，补齐农村教育短板

河南省高度重视建立完善农村教育经费保障机制，加快补齐农村教育短板。近年来，河南省农村教育经费保障机制项目不断增加、内容不断丰富、标准不断提高，稳定增长的经费保障机制基本建立。2021年，河南省在教育方面的投入达到1927亿元，占一般公共预算支出的18.5%，在各级教育经费投入中，对农村教育的投入最多、增长最快、效果最好。河南省加快补齐农村教育短板，健全"全方位、多层次、高效能"的农村教育经费保障体系，大力支持农村教育。一是促进义务教育优质资源均衡发展，每年筹措下达约178亿元，构建城乡统一、重在农村的义务教育经费保障机制。二是构建全覆盖学生资助长效机制。巩固完善从学前到研究生教育全链条资助体系。三是构建全方位教师队伍建设长效机制。每年筹措下达约22亿元，持续推进教师补充计划，拓展农村教师补充渠道。例如，乡村教师特岗计划、地方公费师范生、"三区"教师计划等。为了留

---

① 《河南省人民政府关于印发河南省"十四五"教育事业发展规划的通知》，河南省人民政府网站，2022年1月21日，https://www.henan.gov.cn/2022/01-21/2386257.html。

住乡村教师，河南省实施"一补两贴"机制，提升教师收入水平，建设乡村教师队伍。[①]

### （三）实施学历提升工程，建设乡村教师队伍

河南省坚持把教师队伍建设作为教育现代化最重要的基础工作来抓。为支持乡村教师在职便捷提升学历，带动广大乡村教师提升教书育人水平，促进乡村教师数量、素质、结构协调发展，河南省于2023年8月推行实施乡村教师学历提升工程。该工程在省级层面开展乡村教师培训与学历教育衔接试点，安排专项经费，遴选农村专科学历教师，通过省级试点示范引领，带动各市县探索实施本地教师学历提升项目。这一举措既能提升乡村教师学历层次、切实减轻教师培训负担，又能有效更新教师知识结构和教育理念、提升乡村教育教学水平、加强乡村教师队伍建设。[②]

## 三 河南农村教育发展中的问题概况

农村教育是一个高度概括性的概念，涵盖了较多内容，限于农村教育的复杂性，本文从教育三要素出发，基于学习者、教育者、教育影响来梳理分析河南农村教育发展过程中遇到的问题。

### （一）学习者概况

**1. 农村学校生源大减，随迁子女数量增加**

随着中国城镇化规模的扩大和民众对教育质量的追求，城乡学校对学生的吸引已经形成了马太效应。大批的农村学生涌入城市接受教育，这为

---

[①] 《河南：打造"全方位 多层次 高效能"乡村教育经费保障体系》，"中国财经"微信公众号，2022年3月22日，https://mp.weixin.qq.com/s?__biz=MzA3NDg1MjQxMA==&mid=2651797588&idx=2&sn=a199703b7a5983f628d8c360d877f0ad&chksm=8482e901b3f56017e36bf88b35afa3309ed39e417f62e411c720b57e454bab0e5e85d75aaa53&scene=27。

[②] 《河南省教育厅关于印发〈河南省乡村教师学历提升工程实施方案（试行）〉的通知》，河南省教育厅网站，2023年8月23日，http://jyt.henan.gov.cn/2023/08-23/2801919.html。

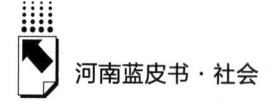

河南农村教育的发展带来了一系列困扰。一方面，成绩优异、有发展潜力的农村优秀学生成为城市学校选择的对象，农村优秀学生的大量减少会导致农村教师编制的压缩，农村优质教师被抽调、招聘进入城市学校。优秀学生和教师的减少会导致农村教学质量的下降，进一步刺激农村学生进城就读，农村学校生源大减。另一方面，随着进城务工的人数增多，河南随迁子女也具备一定的规模。2021年，河南省进城务工人员随迁子女就读普通小学的人数为46.58万人，就读初中的人数为19.84万人。① 据调查，大部分随迁子女不能进入公立学校，只能去当地民办学校，而此处民办学校的学生很多是外来务工人员子女，其教学质量、教学氛围都与公立学校有很大的差别。

2.农村留守儿童数量庞大

河南省是全国留守儿童最多的省份，有超600万名留守儿童。② 2021年，河南省普通小学农村留守儿童在校生为107.89万人，初中农村留守儿童在校生为51.65万人。③ 2022年，义务教育阶段农村留守儿童在校生为143.75万人，占全省义务教育阶段在校生总数的9.7%。④ 大量留守儿童产生了各式各样的教育问题：留守儿童的家庭教育被过度弱化，重养轻教现象突出；学生心理需求被忽略，加上互联网不良信息的诱导，如果没有正确的引导，学生容易形成歪曲的世界观与价值观。另外，农村学生相较于城市学生更容易卷入校园暴力。⑤

3.寄宿学生数量较多

2021年，河南省义务教育阶段学校寄宿生495.33万人，占义务教育阶

---

① 数据来源：2022年《河南统计年鉴》。
② 《河南农村有超600万留守儿童》，"人人爱玉林"微博，2023年8月4日，https：//weibo.com/5693839079/Nd1W0uF14。
③ 数据来源：2022年《河南统计年鉴》。
④ 《河南省教育概况》，河南省人民政府网站，2023年3月23日，https：//www.henan.gov.cn/2023/03-23/2712579.html？eqid=b8108ef5001be85200000002645a2e32。
⑤ 郭雨婷：《乡村振兴视角下河南农村留守儿童问题探究》，《农村经济与科技》2020年第1期。

段在校生总数的33.2%。[①] 2011~2015年，河南省农村基础教育的寄宿生数量所占比重呈递增态势。农村中小学寄宿生数量所占比重由14.5%上升到19.1%。[②] 发展寄宿制学校既有优势，也存在问题。一方面，寄宿制使农村学生不用奔波于家校之间，保障学生的人身安全和学习时间。同时，严格的学校管理制度使学生形成良好的作息与学习习惯。另一方面，寄宿制使学生与家长接触的时间变少，缺少父母关怀和情感交流。同时，部分寄宿制学校条件较差，不利于学生的身心健康。

## （二）教育者概况

### 1. 教师学历与资质有待提高

1986年以来，为了改善农村教育师资短缺状况，河南省采取了不少政策措施，颁布了各项有针对性的政策法规，逐步形成公开招聘、倾斜招聘、学生支教、教师支教、定向培养五种基本补充措施。随着时代进步，"特岗计划"逐渐兴起，是以公开招聘为主、以支教为辅、定向培养教师的新措施。这些措施在一定程度上缓解了农村义务教育师资短缺的状况。但是，河南省农村教育师资队伍仍然存在一些问题。例如，与城市教师队伍资质存在较大差距，农村教师学历普遍较低，大多为本科学历，甚至部分教师是专科学历，而城市教师中拥有研究生学历的比重在逐渐提高。此外，农村教师中拥有高级职称的比重较低，[③] 普通话一级乙等以上教师的数量较少，[④] 这表明农村教师的专业资质还有待提高。在职业发展方面，许多农村教师长期在偏远地区工作，缺乏与外界的交流和合作，培训和进修的机会也较少，导致其教学水平难以提高、教学理念难以更新。

---

[①] 《2021年河南省教育事业发展统计公报》，河南省教育厅网站，2022年3月31日，http://jyt.henan.gov.cn/2022/03-31/2423716.html。

[②] 郭涛涛：《河南省农村基础教育的现状、问题与对策研究》，硕士学位论文，河南师范大学，2018。

[③] 王静：《河南省农村义务教育师资补充政策工具研究》，硕士学位论文，河南大学，2021。

[④] 张媛媛：《乡村振兴背景下中国农村中小学教师普通话能力实证研究——基于河南省的调查》，《河北师范大学学报》（哲学社会科学版）2022年第3期。

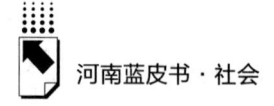

### 2.教师队伍结构有待优化

在农村教育工作实际中,由于教师管理缺乏淘汰机制及大多数教师的年龄偏大,在面对课程改革和教育发展时,部分教师甚至表现消极,在主观意愿和时间精力上"无心无力",不愿更新教学方法、教学理念及授课方式。同时,虽然国家实施乡村教师"特岗计划"为农村教育补充新鲜血液,但由于工资待遇和未来发展受影响,农村对年轻教师吸引力较弱,农村教师的教学理念与方法得不到更新,导致教师队伍得不到优化。长此以往,农村学校教师队伍的能力将被削弱,这为农村教育的良性发展埋下了隐患。

### 3.教师保障机制有待完善

农村教师福利待遇不完善,工资普遍较低,加之农村教师数量较少,教师的劳动与付出往往不成正比,导致教师职业倦怠,工作积极性不高。在职称评审上,农村中小学科研氛围不足,教师没有时间、精力埋头钻研,加上职称评审指标少、难度大,农村教师在评审职称上"有心无力"。另外,农村教师的生活、工作配套设施不够完善,在个人发展、子女教育、老人医疗等问题上也缺乏相应的政策支持。教师保障机制不够完善导致农村学校引不来优秀老师、留不住年轻老师。

## (三)教育影响概况

教育影响是教育实践活动的手段,是置于教育者和学习者之间并把它们联系起来的一切中介的总和,如教学方法、教育技术手段以及教学组织形式等。河南省颁布了一系列政策文件推进教育公平,缩小城乡教育差距,然而由于长期以来办学过程中的优质资源向城市倾斜的发展倾向和教育资源积累上的差异,城乡教育质量依然存在一定差别。

### 1.硬件设施不够完备

城乡学校教育资源的差异表现在既有教育设施先进程度、配套设施完备程度、娱乐设施丰富程度等硬件设施上。在教育设施上,虽然河南省已经在农村地区推广了"班班通"等教育信息化项目,但在实际应用中仍存在硬件设施更新换代周期较短、农村地区的网络覆盖率较低和稳定性较差导致信息化教育在农村地区的普及程度不高的问题。在配套设施上，大多数农村学校没有图书馆、实验室，校外也没有博物馆、科技馆等社会资源，有的学校甚至连阅览室、电脑等基础设施都没有。很显然，农村学校的教育设施及配套设施的落后极大地阻碍了农村学生兴趣的发展以及农村学校教学质量的提高。

2. 软实力差距较大

软实力的差距首先表现在城乡学校的课程设置上，城市学校除了基础课程，还设置了编程、舞蹈、科学等满足学生兴趣发展的课程，而农村学校缺乏设置兴趣课程的条件，学生难以发展学习兴趣。其次表现在教师的教学水平与教学理念上，城市学校年级人数较多，平行班教师经常探讨、教研以提升教学能力。而农村学校年级人数较少，经常一个年级只有一个班级，教师缺少探讨、教研机会。最后表现在教育学生方面，城市教师经常将培训学习的教学方法与理念运用到教学场景中，而农村学校基础较弱，较难引入先进的教学方法，因此难以激发学生学习兴趣。

## 四 河南农村教育高质量发展的路径与对策

河南省农村教育整体发展水平与经济社会发展需求还不够契合，主要表现在资源配置仍不均衡、教育质量亟待提高、优质教育资源供给仍难以满足人民群众需求。为提高农村教育水平，建设高质量教育体系，促进教育公平，奠定乡村振兴战略的人才基础，河南省应从学习者、教育者、教育影响上突破农村教育发展瓶颈。

### （一）完善教育政策，创设农村教育新生态

1. 完善进城学生教育机制

河南省基础教育阶段农村学生城乡流动的方向与劳动力流动方向一致，很大一部分进入城市学校就读的农村学生是随迁子女。在随迁子女的教育保障上，可以从以下两个方面入手。一是建立完善的随迁子女入学机制。打破

明显的城乡界限,根据务工人员在当地的工作年限、工作性质和居住地点等设置相关标准,达到标准的农民工子女可以享受与城镇学生相同的入学资格。二是促进随迁子女融合教育。减少城乡学生、城乡家庭的隔阂,增强理解与包容。

### 2. 促进农村留守儿童健康成长

随着城镇化进程的加快,河南农村的留守儿童群体规模逐渐变大,留守儿童群体的形成并非一朝一夕,涉及社会、学校、家庭等众多主体,因此解决农村留守儿童教育问题也需要多方协调配合、形成合力。一是吸引家长就地就业,从根源上解决留守儿童数量多的问题。在大力实施乡村振兴的背景下,政府应推动农村产业结构的优化,发展农村的工业、制造业、农产品加工业等,从根源上解决河南农村留守儿童多的现状。二是大力推行寄宿制学校,借助学校、老师的关注和教导帮助孩子健康成长,并且要建立保障学生心理健康的长效机制,关注学生心理健康。三是完善校园保护机制,加强法制保护。调查研究显示,农村家长相较于城市家长来说,在孩子的家庭教育方面经常处于缺位状态,所以相较于城市学生来说,农村学生更容易卷入校园暴力。学校是校园暴力的发生地,所以学校应针对校园暴力制定严格的规定,约束学生的暴力行为,建立预防暴力行为的保护机制,从源头和途径尽可能地遏制校园暴力,保护弱势群体。①

### 3. 保障寄宿学生上学权益

有质量地发展河南农村教育,既要注重效率,又要注重公平。寄宿制学校既能保障留守儿童就学,又能集中教育资源,在一定程度上提高了教育质量。目前,河南农村存在大量的寄宿学生,政府和教育部门急需重视伴随寄宿制学校出现的问题。第一,建立健全农村寄宿制学校发展制度,提高与规范寄宿制学校办学、建设标准及其内部运行流程。第二,建立可持续的资金投入机制,采用以政府经费为主、以社会捐赠为辅的资金筹措模式,保障寄

---

① 王士鹍:《乡村振兴背景下农村教育的问题与出路——以河南省鹤壁市为例》,《农业科技与信息》2023年第6期。

宿制学校的运行经费。第三，加强学校心理教师队伍建设。聘请专业的心理教师，关注寄宿制学校学生的心理健康，防止出现"问题少年"。第四，对寄宿制农村学生的住宿餐饮进行专项补助，减轻家长经济负担，保证农村学生的营养供给。寄宿制学习方式会增加住宿学生的学习成本，针对此情况需要中央和地方财政划拨专项资金，保证学生有能力进行寄宿制学习。

### （二）构建师资队伍，推进农村教育内生发展

#### 1. 构建农村教师人才梯队

城乡教师的差距是影响城乡教育质量的主要原因，教师在学校的发展中扮演着至关重要的角色，拥有高尚品德并具备先进教育理念、优秀教学技能的教师能够真正担当起教书育人的责任。农村教师整体年龄偏大、学历偏低，结构不够合理，教学水平与城市教师有很大差距。对于农村教师队伍人才匮乏或结构不合理的现状，可以通过提高农村在职教师学历、教学水平，充实、培养教师队伍来解决。如河南省实施乡村教师学历提升工程以提升农村教师学历层次、更新教师知识结构和教育理念、加强农村教师队伍建设。另外，培养一批对教育事业、农村教育感兴趣、有热情的年轻教师，这些年轻教师主要从农村大学生中筛选，毕业后回生源地农村教学，这项措施可以更新当地农村的教师队伍，调整教师队伍结构，更能够大大增强农村教师队伍的稳定性。对于偏远学校，可以通过培训或和当地大专院校合作培养一专多能教师，既能满足学校的教学需要，也能解决编制超额的问题。

#### 2. 对农村教师实行动态控编

教师队伍的建设是提高教育质量的关键。然而，目前农村教师队伍建设仍存在一些问题：现有农村教师队伍人数不足，增加编制会造成资源利用率低，当前农村中小学中教师素质有待提升。因此，一方面要尽快建立农村不合格教师的退出机制，让那些不愿适应现代化教学方法，不愿提高教学水平的教师退出教师队伍，这样既为农村教师的更新提供编制，又激发了教师工作的积极性，能够大大提高农村教学质量。另一方面，建议编制管理部门对教师编制实行总量控制，由教育主管部门根据实际情况统配编制数量，形成

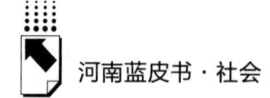

中小学校长、教师有序流动的制度，促进县域内教师合理流动，从而缩小学校间的差距。

**3.完善农村教师工作生活保障机制**

农村教师流动的根本原因是福利待遇差、子女上学与自身发展受限，因此解决农村教师流动及教师队伍问题要从教师待遇入手。首先，加大对农村学校的财政支持力度，从源头上提高农村教师的工资及福利待遇水平，进一步缩小城乡教师的收入差距，增强与提高农村教师岗位的吸引力和满意度。其次，差异化落实农村教师生活补贴政策。重点向艰苦偏远学校倾斜，以"以岗定补、在岗享有、离岗取消"为标准，形成"越往基层、越是艰苦、待遇越高"的激励机制，增加岗位对教师的吸引力。[①] 最后，完善配套设施，保障农村教师工作生活。出台相应政策，落实教师安居工程，打造有利于农村教师教育的硬环境，让农村教师在医疗、住房、发展等基础设施方面得到相应保障，切实做到农村教师补充机制与稳定机制的协调统一。

## （三）补齐教育短板，构建优质教育服务供给体系

**1.更新硬件基础设施**

改善农村现有的办学条件，以教育数字化推进乡村教育振兴，营造良好的发展环境，促进农村学校基础设施完善。首先，建设城乡教育一体化专网，保障农村学校与城市学校具备同样的网络与资源承载能力。其次，建设城乡一体化教育云平台。为农村学校提供保障、基础、通用的教育云服务，教育云平台提供数字教育教学资源，资源获取途径覆盖网页端、移动端和有线电视端。最后，优先支持农村学校基础设施建设。依托教育专网建设"网际交互教室"，支持开展跨区域教研教学，让农村学校学生可以使用智慧教学终端进行学习。

**2.提升农村教育软实力**

河南省应该进一步认识到城乡教育软实力的差异，意识到提升农村教育

---

[①] 吴燕圆：《农村教师队伍建设研究——基于河南省X县的调查》，《河南科技学院学报》（社会科学版）2019年第8期。

软实力的重要性、紧迫性，并将这种认识落实到行动上。首先，针对农村学校学生较少、没有平行班的现状，农村学校可以构建校际协同发展模式，学校间共享优质教育资源、优质教师，补齐农村学校教师少、教研难的短板。其次，针对农村教师教育理念落后、教育方法刻板等问题，构建教师培训新模式，创新培训方式，采取脱产研修、远程教育和校本研修以及实际观摩等方式，真正让教师领会新的教育理念。最后，根据农村教学问题提升教学培训的针对性。不是从理论到理论、从抽象到抽象的学习内容，而是通过鲜活的课堂范例讲解，让农村教师学习掌握教育教学理念，指导农村教师教育教学实践，真正解决教师在教学过程中的困惑。

# Abstract

The *Annual Report on Social Development of Henan* (2024) is compiled by the Henan Academy of Social Science. The report systematically summarizes the main achievements of Henan's social construction in recent years, especially in 2023. It comprehensively reviews the current situation and characteristics of Henan's social development, analyzes its hotspots, difficulties and focal issues, and puts forward countermeasures and suggestions for its development in 2024.

The report interprets the major theoretical and practical issues on people's livelihood construction, population development, social governance, network public opinion, rural development, social security, and other aspects of Henan Province in a comprehensive and systematic way. It is based on the spirit of the 20th CPC National Congress and the 11th Provincial Party Congress, and is centered on the main line of improving people's livelihood and welfare.

The report is divided into five parts: general report, report on development, report on governance, report on social survey, and report on special topics. The general report is written by the research group of the Annual Report on Social Development of Henan, interpreting the basic views on the analysis and judgment of Henan's social development situation. The year 2023 is the first year to fully implement the spirit of the 20th CPC National Congress, a crucial year for the implementation of the "14th Five-Year Plan" to connect the past and the future, and also a decisive year to implement the deployment of the 11th Provincial Party Congress. In the past year, Henan's economic and social operations have been recovering stably, social undertakings have been developing continuously with high quality, people's livelihood, welfare, and life's quality have been improving constantly, thus taking an important step in the new journey of building a

# Abstract

modernized socialist Henan. All of these rely on the persistence of Xi Jinping's Thought on Socialism with Chinese Characteristics for a New Era, the implementation of the decisions and arrangements of the Central Committee of the CPC and the State Council, the requirements of the Provincial Party Committee and the Provincial Government, as well as the promotion of the high-level social construction with the goal of "ensuring two safeguards". At the same time, Henan's social development still faces a series of difficulties and challenges, such as relatively large downward pressure on the economy, low overall income level, deepening population aging and low fertility, generally grim employment situation, and urgently needs to solve the balanced development of basic education at a high level. In 2024, Henan should actively adapt to the changes in the social situation and constantly enhance crisis and opportunity awareness, especially making great efforts to promote economic recovery, digital transformation of social governance, long-term balanced development of population, people's employment, and the construction of a high-quality education system, thus making good plans for high-quality development of social economy and delivering a satisfactory answer sheet for achieving "a more brilliant Central Plains" to the party and people.

Report on development, report on governance, report on social survey and report on special topics are experts and scholars invited from inside and outside the province. In the sections, they analyze major issues in the process of modernization constructionof Henan Province from different perspectives, objectively describe the basic situation, problems and challenges faced by Henan's social development in recent years, especially in 2023, and prospect for Henan's social development trend in 2024. Most importantly, they propose countermeasures and suggestions to improve the people's livelihood and welfare, the high-quality development of social undertakings, as well as the modernization construction of Henan Province.

**Keywords**: Social Development; People's Livelihood and Welfare; Modernization of Henan Province

# Contents

## I  General Report

**B.1** Enhancing People's Livelihood and Welfare, Improving People's Quality of Life
—Annual Report on Social Development of Henan (2023-2024)

　　　　　　　　　　The Research Group of the Annual Report on Social

Development of Henan / 001

**Abstract:** The year 2023 is the first year to fully implement the spirit of the 20th CPC National Congress, a crucial year for the implementation of the "14th Five-Year Plan" to connect the past and the future, and also a decisive year to implement the deployment of the 11th Provincial Party Congress. In the past year, Henan's economic and social operations have been recovering stably, social undertakings have been developing continuously with high quality, people's livelihood, welfare, and life's quality have been improving constantly, thus taking an important step in the new journey of building a modernized socialist Henan. All of these rely on the persistence of Xi Jinping's Thought on Socialism with Chinese Characteristics for a New Era, the implementation of the decisions and arrangements of the Central Committee of the CPC and the State Council, the requirements of the Provincial Party Committee and the Provincial Government, as well as the promotion of the high-level social construction with the goal of "ensuring two safeguards". At the same time, Henan's social development still faces a series of difficulties and challenges, such as relatively large downward pressure on the economy, low overall income level, deepening population aging and low fertility, generally grim employment situation, and urgently needs to solve the balanced development of basic education at a high level. In 2024, Henan should actively adapt to the changes in the social situation and constantly enhance crisis and opportunity awareness, especially making great efforts to promote economic recovery, digital transformation of social governance, long-term balanced development of population, people's employment, and the construction of a high-quality education system, thus making good plans for high-quality development of social economy and delivering a satisfactory answer sheet for achieving "a more brilliant Central Plains" to the party and people.

**Keywords**: Social Development; People's Livelihood and Welfare; Life's Quality

## II  Reports on Development

**B.2**  Research on the Cultivation Path of Endogenous Development Motivation in Henan Poverty Alleviation Areas   *Cui Xuehua* / 031

**Abstract**: At present, the endogenous development momentum of poverty-stricken areas and people in Henan Province continues to strengthen, laying a solid foundation for the comprehensive implementation of rural revitalization and the realization of common prosperity. Next, Henan need to continue exploring new paths, to solve the problem of insufficient endogenous driving force in some poverty stricken areas, it is necessary to focus on the transformation of ideological concepts and stimulate the endogenous driving force of the poverty-stricken population; Strengthen the construction of talent teams and stimulate internal motivation through internal and external integration; Strengthen the supervision of various assets to ensure the continuous performance of projects; Improve the industrial development model, ensure the improvement of the ability to connect agriculture and promote agriculture, and continuously enhance the endogenous development momentum of poverty alleviation areas.

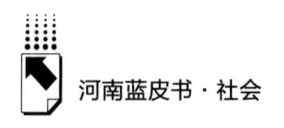

**Keywords**: Poverty Alleviation Areas; Cultivation Path; Henan

**B.3** Endogenic Force Research Report on the High-quality
Development of Henan Population in 2023　　*Feng Qinglin* / 042

**Abstract**: High-quality population development is a process of continuous dynamic adjustment with economic and social development, which is essentially the meaning of Chinese-style modernization. Its connotation includes both the comprehensive development of people at the micro level and the long-term balanced development of population at the macro level. This report analyzes the main factors that affect the high-quality development of Henan's population in detail, and puts forward the path to promote the high-quality development of Henan's population. That is to comprehensively improve people's health literacy, accelerate the construction of a strong province with education, strive to build a birth-friendly society, fully implement the national strategy of actively responding to the aging population, implement a more active talent strategy, and further promote the people-centered new urbanization construction.

**Keywords**: Population; Henan; Comprehensive Human Development

**B.4** Research Report on the Development of Intelligent Elderly
Care Industry in Henan Province in 2023　　*Yan Ci* / 052

**Abstract**: In recent years, with the deepening of the aging of the population, the demand for elderly care services overlaps with the development of digital technology, which brings important development opportunities for the smart elderly care industry. The elderly care issue is not only a hot focus of attention from all walks of life, but also a concern for people's livelihood related to the high-quality development of the entire economy and society. Driven by the digital economy, all sectors of society seek reform with smart means, and the elderly care industry should be integrated into it, providing convenient, efficient, practical and applicable smart elderly care services for the elderly through the use of big data. At present, the smart pension industry in Henan Province has gone through the initial stage and is moving towards a deeper development with a more reasonable industrial structure, more dynamic industrial momentum and more efficient industrial upgrading. However, there are also problems such as imperfect top-level design, inaccurate industry positioning, and imperfect service supply. In the future, it is necessary to further improve the top-level design of the industry, and the government, the market and enterprises should each perform their roles and work together to promote the high-quality development of the province's smart elderly care industry.

**Keywords**: Intelligent Elderly Care; Industrial Structuret; Subject Responsibility; Henan

**B.5** Research Report on the Development of Henan Rural Mutual Pension in 2023　　　　　　　　　　　*Hao Yingying* / 062

**Abstract**: In view of the shortage of rural old-age care services, under the background of active aging, Henan has actively promoted the socialization reform of rural old-age care by supporting the construction of mutual-aid old-age care service facilities, and has cultivated a series of new models of mutual-aid old-age care services, and achieved a series of results. However, at present, it is also faced with the practical dilemma of weak infrastructure of rural mutual aid pension service, imperfect organization and operation mechanism, and difficulty in bridging the demand gap of pension service. In the future, it can be optimized by broadening the support channels of mutual pension resources, strengthening the organization construction of rural mutual pension services, and building the mutual basis of rural mutual pension services, so as to promote the better development of rural mutual pension services in Henan.

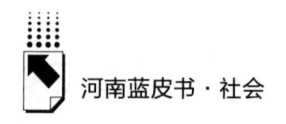

**Keywords:** Rural Mutual Assistance for the Aged; Pension Services; Henan

**B.6** Research Report on Henan Social Organizations' Participation in Rural Revitalization in 2023　　　　　*Wang Siqi* / 073

**Abstract:** Social organizations are an indispensable and constructive force in promoting rural revitalization. Henan Province actively guides social organizations to participate in rural revitalization, adheres to the first trial, actively responds to the central policy, establishes the policy principle of "because of the village" and "because of the social organization", vigorously promotes the cultural industry to enable rural revitalization, and forms the local practice of social organizations participating in rural revitalization. However, there are some problems in perfecting the development mechanism of social organizations, giving full play to the initiative, and guaranteeing the professional talent team. Therefore, it is necessary to adhere to the government leadership, improve the ability of social organizations to participate in rural revitalization, actively cultivate rural social organizations to enhance rural endogenous power, technology enables innovation of social organizations to participate in ways, through the coordination and cooperation of the government and social organizations, truly realize the comprehensive rural revitalization driven by farmers, agriculture and rural areas.

**Keywords:** Social Organization; Rural Revitalization; Henan

# III　Reports on Governance

**B.7** Study on the Modernization of Urban and Rural Community

　　　Governance in Henan Province in 2023　　*Pan Yanyan* / 086

**Abstract:** In the new era of comprehensively promoting the Chinese-style modernization, strengthening the modernization of urban and rural community governance is of great value to condensing the joint efforts of social governance, promoting the modernization of urban governance, and realizing the integrated development of urban and rural areas. In recent years, Henan Province has made remarkable achievements in strengthening and innovating urban and rural community governance, but it also faces many new problems and challenges in grassroots party building, community autonomy, digital construction, social organization development, and talent team construction. To further promote the modernization of urban and rural community governance, we should adhere to the people-centered approach, take the reform and innovation of grass-roots systems and mechanisms as a breakthrough, build and improve a governance structure in which party organizations, governments, communities, social organizations, and residents are co-governed by multiple subjects, and constantly improve the scientific, digital and modern level of urban and rural community governance. We will build urban and rural communities into happy and beautiful homes with excellent environment, healthy civilization, stability and harmony, and full of vitality.

**Keywords:** Urban and Rural Community; Governance Modernization; Henan

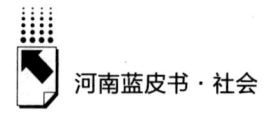

**B.8** The Practice Exploration and Research of Party Building Leading Grassroots Social Governance in Henan Province　*Li Sanhui* / 101

**Abstract:** Effective governance at the grassroots level cannot be achieved without the strong leadership of the Party. To advance the construction of modern Henan, it is necessary to continuously promote Party building leading grassroots social governance innovation and strengthen the foundation for high-quality economic and social development. However, the Party building leading grassroots governance under the new situation is faced with such problems as unclear ideological understanding, insufficient organic integration, insufficient play of governance role, and work mechanism to be optimized. We need to continue to improve the leadership of grassroots Party organizations in social governance, improve the urban and rural grassroots governance system led by the Party organizations, construct a pattern of "one core and multiple" governance bodies, constantly improve the level of basic work at the grassroots level, and promote the presentation of a new picture of grassroots governance.

**Keywords:** Party Building Lends the Way; Community-level Social Governance; Henan

**B.9** Research on the Protection of Rights and Interests of Workers in the New Employment Forms in Henan Province in 2023
　　*Han Xiaoming, Chen Xiangying and Zhang Xiaoxin* / 112

**Abstract:** The rapid development of digital information technology has had a profound impact on the employment market in China. With the support of internet technology and the platform economy, new forms, models, and characteristics have emerged in public employment. The new employment forms have become an important "reservoir" for absorbing employment, and workers in these new employment forms have become an integral part of the labor force. At the same time, the emergence of these new employment forms poses significant challenges to the existing labor laws and regulations, public employment service systems, and employment supervision systems, as well as to social development in China. Therefore, it is necessary to further improve the legal and regulatory system, strengthen the supervision of new employment forms, optimize the guarantee of rights and interests through public services, and promote the healthy and orderly development of new employment forms, thus ensuring adequate protection of the rights and interests of workers.

**Keywords**: New Employment Forms; Laborer; Protection of the Rights; Henan

**B.10** Research on Current Situation and Countermeasures of Social Organization Development in Henan Province in 2023 　　　　　　　　　　　　　　　　　 *Deng Huan* / 125

**Abstract**: Social organizations with social organizations, foundations and social service organizations as the main body are important forces in our country's socialist modernization drive. In recent years, with the attention and efforts of Henan Provincial Party Committee and government and relevant functional departments, the scale of social organizations in Henan Province has been growing, the development is more dynamic, the potential risks and hidden dangers have been resolved, and the service of society has achieved remarkable results. But, it should be noted that social organizations have difficulties in self-construction, internal governance system, internal and external supervision and public participation. To this end, it is necessary to promote the high-quality development of social organizations from the aspects of strengthening capacity building, improving internal governance system, improving supervision measures, and attracting public participation, and guide social organizations to actively participate in social governance, so as to give better play to the positive role of social organizations in promoting economic and social development.

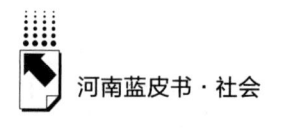

**Keywords**: Social Organization; Social Group; Henan

**B.11** Research on the Participation of Urban Elderly in Community Governance in Henan Province  *Ye Yaping* / 137

**Abstract**: Community is the most fundamental unit of a city and an important component of the modern social governance system. With the conti-nuous acceleration of population aging, promoting the active participation of elderly people in community governance is not only conducive to leveraging the human resources of the elderly and achieving "something for the elderly", but also conducive to creating a new pattern of social governance for joint constr-uction, governance, and sharing, and improving the effectiveness of social governance. At present, the participation of elderly people in community governance in urban areas of Henan Province generally faces problems such as insufficient depth of participation, insufficient motivation for participation, single activity content, and low satisfaction with participation. From the perspective of promoting the effective participation of elderly people in community governance, it is necessary for the government to strengthen institutional guarantees and financial support. Communities should improve their autonomous system and innovate governance models, and elderly people themselves should strengthen their awareness of public and learning. Society should form a good atmos-phere that supports elderly people's social participation. Through multi-party collaboration and joint efforts, we aim to promote the rapid improvement of the participation level of urban elderly people in community governance in Henan Province.

**Keywords**: Community Governance; The Elderly; Henan

## IV  Reports on Social Survey

**B.12**  The Characteristics of Public Opinion in Online Public
Events and the Path of Public Opinion Guidance
—*Analysis of Henan Network Public Events from 2014 to 2023*
*Yin Lu* / 152

**Abstract:** The focus of online public events on events is not reflective, but may experience a certain degree of variation and distortion, which is why there is a problem of online public opinion guidance. The guidance of public opinion in online public events is a proposition in the context of governance, and its essence is that multiple subjects jointly guide public opinion, highlighting the rights and wrongs of public events. Only believing in human rationality and conscience, transforming diverse public opinion subjects into a public opinion guiding community, constructing a rational communication mechanism, and leveraging the role of the public as the main body, online public opinion can return to the true nature of events, and online public events can truly be quelled.

**Keywords:** Online Public Events; Public Opinion Guidance; Public Opinion Governance

**B.13**  Report on Analysis of Online Public Opinion in
Henan Province in 2023   *Zhang Kan* / 162

**Abstract:** In 2023, Henan Province experienced frequent online public opinion hotspots with diverse topics. Remained consistently intense are public opinion regarding disasters, the economy, livelihood, and other aspects. Amidst the overall stable and positive trend of online public opinion, traditional communication patterns are undergoing profound changes. In this new context, the management of online public opinion in Henan Province is confronted with a series of new challenges. It is imperative to base responses on these transformations, grasp the fundamental contradictions and major risks in current societal development, and leverage the advantages of cutting-edge technology. It is of equal importance to advance the comprehensive and organic integration of intelligent technology and online public opinion governance and pioneer a novel path for effective online public opinion governance in this new era through shifts in governance concepts, greater algorithmic management, and large-scale data governance.

**Keywords**: Online Public Opinion; Opinion Governance; Intelligent Era

**B.14** Practical Exploration and Research on Employment Services for People with Mental Disorders in Henan Province

—*Taking Zhengzhou City as an Example*

*Research Group of Zhengzhou University* / 172

**Abstract**: Employment is not only related to the country's plan, but also an important way for individuals to realize their self-worth and social value. With the development of economy and society, the employment of disabled persons has attracted more and more social attention in recent years. Taking Zhengzhou City as an example, this study understands the current development of employment services for people with mental disabilities in Henan Province on the basis of empirical investigation, and finds that great progress has been made in employment services for people with mental disabilities in Henan Province, which is reflected in the continuous improvement of employment service content, the continuous improvement of employment service quality, the gradual enhancement of employment service support, and the growing social concern. At the same time, there are also some problems in the process of practical exploration of employment services for people with mental disabilities, such as misunderstandings in the concept of employment services, lack of a relatively complete employment service system, insufficient coordination between participants, and imperfect employment service supervision mechanisms, etc., which will hinder the benign operation and sustainable development of employment services. Based on the survey results, this paper discusses the strategies for the development of employment services for people with mental disabilities from the aspects of reconstructing the concept system of employment services for people with mental disabilities, coordinating and systematic employment services, building a diversified and coordinated employment service support system, and improving the supervision mechanism of employment services, hoping to create fair employment opportunities and a good employment environment for people with intellectual disabilities. This is not only an effective response to how people with mental disabilities can realize their self-worth and integrate into society, but also an important part of protecting the legitimate rights and interests of the disabled and continuously developing the cause of the disabled in China.

**Keywords:** Mentally Handicapped; Employment Services; Henan

**B.15** Practice and Exploration of Innovative Grassroots Social Governance in Hongqi District, Xinxiang City

*Research Group of Henan Academy of Social Sciences* / 191

**Abstract:** The Hongqi District of Xinxiang City has innovatively developed the "Fengqiao Experience" of the new era, explored the grassroots social governance red flag model, created the "Safety Red Flag", "Happiness Red Flag", "Rule of Law Red Flag", and "Rule of Virtue Red Flag", with numerous highlights and significant results, continuously enhancing the people's sense of gain, happiness, and security. The significant measures and practices of exploring grassroots governance in Hongqi District have provided us with profound insights. We need to build a modern grassroots governance system, innovate governance concepts and methods, and work together with cadres to solve grassroots governance problems.

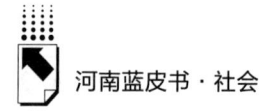

**Keywords**: Innovation of Grassroots Governance; "Hongqi Model"; Hongqi District

**B.16** Study on Community Governance of "Village to Residence" Led by Party Building in Henan Province

——*Take Tangli Village in Zhengzhou High-tech Zone as an Example*    Xu Jingbo, Xu Weihai and Xu Wenbo / 202

**Abstract**: Along with the rapid urbanization process, rural communities continue to transform into urban communities, resulting in a large number of transitional communities, which are different from rural communities and urban communities, it is a special form under the dual structure of urban and rural, the academic circle defines it as "village to residence" community. After the villagers go upstairs, the balance of the original village structure is broken, the village community with strong homogeneity and close interpersonal relationship disintegrates, and the power and obligation relationship between farmers is broken. This report takes Tangli Village, Gouzhao sub-district Office, Gaoxin District, Zhengzhou City as an example, through the social investigation of Tangli Village, it is found that a three-level grid is formed in the community governance, and the governance is linked; Volunteer service, multi-subject participation; Cross employment, innovation red property; Establish a fine housing system and standardize the Tong Li model of community floating population management. Based on the above model, the following results have been achieved: the multi-level linkage mechanism has been built to effectively resolve public crises and emergency events; Community participation is high, and a perfect volunteer system has been established. "Soft and hard" work together to solve the problem of community clutter. The main reason why it can achieve obvious results is the establishment of multi-level linkage governance mechanism; Party building stimulates residents' subjectivity and solves the dilemma of residents' participation; Clear structure of power and responsibility to resolve the dilemma of governance suspension; Give play to the link role of red property to solve the disorder of public services.

**Keywords**: Party Building Guidance; "Village to Residence" Community; Community Governance

**B.17** Research on the Construction of Community Volunteer Team from the Perspective of Pluralistic Governance
—Take Zijin Community in Zhengzhou High-tech Zone as an Example    Sun Yamei, Wu Shanshan / 213

**Abstract**: Community volunteers are an important subject to realize the pluralistic governance at grassroots level and a mass force to build a community of co-governance and sharing. On the basis of reviewing the research on volunteer service and community volunteer service, taking Zijin Community in Zhengzhou High-tech Zone as an example, this report analyzes the process, characteristics and effectiveness of community volunteer team construction from the perspective of Pluralistic Governance. Through investigation and analysis, it is found that Zijin community has gradually established a community volunteer team with solid mass foundation, strong response ability and clear division through six stages—establishment, expansion, rooting, promotion, internalization and joint construction. Relying on the community volunteer team, Zijin has gained various governance effectiveness, including the development of the participation potential of community residents, the self organizing mechanism of the volunteer team, the implementation of self management and service of community needs, the community practice platform of positive endowment, promotion of community emergency response ability, strengthen the consciousness of community residents of the community. Zijin experience for the construction of the community volunteer team, can provide many reference to enhance the level of grassroots governance, including that the process and professional characters should be paid attention to in the volunteers' team construction, that the necessity for volunteering to transfer from virtual to real should be aware of, that independent space should be provided to volunteer team construction, and that the boundary of the ability of voluntary service should be clearly defined in community governance.

**Keywords**: Pluralistic Governance; Urban Community; Volunteer Team

# V Reports on Special Subjects

**B.18** Report on the Life-world of the Middle-aged Left-behind Women in Henan Province in the Era of Mobile Internet

*Fan Huifang, Zhang Baoge and Wang Xuran* / 229

**Abstract**: With the development of industrialization and urbanization, the outflow of rural labor has led to significant changes in rural social structure. Left-behind women, as a vulnerable group that has received the most attention from academia and the government, have distinct characteristics and are worthy of continuous and in-depth research. At the same time, "post-70s" left-behind women, due to their unique life experiences and the more than 40 years of China's development after the reform and opening-up, are likely to be the "first group of left-behind women" and therefore have greater research value. Based on the data from 1309 left-behind women in Henan Province and 28 in-depth interview materials, this article constructs an index system to study the middle-aged left-behind women's living world. The study focuses on three dimensions: daily life, social interactions, and spiritual world. The research finds that the mobile internet has indeed brought significant changes to the life world of left-behind women, such as increasing their employment opportunities, changing their consumption patterns, expanding their social interaction scope and methods, and enriching their inner spiritual world.

**Keywords**: Mobile Internet Era; Left-behind Women; Living World

**B.19** A Research on the Risks and Dilemmas of Elderly Migrant

Workers in Henan Province

*Xie Yating, Li Yawen and Wang Chen* / 252

**Abstract:** This study uses the data from the "Elderly Care Survey of Rural Floating Population over 45 Years Old" conducted by the Sustainable Development Research Group of Rural Floating Population in 2023, and conducts a descriptive analysis of the health risks, pension savings risks, care risks, family size miniaturization, elderly care resource risks, social security and other risks of elderly migrant workers in Henan Province from three levels: individual, family, and society. Further summarize the various risks faced by elderly migrant workers, and summarize a series of elderly care difficulties faced by elderly migrant workers in Henan Province, including insufficient material and spiritual supply from their families, insufficient supply of rural elderly care resources, and insufficient infrastructure for rural elderly care. And on this basis, it is proposed to change the concept of elderly care and enhance self-sufficiency; Encourage the children of elderly migrant workers to strengthen communication with them and reduce their sense of loneliness; Constructing a comprehensive social security system for elderly migrant workers in urban and rural areas; Increase financial investment in rural elderly care services, improve policy recommendations for the construction of elderly care infrastructure, in order to effectively avoid the risks of elderly migrant workers' elderly care, and explore measures to alleviate population aging.

**Keywords:** Pension Risk; Elderly Migrant Workers; Population Aging

**B.20** Study on the Improvement Path of Rural Governance

Ability in Henan Province from the Perspective of Family

Orientation *Liu Feng, Li Xiaoyu and Bai Chen* / 267

**Abstract:** Based on the family-oriented perspective, this study adopts the method of participatory observation and semi-structured interview to investigate 5 villages in Henan Province, and conducts in-depth interviews with 58 villagers and 12 village cadres. Through the investigation, it is found that due to the changes of social structure, the vulnerability of family participation in rural affairs in Henan rural social governance appears, such as the absence of the main body of family participation in rural affairs, the weak action of rural civilization construction, and the inadequate rectification of rural living environment. Therefore, this study believes that the efficiency of rural governance in Henan should be improved from the following aspects: first, to stimulate the endogenous power of individuals to participate in rural affairs; Second, activate the new style of rural civilization in the new era; Third, improve the living environment in villages. Thus, it stimulates the motivation of villagers to participate in rural social governance, thereby enhancing the cohesion of their families and even the whole village, and improving the efficiency of rural governance.

**Keywords:** Family Beased; Village Governance; Henan

**B.21** Research on Social Protection of Children in Rural Distress in Henan Province Under the Background of Rural Revitalization
—*Taking the Practice Project of Yangqiao Social Work Station as an Example*　　　　　　　　　　*Yin Yuru, Lei Lei* / 287

**Abstract:** With the implementation of rural revitalization strategy, China's rural development ushered in new opportunities. However, in this process, the problem of rural children in difficulties still needs to be solved. Taking the service project of rural social work station for children in distress in Zhengzhou City, Henan Province as an example, the problems faced by rural children in distress and the social protection practice were discussed. The study found that Henan Province social protection of children in Rural difficulties has problems such as single form of service, the insufficient sustainability of children's home, lack of professional practitioners, weak family support and relatively limited educational resources. In order to solve these problems, it is necessary to lead by the government, strengthen family responsibility, advocate social participation, implement classified security, and jointly contribute to the healthy growth of rural children in difficulties through multi-party cooperation.

**Keywords:** Children in Distress; Social Protection; Social Work

**B.22** Research on Rural Education Issues in Henan Province Under the Background of Rural Talent Revitalization

*Wang Jingyi / 303*

**Abstract:** The healthy development of rural education is the fundamental guarantee for the revitalization of rural talents in Henan Province, which is directly related to the modernization construction of a large agricultural and populous province. In recent years, the provincial party committee and government have implemented a series of policies to promote educational equity and improve educational quality, providing a good development environment for rural education in Henan and achieving certain results. However, rural education in this province still has varying degrees of problems in the three elements of learners, educators, and educational influence. Henan Province should create a new ecology of rural education; Promote the endogenous development of rural education; Building a high-quality education service supply system and other aspects to comprehensively ensure the development of rural education.

**Keywords:** Rural Talent Revitalization; Rural Education; Henan

社会科学文献出版社

# 皮 书
## 智库成果出版与传播平台

### ✤ 皮书定义 ✤

皮书是对中国与世界发展状况和热点问题进行年度监测,以专业的角度、专家的视野和实证研究方法,针对某一领域或区域现状与发展态势展开分析和预测,具备前沿性、原创性、实证性、连续性、时效性等特点的公开出版物,由一系列权威研究报告组成。

### ✤ 皮书作者 ✤

皮书系列报告作者以国内外一流研究机构、知名高校等重点智库的研究人员为主,多为相关领域一流专家学者,他们的观点代表了当下学界对中国与世界的现实和未来最高水平的解读与分析。

### ✤ 皮书荣誉 ✤

皮书作为中国社会科学院基础理论研究与应用对策研究融合发展的代表性成果,不仅是哲学社会科学工作者服务中国特色社会主义现代化建设的重要成果,更是助力中国特色新型智库建设、构建中国特色哲学社会科学"三大体系"的重要平台。皮书系列先后被列入"十二五""十三五"" 十四五"时期国家重点出版物出版专项规划项目;自2013年起,重点皮书被列入中国社会科学院国家哲学社会科学创新工程项目。

# 皮书网

（网址：www.pishu.cn）

发布皮书研创资讯，传播皮书精彩内容
引领皮书出版潮流，打造皮书服务平台

## 栏目设置

◆ **关于皮书**
何谓皮书、皮书分类、皮书大事记、
皮书荣誉、皮书出版第一人、皮书编辑部

◆ **最新资讯**
通知公告、新闻动态、媒体聚焦、
网站专题、视频直播、下载专区

◆ **皮书研创**
皮书规范、皮书出版、
皮书研究、研创团队

◆ **皮书评奖评价**
指标体系、皮书评价、皮书评奖

## 所获荣誉

◆ 2008年、2011年、2014年，皮书网均在全国新闻出版业网站荣誉评选中获得"最具商业价值网站"称号；

◆ 2012年，获得"出版业网站百强"称号。

## 网库合一

2014年，皮书网与皮书数据库端口合一，实现资源共享，搭建智库成果融合创新平台。

皮书网　　　"皮书说"微信公众号

**权威报告·连续出版·独家资源**

# 皮书数据库
## ANNUAL REPORT(YEARBOOK) DATABASE

**分析解读当下中国发展变迁的高端智库平台**

### 所获荣誉

- 2022年，入选技术赋能"新闻+"推荐案例
- 2020年，入选全国新闻出版深度融合发展创新案例
- 2019年，入选国家新闻出版署数字出版精品遴选推荐计划
- 2016年，入选"十三五"国家重点电子出版物出版规划骨干工程
- 2013年，荣获"中国出版政府奖·网络出版物奖"提名奖

皮书数据库

"社科数托邦"微信公众号

### 成为用户

登录网址www.pishu.com.cn访问皮书数据库网站或下载皮书数据库APP，通过手机号码验证或邮箱验证即可成为皮书数据库用户。

### 用户福利

- 已注册用户购书后可免费获赠100元皮书数据库充值卡。刮开充值卡涂层获取充值密码，登录并进入"会员中心"—"在线充值"—"充值卡充值"，充值成功即可购买和查看数据库内容。
- 用户福利最终解释权归社会科学文献出版社所有。

社会科学文献出版社 皮书系列
SOCIAL SCIENCES ACADEMIC PRESS (CHINA)
卡号：171737466684
密码：

数据库服务热线：010-59367265
数据库服务QQ：2475522410
数据库服务邮箱：database@ssap.cn
图书销售热线：010-59367070/7028
图书服务QQ：1265056568
图书服务邮箱：duzhe@ssap.cn

# S 基本子库
# SUB DATABASE

## 中国社会发展数据库（下设 12 个专题子库）

紧扣人口、政治、外交、法律、教育、医疗卫生、资源环境等 12 个社会发展领域的前沿和热点，全面整合专业著作、智库报告、学术资讯、调研数据等类型资源，帮助用户追踪中国社会发展动态、研究社会发展战略与政策、了解社会热点问题、分析社会发展趋势。

## 中国经济发展数据库（下设 12 专题子库）

内容涵盖宏观经济、产业经济、工业经济、农业经济、财政金融、房地产经济、城市经济、商业贸易等 12 个重点经济领域，为把握经济运行态势、洞察经济发展规律、研判经济发展趋势、进行经济调控决策提供参考和依据。

## 中国行业发展数据库（下设 17 个专题子库）

以中国国民经济行业分类为依据，覆盖金融业、旅游业、交通运输业、能源矿产业、制造业等 100 多个行业，跟踪分析国民经济相关行业市场运行状况和政策导向，汇集行业发展前沿资讯，为投资、从业及各种经济决策提供理论支撑和实践指导。

## 中国区域发展数据库（下设 4 个专题子库）

对中国特定区域内的经济、社会、文化等领域现状与发展情况进行深度分析和预测，涉及省级行政区、城市群、城市、农村等不同维度，研究层级至县及县以下行政区，为学者研究地方经济社会宏观态势、经验模式、发展案例提供支撑，为地方政府决策提供参考。

## 中国文化传媒数据库（下设 18 个专题子库）

内容覆盖文化产业、新闻传播、电影娱乐、文学艺术、群众文化、图书情报等 18 个重点研究领域，聚焦文化传媒领域发展前沿、热点话题、行业实践，服务用户的教学科研、文化投资、企业规划等需要。

## 世界经济与国际关系数据库（下设 6 个专题子库）

整合世界经济、国际政治、世界文化与科技、全球性问题、国际组织与国际法、区域研究 6 大领域研究成果，对世界经济形势、国际形势进行连续性深度分析，对年度热点问题进行专题解读，为研判全球发展趋势提供事实和数据支持。

# 法律声明

"皮书系列"（含蓝皮书、绿皮书、黄皮书）之品牌由社会科学文献出版社最早使用并持续至今，现已被中国图书行业所熟知。"皮书系列"的相关商标已在国家商标管理部门商标局注册，包括但不限于LOGO（ ）、皮书、Pishu、经济蓝皮书、社会蓝皮书等。"皮书系列"图书的注册商标专用权及封面设计、版式设计的著作权均为社会科学文献出版社所有。未经社会科学文献出版社书面授权许可，任何使用与"皮书系列"图书注册商标、封面设计、版式设计相同或者近似的文字、图形或其组合的行为均系侵权行为。

经作者授权，本书的专有出版权及信息网络传播权等为社会科学文献出版社享有。未经社会科学文献出版社书面授权许可，任何就本书内容的复制、发行或以数字形式进行网络传播的行为均系侵权行为。

社会科学文献出版社将通过法律途径追究上述侵权行为的法律责任，维护自身合法权益。

欢迎社会各界人士对侵犯社会科学文献出版社上述权利的侵权行为进行举报。电话：010-59367121，电子邮箱：fawubu@ssap.cn。

社会科学文献出版社